超ビジュアル！ 歴史人物伝

徳《とく》川《がわ》家《いえ》康《やす》

矢部健太郎／監修

西東社

徳《とく》川《がわ》家《いえ》康《やす》大《だい》解《かい》剖《ぼう》!!
これが徳《とく》川《がわ》家《いえ》康《やす》だ!!
丸顔でがっしり
した体格《たいかく》！
慎重《しんちょう》でねばり強く、
負けずぎらい！
生年月日《せいねんがっぴ》は
1542年12月26日
征夷大将軍《せいいたいしょうぐん》に
任命《にんめい》され、
江戸幕府《えどばくふ》を開いた！
離穢土欣求浄土

甲冑姿《かっちゅうすがた》の家康《いえやす》

三方ケ原《みかたがはら》の戦《たたか》いで敗北《はいぼく》したときの家康《いえやす》。悔《くや》しさで顔をしかめているといわれている。

出身地《しゅっしんち》は三河《みかわ》

(現在《げんざい》の愛知県《あいちけん》)

父親は

松平広忠《まつだいらひろただ》

母親は

お大《だい》の方《かた》

衣冠束帯姿《いかんそくたいすがた》の家康《いえやす》

朝廷《ちょうてい》で仕事をするときの正装《せいそう》を着た家康《いえやす》。

妻《つま》は

築山殿《つきやまどの》

朝日姫《あさひひめ》

子は

信康《のぶやす》

秀忠《ひでただ》

死亡年月日《しぼうねんがっぴ》は

1616年4月17日

享年《きょうねん》75歳《さい》

駿府城《すんぷじょう》にて**病死**

家《いえ》康《やす》の人物相《そう》関《かん》図《ず》!!

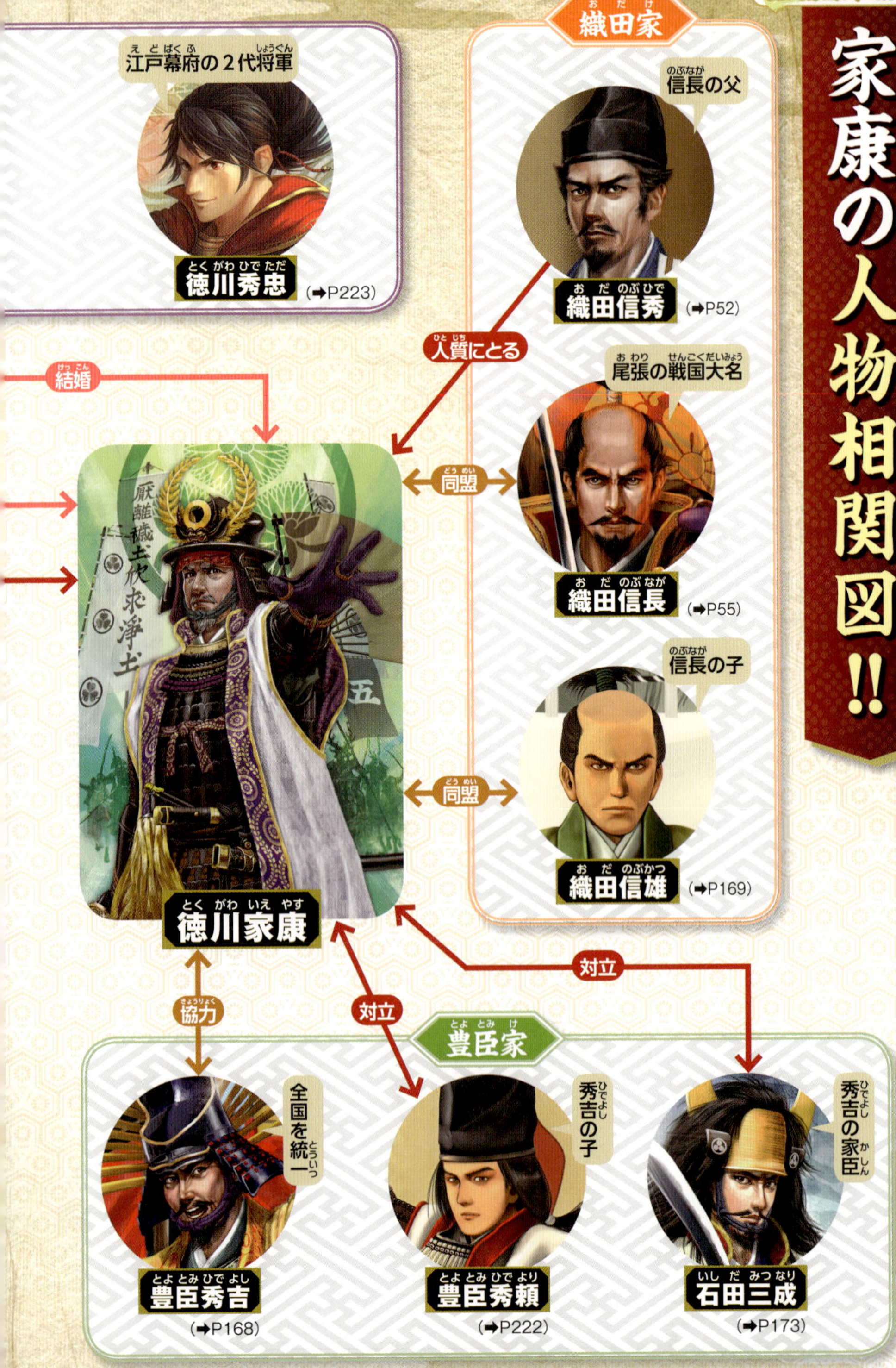
江戸幕府《えどばくふ》の2代将軍《しょうぐん》
徳川秀忠《とくがわひでただ》
(➡P223)
織田家《おだけ》
信長《のぶなが》の父
織田信秀《おだのぶひで》
(➡P52)
人質《ひとじち》にとる
結婚《けっこん》
尾張《おわり》の戦国大名《せんごくだいみょう》
同盟《どうめい》
織田信長《おだのぶなが》
(➡P55)
信長《のぶなが》の子
同盟《どうめい》
織田信雄《おだのぶかつ》
(➡P169)
徳川家康《とくがわいえやす》
対立
協力《きょうりょく》
対立
豊臣家《とよとみけ》
全国を統一《とういつ》
豊臣秀吉《とよとみひでよし》
(➡P168)
秀吉《ひでよし》の子
豊臣秀頼《とよとみひでより》
(➡P222)
秀吉《ひでよし》の家臣《かしん》
石田三成《いしだみつなり》
(➡P173)

徳川家《とくがわけ》
家康《いえやす》と築山殿《つきやまどの》の子
松平信康《まつだいらのぶやす》
(➡P102)
家康《いえやす》の2人目の妻《つま》
朝日姫《あさひひめ》
(➡P171)
家康《いえやす》の最初の妻《つま》
築山殿《つきやまどの》
(➡P102)
結婚《けっこん》
家康《いえやす》の教育係
太原雪斎《たいげんせっさい》
(➡P54)
駿河《するが》・遠江《とおとうみ》の大名
今川義元《いまがわよしもと》
(➡P53)
今川家《いまがわけ》
人質《ひとじち》にとる
徳川四天王《とくがわしてんのう》
家康《いえやす》の家臣《かしん》たち
酒井忠次《さかいただつぐ》
(➡P104)
本多忠勝《ほんだただかつ》
(➡P105)
井伊直政《いいなおまさ》
(➡P104)
榊原康政《さかきばらやすまさ》
(➡P100)
家康《いえやす》の側近《そっきん》
本多正信《ほんだまさのぶ》
(➡P100)
忍者集団《にんじゃしゅうだん》のリーダー
服部半蔵《はっとりはんぞう》
(➡P105)
家康《いえやす》の相談役
天海《てんかい》
(➡P225)
崇伝《すうでん》
(➡P225)

これが家康《いえやす》の人生だ!!

1歳《さい》 1542年 家康《いえやす》(竹千代《たけちよ》)が誕生《たんじょう》する

➡P34

岡崎城主《おかざきじょうしゅ》・松平広忠《まつだいらひろただ》の長男として生まれる。

6歳《さい》 1547年 織田家《おだけ》の人質《ひとじち》となる

➡P36

今川家《いまがわけ》へ送られる途中《とちゅう》でとらわれ、織田信秀《おだのぶひで》のもとに送られる。

8歳《さい》 1549年 今川家《いまがわけ》の人質《ひとじち》となる

➡P38

今川義元《いまがわよしもと》の人質《ひとじち》となり、太原雪斎《たいげんせっさい》のもとで勉学にはげむ。

19歳《さい》 1560年 桶狭間《おけはざま》の戦《たたか》い

➡P46

今川義元《いまがわよしもと》が死に、人質生活《ひとじちせいかつ》から解放《かいほう》される。

21歳《さい》 1562年 清洲同盟《きよすどうめい》を結《むす》ぶ

➡P48

尾張《おわり》(現在《げんざい》の愛知県《あいちけん》)の織田信長《おだのぶなが》と同盟《どうめい》を結《むす》ぶ。

みんなが平和でくらせる、争《あらそ》いのない世の中をつくりたいぞ!

22歳《さい》 1563年

三《み》河《かわ》一《いっ》向《こう》一《いっ》揆《き》

➡P72

国内で起こった一向一揆《いっこういっき》を鎮《しず》めて、三《み》
河《かわ》(現在《げんざい》の愛知県《あいちけん》)を統一《とういつ》する。

28歳《さい》 1569年

掛《かけ》川《がわ》城《じょう》の戦《たたか》い

➡P74

今川氏《いまがわし》をほろぼし、遠江《とおとうみ》(現在《げんざい》の静岡《しずおか》
県《けん》)を支配《しはい》する。

31歳《さい》 1572年

三《み》方《かた》ケ《が》原《はら》の戦《たたか》い

➡P80

甲斐《かい》(現在《げんざい》の山梨県《やまなしけん》)の武田信玄《たけだしんげん》に大敗《たいはい》する。

34歳《さい》 1575年

長《なが》篠《しの》の戦《たたか》い

➡P88

織田信長《おだのぶなが》と協力《きょうりょく》し、武田勝頼《たけだかつより》をやぶる。

38歳《さい》 1579年

築《つき》山《やま》殿《どの》と信《のぶ》康《やす》を失《うしな》う

➡P90

織田信長《おだのぶなが》に命じられ、息子《むすこ》・信康《のぶやす》を切腹《せっぷく》させ、妻《つま》・築山殿《つきやまどの》を暗殺《あんさつ》する。

41歳《さい》 1582年

伊《い》賀《が》越《ご》え

➡P94

本能寺《ほんのうじ》の変《へん》の知らせを聞き、堺《さかい》(大阪《おおさか》
府《ふ》)から伊賀《いが》を通って岡崎城《おかざきじょう》へ帰る。

P8へ

43歳《さい》 1584年

➡P134

小《こ》牧《まき》・長《なが》久《く》手《て》の戦《たたか》い

信長《のぶなが》の子・織田信雄《おだのぶかつ》と手を組み、豊臣秀《とよとみひで》吉《よし》に圧倒的《あっとうてき》な力を見せつける。

45歳《さい》 1586年

➡P142

大《おお》坂《さか》城《じょう》で秀《ひで》吉《よし》と会う

天下統一《てんかとういつ》を目指す豊臣秀吉《とよとみひでよし》に協力《きょうりょく》することを決める。

49歳《さい》 1590年

➡P144

小《お》田《だ》原《わら》城《じょう》の戦《たたか》い

関東《かんとう》をおさめる北条家《ほうじょうけ》を攻《せ》め、秀吉《ひでよし》の天下統一《てんかとういつ》に協力《きょうりょく》する。

49歳《さい》 1590年

➡P146

江《え》戸《ど》城《じょう》に入る

豊臣秀吉《とよとみひでよし》の命令《めいれい》により、関東《かんとう》を支配《しはい》することになる。

57歳《さい》 1598年

➡P150

秀《ひで》吉《よし》から遺《ゆい》言《ごん》をたくされる

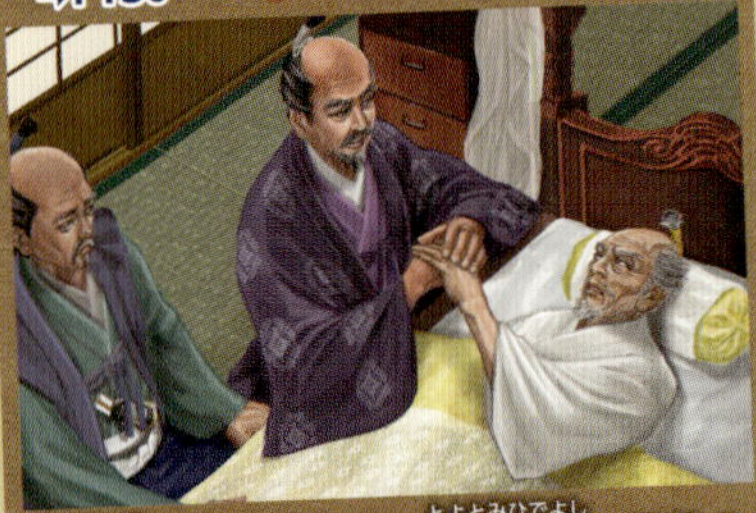

五大老《ごたいろう》のひとりとして、豊臣秀吉《とよとみひでよし》に死後の政治《せいじ》をまかされる。

59歳《さい》 1600年

➡P160

関《せき》ケ《が》原《はら》の戦《たたか》い

全国の大名をまきこみ、石田三成《いしだみつなり》と天下《てんか》をかけて戦《たたか》う。

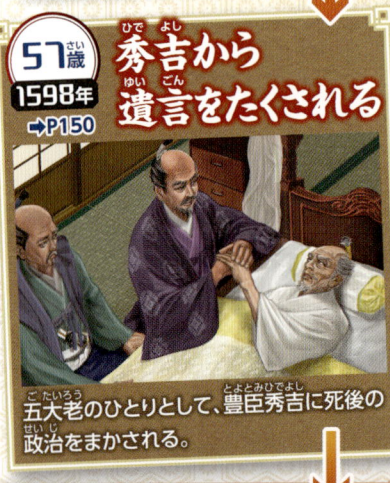

61歳《さい》
1602年
➡P192

二条城《にじょうじょう》を建《た》てる

京都《きょうと》の拠点《きょてん》として、御所《ごしょ》の近くに二条《にじょう》城《じょう》を建《た》てる。

62歳《さい》
1603年
➡P194

征夷大将軍《せいいたいしょうぐん》となる

朝廷《ちょうてい》から征夷大将軍《せいいたいしょうぐん》に任命《にんめい》され、江戸《えど》幕府《ばくふ》を開く。

73歳《さい》
1614年
➡P206

大坂冬《おおさかふゆ》の陣《じん》

豊臣家《とよとみけ》をほろぼすため、大坂城《おおさかじょう》を大軍《たいぐん》で取り囲《かこ》む。

74歳《さい》
1615年
➡P210

大坂夏《おおさかなつ》の陣《じん》

ふたたび大坂城《おおさかじょう》に攻《せ》めこみ、豊臣家《とよとみけ》との戦《たたか》いに決着をつける。

74歳《さい》
1615年
➡P216

武家諸法度《ぶけしょはっと》を定める

全国の大名を従《したが》えるため、武家諸法度《ぶけしょはっと》を制定《せいてい》する。

75歳《さい》
1616年
➡P218

家康《いえやす》が亡《な》くなる

鷹狩《たかが》りの日に発病した腹痛《ふくつう》が回復《かいふく》せず、駿府《すんぷ》城《じょう》で息を引き取る。

家《いえ》康《やす》ゆかりの地!!

家康《いえやす》の生まれた三河《みかわ》(現在《げんざい》の愛知県《あいちけん》)や幕府《ばくふ》を開いた江戸《えど》(現《げん》在《ざい》の東京都《とうきょうと》)を中心に、各地《かくち》に家康《いえやす》ゆかりの城《しろ》や銅像《どうぞう》がある。

日光東照宮《にっこうとうしょうぐう》

家康《いえやす》がまつられている。現在《げんざい》は、ユネスコの世界遺産《せかいいさん》にも登《とう》録《ろく》されている(栃木《とちぎ》県《けん》)。

栃木県《とちぎけん》
日光東照宮《にっこうとうしょうぐう》
江戸城《えどじょう》
東京都《とうきょうと》

江戸城跡《えどじょうあと》

家康《いえやす》が幕府《ばくふ》の政治《せいじ》を行った城《しろ》。本丸《ほんまる》御殿《ごてん》は江戸《えど》時代に火災《かさい》で焼失《しょうしつ》したまま、再建《さいけん》されていない。現在《げんざい》は皇居《こうきょ》の一部となっている(東京都《とうきょうと》)。

駿府城跡《すんぷじょうあと》にある家康像《いえやすぞう》

もとは今川家《いまがわけ》の城《しろ》であったが、今川家《いまがわけ》を追い出し、駿河《するが》での拠《きょ》点《てん》とした。家康《いえやす》が隠居《いんきょ》して政治《せいじ》を行った場所でもある(静岡県《しずおかけん》)。

臨済寺《りんざいじ》

今川家《いまがわけ》の人質《ひとじち》となった家康《いえやす》が過《す》ごした場所。太原雪斎《たいげんせっさい》が住職《じゅうしょく》をつとめていた(静岡県《しずおかけん》)。

征夷大将軍《せいいたいしょうぐん》となり
江戸《えど》に幕府《ばくふ》を
開いたのだ！

二条城《にじょうじょう》

家康《いえやす》が京都《きょうと》の拠点《きょてん》としてつくった城《しろ》。二《に》の丸御殿《まるごてん》には、豪華《ごうか》な飾《かざ》りがちりばめられている（京都府《きょうとふ》）。

関ケ原古戦場《せきがはらこせんじょう》

関ケ原《せきがはら》の戦《たたか》いが始まった場所。合戦場《かっせんば》の中心となる場所に石碑《せきひ》が立つ（岐阜県《ぎふけん》）。

浜松城《はままつじょう》

家康《いえやす》が武田家《たけだけ》を倒《たお》すために建《た》てた城《しろ》。この城《しろ》の近くで、三《み》方ケ原《かたがはら》の戦《たたか》いが起こった（静《しず》岡県《おかけん》）。

大阪城《おおさかじょう》

豊臣家《とよとみけ》が拠点《きょてん》としていた城《しろ》。大《おお》坂冬《さかふゆ》の陣《じん》・夏《なつ》の陣《じん》では、激《はげ》しい戦《たたか》いがくり広げられた（大阪府《おおさかふ》）。

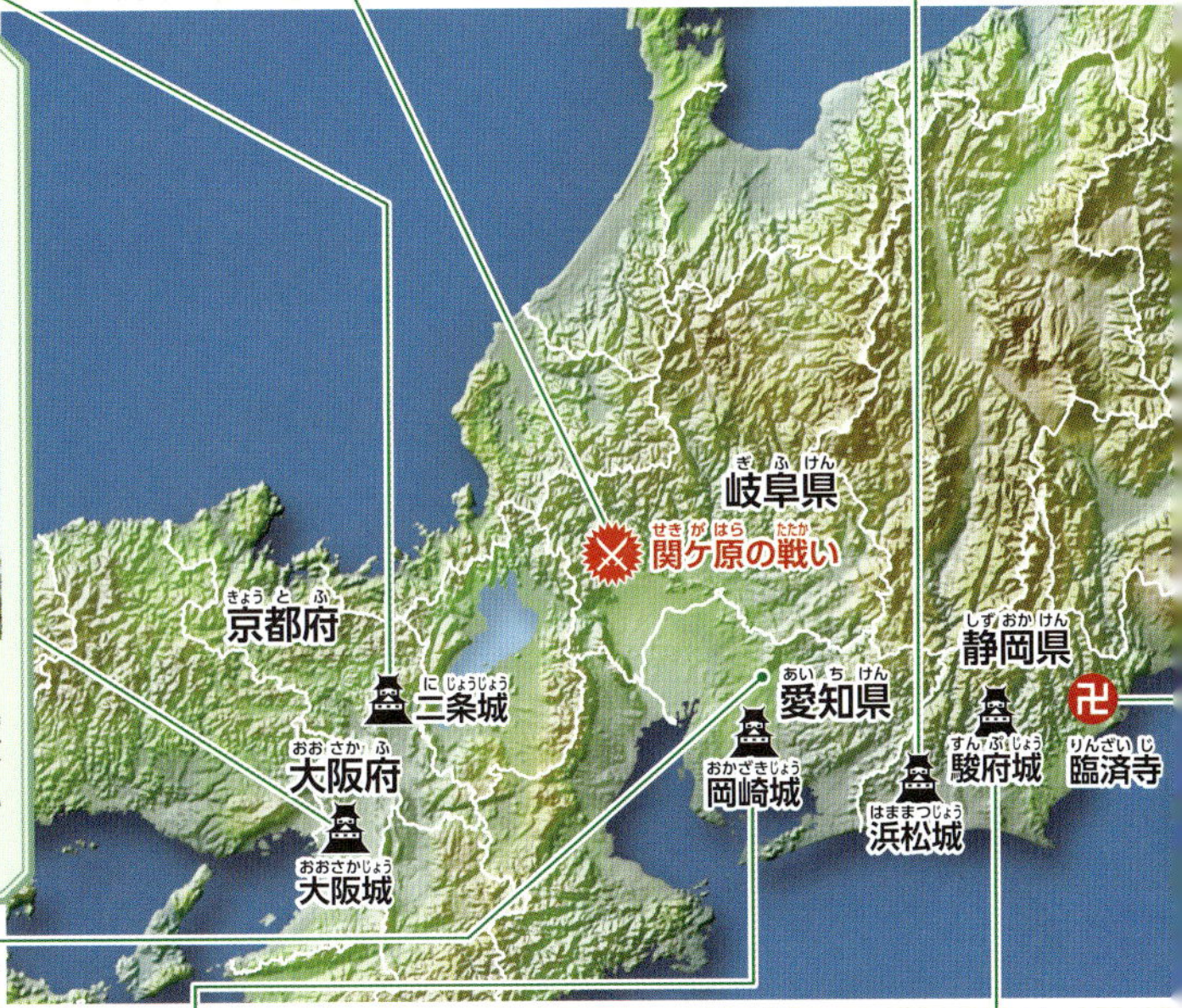

岐阜県《ぎふけん》
関ケ原《せきがはら》の戦《たたか》い
京都府《きょうとふ》
二条城《にじょうじょう》
大阪府《おおさかふ》
大阪城《おおさかじょう》
愛知県《あいちけん》
岡崎城《おかざきじょう》
静岡県《しずおかけん》
駿府城《すんぷじょう》
浜松城《はままつじょう》
臨済寺《りんざいじ》

長久手古戦場《ながくてこせんじょう》

小牧《こまき》・長久手《ながくて》の戦《たたか》いで戦場《せんじょう》になった場所の一つ。豊臣秀吉《とよとみひでよし》と家康《いえやす》により激戦《げきせん》がくり広げられた（愛知県《あいちけん》）。

岡崎城《おかざきじょう》

家康《いえやす》が生まれた城《しろ》。明治《めいじ》時代に城《しろ》のほとんどが取り壊《こわ》されたが、周辺《しゅうへん》にすむ人びとにより、天守閣《てんしゅかく》が復元《ふくげん》された（愛知県《あいちけん》）。

超ビジュアル！ 歴史人物伝

徳川家康《とくがわいえやす》

もくじ

この本の使い方

家康《いえやす》の年齢《ねんれい》

できごとが起きたときの家《いえ》康《やす》の年齢《ねんれい》を示《しめ》しています。

できごとイラスト

できごとの場面をイラストで再現《さいげん》しています。想像《そうぞう》でえがいた場面もあります。

西暦《せいれき》と年齢《ねんれい》

できごとが起きた年と、そのときの家康《いえやす》の年齢《ねんれい》を記しています。

1542年 1歳
家康《いえやす》（竹千代《たけちよ》）が誕生《たんじょう》する
岡崎城主の跡取りの誕生に城中が喜びにつつまれる！
関連地図
発見!
なるほどエピソード

発見《はっけん》!

現在《げんざい》でも見ることができる史跡《しせき》などです。

地図

できごとや合戦《かっせん》が起きた場所を示《しめ》しています。

できごと

家康《いえやす》の人生で起こった重要《じゅうよう》なできごとを取り上げて紹介《しょうかい》しています。

なるほどエピソード

紹介《しょうかい》したできごとに関《かん》連《れん》するエピソードを紹介《しょうかい》します。

ビジュアル資料《しりょう》

できごとに関連《かんれん》する絵や写真などの資料《しりょう》です。

人物のプロフィール

重要《じゅうよう》な人物を取り上げて、どのような人物だったかを簡単《かんたん》に説明《せつめい》しています。各章《かくしょう》の最《さい》後《ご》の「人物図鑑《じんぶつずかん》」で、さらにくわしく説明《せつめい》しています。

ウソ!ホント!?

絶対《ぜったい》に本当とは言えないけれど、おどろくような説《せつ》を紹介《しょうかい》します。

- 年齢《ねんれい》は数え年(生まれた年を「1歳《さい》」として、以降《いこう》1月1日を迎《むか》えるたびに1歳《さい》ずつ増《ふ》やして数える年齢《ねんれい》)で示《しめ》しています。
- マンガ、イラストは基本的《きほんてき》に史実《しじつ》に基《もと》づいていますが、想像《そうぞう》でえがいた場面もあります。
- 人物の生没年《せいぼつねん》、できごとの日時・場所などには別《べつ》の説《せつ》がある場合もあります。
- 人物の名前が複数《ふくすう》ある場合は最《もっと》も一般的《いっぱんてき》なものに統一《とういつ》しています。

1章

悲運の少年

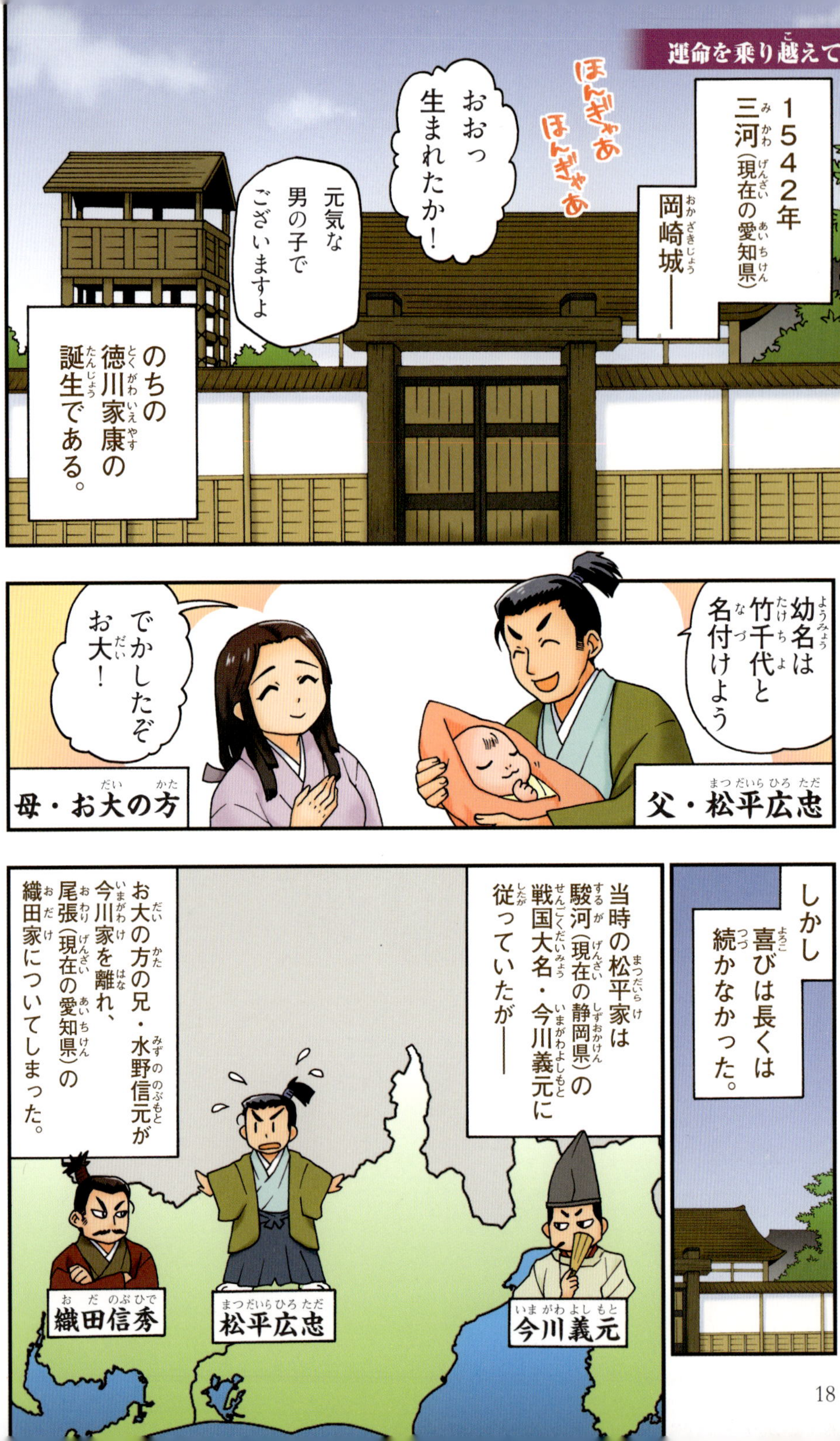
1542年
三河《みかわ》（現在《げんざい》の愛知県《あいちけん》）
岡崎城《おかざきじょう》――
ほんぎゃあ ほんぎゃあ
おおっ 生まれたか！
元気な 男の子で ございますよ
のちの 徳川家康《とくがわいえやす》の 誕生《たんじょう》である。
幼名《ようみょう》は 竹千代《たけちよ》と 名付《なづ》けよう
父・松平広忠《まつだいらひろただ》
でかしたぞ お大《だい》！
母・お大《だい》の方《かた》
しかし 喜《よろこ》びは長くは 続《つづ》かなかった。
当時の松平家《まつだいらけ》は 駿河《するが》（現在《げんざい》の静岡県《しずおかけん》）の 戦国大名《せんごくだいみょう》・今川義元《いまがわよしもと》に 従《したが》っていたが――
お大《だい》の方《かた》の兄・水野信元《みずののぶもと》が 今川家《いまがわけ》を離《はな》れ、 尾張《おわり》（現在《げんざい》の愛知県《あいちけん》）の 織田家《おだけ》についてしまった。
織田信秀《おだのぶひで》
松平広忠《まつだいらひろただ》
今川義元《いまがわよしもと》

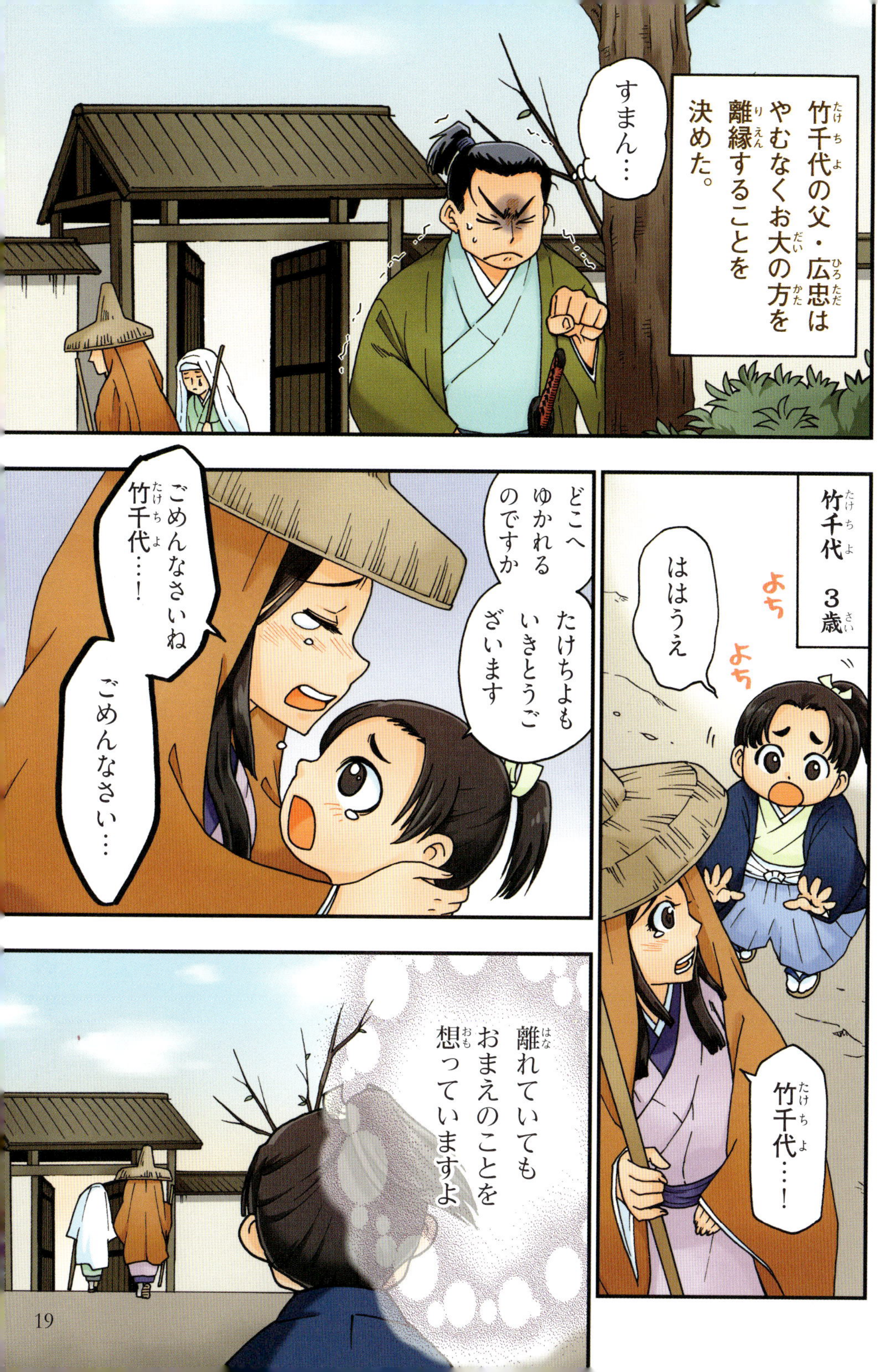
竹千代《たけちよ》の父・広忠《ひろただ》は
やむなくお大《だい》の方《かた》を
離縁《りえん》することを
決めた。
すまん…
竹千代《たけちよ》　3歳《さい》
よち
よち
ははうえ
竹千代《たけちよ》…！
どこへゆかれるのですか
たけちよもいきとうございます
竹千代《たけちよ》…！　ごめんなさいね
ごめんなさい…
離《はな》れていても
おまえのことを
想《おも》っていますよ

時は流れ竹千代《たけちよ》は6歳《さい》になっていた。
なに？
またしても織田《おだ》に寝返《ねがえ》る者が出たと？
このままではわしも織田《おだ》に寝返《ねがえ》ると疑《うたが》われそうじゃ
仕方《しかた》がない…
今川家《いまがわけ》への忠誠《ちゅうせい》の証《あかし》として竹千代《たけちよ》を人質《ひとじち》として送り出そう
はっ
竹千代《たけちよ》を今川家《いまがわけ》へと送り出すその途中《とちゅう》——
……
…む？

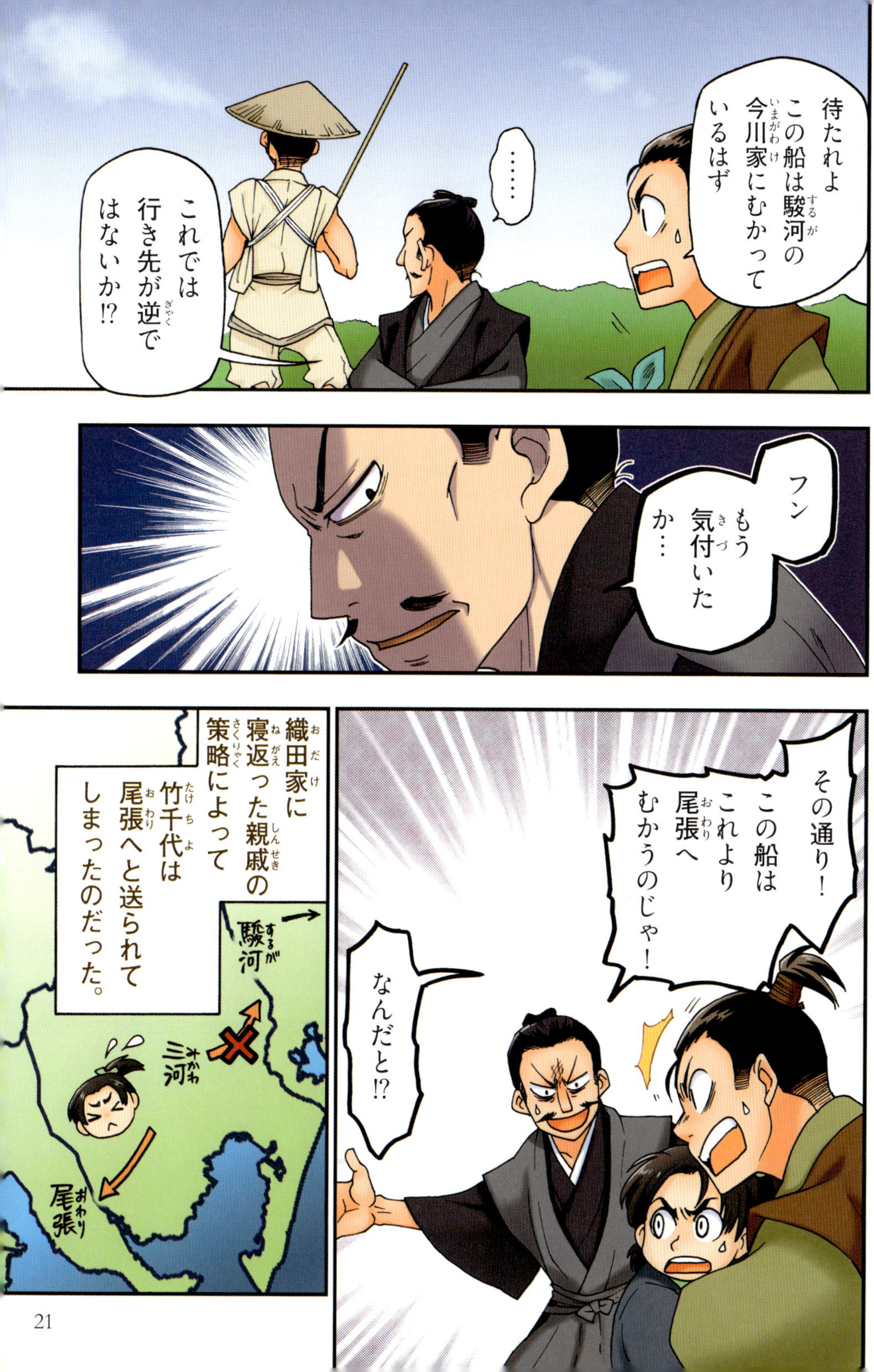
待たれよ この船は駿河《するが》の 今川家《いまがわけ》にむかって いるはず
……
これでは 行き先が逆《ぎゃく》で はないか!?
フン もう 気付《きづ》いた か…
その通り！ この船は これより 尾張《おわり》へ むかうのじゃ！
なんだと!?
織田家《おだけ》に 寝返《ねがえ》った親戚《しんせき》の 策略《さくりゃく》によって 竹千代《たけちよ》は 尾張《おわり》へと送られて しまったのだった。
駿河《するが》
三河《みかわ》
尾張《おわり》

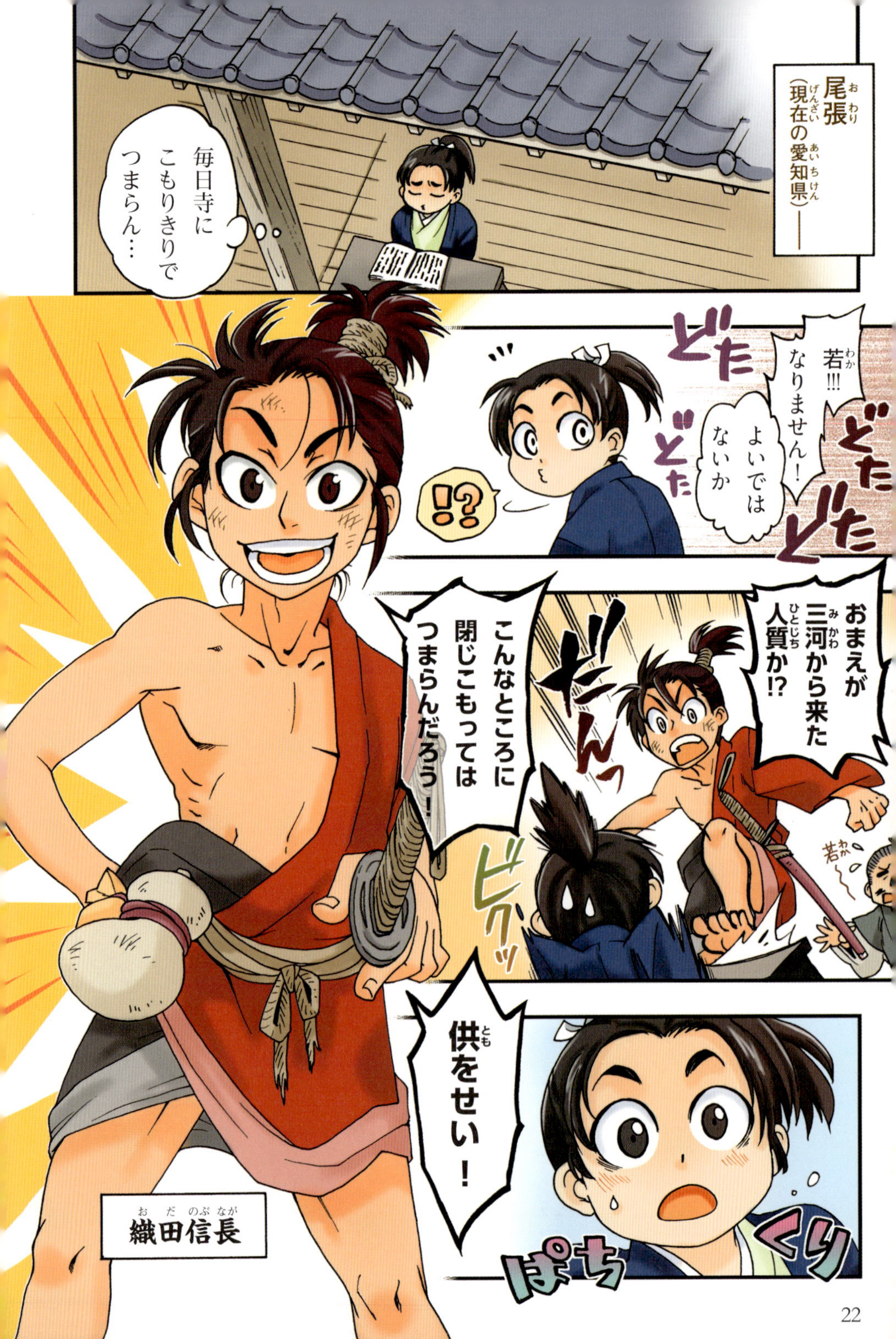

尾張《おわり》(現在《げんざい》の愛知県《あいちけん》)――
毎日寺にこもりきりでつまらん…
どた
どた
どた
どた
若《わか》!!!
なりません!
よいではないか
!?
おまえが三河《みかわ》から来た人質《ひとじち》か!?
こんなところに閉じこもってはつまらんだろう!
だんっ
ビクッ
若《わか》〜
織田信長《おだのぶなが》
供《とも》をせい!
ぱちくり

今川《いまがわ》につかまった
俺《おれ》の兄上と交換《こうかん》で
今川《いまがわ》に行かねば
ならんのか…
はい…
信長殿《のぶながどの》の
おかげで尾張《おわり》での
毎日はおもしろう
ございました
明日の生き死《し》にも
わからぬ乱世《らんせ》だが
生きてまた会おう!
そのときはまた
おもしろきことを
しよう 竹千代《たけちよ》!
はいっ!!!
竹千代《たけちよ》は
織田家《おだけ》を去《さ》り
今川家《いまがわけ》の
人質《ひとじち》となった。

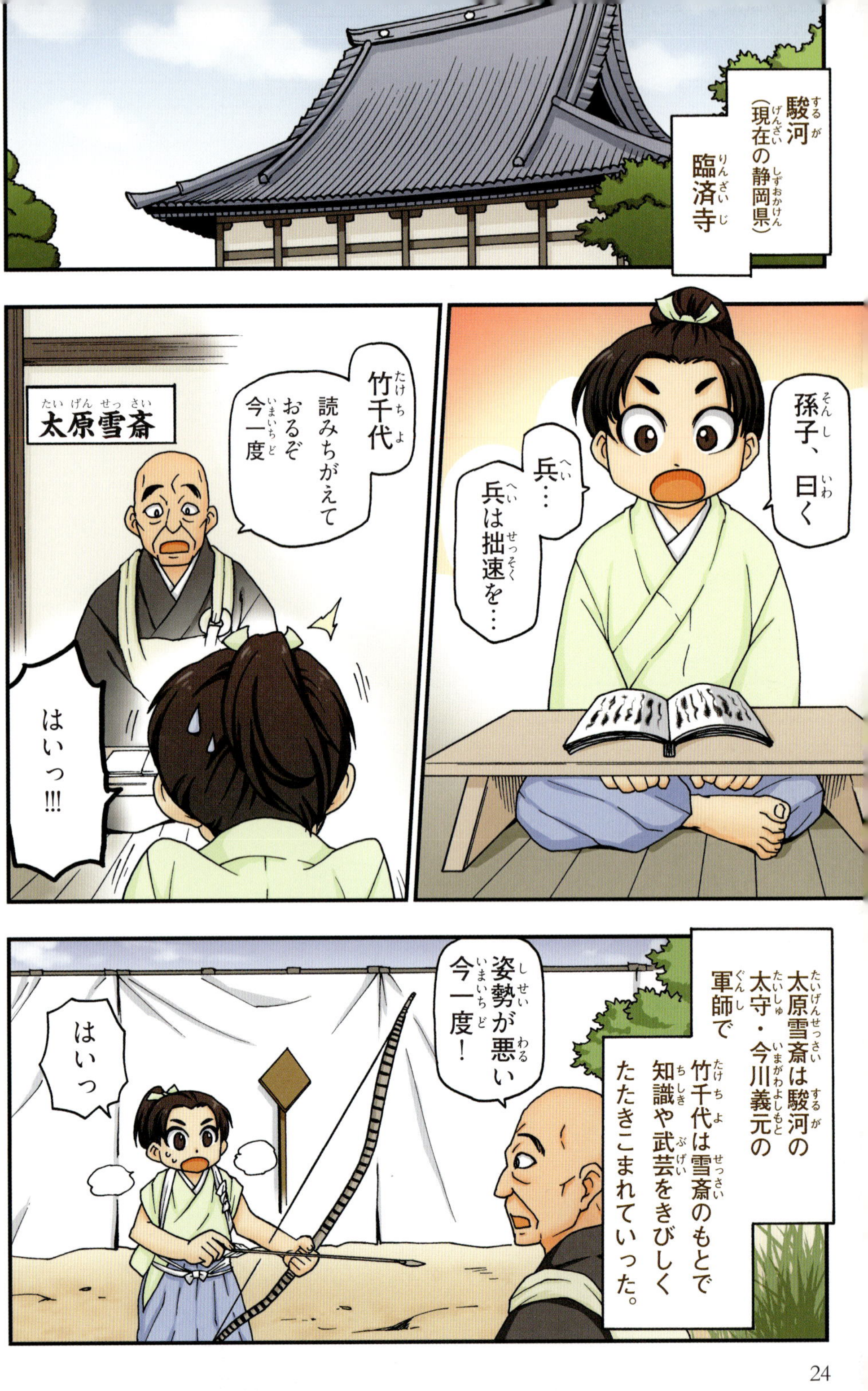
駿河《するが》（現在《げんざい》の静岡県《しずおかけん》）
臨済寺《りんざいじ》
孫子《そんし》、曰《いわ》く
兵《へい》…兵《へい》は拙速《せっそく》を…
竹千代《たけちよ》 読みちがえて おるぞ 今一度《いまいちど》
太原雪斎《たいげんせっさい》
はいっ!!!
太原雪斎《たいげんせっさい》は駿河《するが》の太守《たいしゅ》・今川義元《いまがわよしもと》の軍師《ぐんし》で 竹千代《たけちよ》は雪斎《せっさい》のもとで知識《ちしき》や武芸《ぶげい》をきびしくたたきこまれていった。
姿勢《しせい》が悪《わる》い 今一度《いまいちど》！
はいっ

もっと…
もっと強くなりたい!
そしていつか…
いつか…
駿河《するが》
駿府城《すんぷじょう》
おぬしも14歳《さい》となり元服《げんぷく》じゃ
立派《りっぱ》な武士《ぶし》となり今川家《いまがわけ》のためにはげむがよい
駿河国太守《するがのくにたいしゅ》・今川義元《いまがわよしもと》
はっ!
誠心誠意《せいしんせいい》お仕えいたします
いつか立派《りっぱ》な当主《とうしゅ》となって
岡崎《おかざき》にもどるのだ!

元服《げんぷく》からほどなくして築山殿《つきやまどの》と結婚《けっこん》した。
築山《つきやま》はわしの姪《めい》じゃ
たよりにしておるぞ
今川《いまがわ》義元《よしもと》
築山殿《つきやまどの》
義元様《よしもとさま》お願《ねが》いがあります
なんじゃ?
祖父《そふ》・清康《きよやす》より一字もらい
名を「元康《もとやす》」としたいのです

父・広忠《ひろただ》も私《わたし》が8歳《さい》のときに亡《な》くなり今は私《わたし》が松平家《まつだいらけ》の当主《とうしゅ》です
義元様《よしもとさま》からいただいた「元」の字と立派《りっぱ》だったという祖父《そふ》にあやかりたいのです
うむ よいだろう
このとき松平元康《まつだいらもとやす》と名を改《あらた》めた。
やがて築山殿《つきやまどの》との間に
長男・信康《のぶやす》が生まれた。
1560年 駿府城《すんぷじょう》
ガシャ
皆《みな》集まっておるな
ガシャ

今こそ
尾張《おわり》の織田《おだ》を倒《たお》すのだ!
うぉおおおお
おぉおお
……………
元康《もとやす》!
はっ
大高城《おおだかじょう》へ米を運べ
わしはそこで信長《のぶなが》をむかえうつ!
ざわっ
!!?
ドクン…
ドクン…
ドクン…
なんだろう この胸騒《むなさわ》ぎは…
いやな予感《よかん》がする…

元康《もとやす》の予感《よかん》は当たった。
義元《よしもと》は信長《のぶなが》率《ひき》いる織田軍《おだぐん》の奇襲《きしゅう》にあい討《う》たれたのだった。
義元様《よしもとさま》が…!!?
織田信長《おだのぶなが》に討《う》たれただと…!?

義元様《よしもとさま》が死《し》んだとな!?
これより我《われ》らはどうすれば…
決《き》まっておろう!!!
今こそ帰るのだ我々《われわれ》の岡崎城《おかざきじょう》へ!
ううっ……
ぐすっ
ついに帰る日が来たのですね…
父上…竹千代《たけちよ》はもどってまいりましたぞ…

今こそ今川家《いまがわけ》より独立《どくりつ》し松平家《まつだいらけ》を再興《さいこう》するときじゃ！
元康《もとやす》は今川家《いまがわけ》の城《しろ》を次つぎと落とし三河《みかわ》の統一《とういつ》を進めていった。
今川家《いまがわけ》から独立《どくりつ》した今
心強い味方がほしいところだ…
殿《との》！
尾張《おわり》より使者《ししゃ》がまいりました
なに!?
信長殿《のぶながどの》から!?
信長殿《のぶながどの》にお会いするのは子どもの頃《ころ》以来《いらい》じゃ
なんとも懐《なつ》かしいな

尾張《おわり》（現在《げんざい》の愛知県《あいちけん》）清洲城《きよすじょう》――
ドスドス
ドス
久《ひさ》しいな竹千代《たけちよ》！
!!
この乱世《らんせ》によくぞ生きのびた！
ふたたび会えてうれしいぞ！
信長殿《のぶながどの》はお変《か》わりなく！
織田信長《おだのぶなが》
それにしても竹千代《たけちよ》とは懐《なつ》かしき名…
今は松平元康《まつだいらもとやす》と名乗《なの》って…
くす…
いや…

もうわしは今川義元公《いまがわよしもとこう》の人質《ひとじち》ではない
「元」の字を捨《す》てていずれ…
「家康《いえやす》」と名乗《なの》ろうと思います
うむ…
家康殿《いえやすどの》…
わしと同盟《どうめい》を組みともに西を目指そう!!
西を!?
そうじゃ!
目指すは天下《てんか》じゃ!
どうだ!おもしろそうではないか!?
て…天下《てんか》!!?
ガシッ
家康《いえやす》は信長《のぶなが》と手を組んだ。のちに「清洲同盟《きよすどうめい》」と呼《よ》ばれる。

1542年
1歳《さい》

家康《いえやす》(竹千代《たけちよ》)が誕生《たんじょう》する

岡崎《おかざき》城主《じょうしゅ》の跡取《あとと》りの誕生《たんじょう》に城中《じょうちゅう》が喜《よろこ》びにつつまれる!

家康《いえやす》の誕生《たんじょう》を喜《よろこ》ぶ父・広忠《ひろただ》と母・お大《だい》の方《かた》

生まれたばかりの男の子に「竹千代《たけちよ》」と名付《なづ》け、元気で強い子に育つように願《ねが》った。

岡崎城主《おかざきじょうしゅ》・松平広忠《まつだいらひろただ》に念願《ねんがん》の男の子が生まれる

1542年、三河《みかわ》(現在《げんざい》の愛知《あいち》県《けん》)にある岡崎城《おかざきじょう》で男の子が生まれた。岡崎城城主《おかざきじょうじょうしゅ》・松平広忠《まつだいらひろただ》と、妻《つま》・お大《だい》の方《かた》との子ども、のちの徳川家康《とくがわいえやす》である。跡取《あとと》りとなる男の子が生まれ、岡崎城《おかざきじょう》の人びとはとても喜《よろこ》んだ。生まれたばかりの家康《いえやす》は、祖父《そふ》が子どものときに使っていた名前をもらい、「竹千代《たけちよ》」と名付《なづ》けられた。

当時の松平家《まつだいらけ》は、力の弱い小さな大名であった。そのため、隣国《りんごく》の遠江《とおとうみ》・駿河《するが》(現在《げんざい》の静岡県《しずおかけん》)をおさめる今川家《いまがわけ》に、領地《りょうち》を守ってもらっていた。

ところが、家康《いえやす》が3歳《さい》のとき、お大《だい》の方《かた》の兄・水野信元《みずののぶもと》が今川家《いまがわけ》を裏切《うらぎ》って、尾張《おわり》(現在《げんざい》の愛知県《あいちけん》)をおさめる織田家《おだけ》と手を組んでしまった。これを知った広忠《ひろただ》は、松《まつ》

平家《だいらけ》も今川家《いまがわけ》を裏切《うらぎ》ったと疑《うたが》われるのを恐《おそ》れた。広忠《ひろただ》は、今川家《いまがわけ》に忠誠心《ちゅうせいしん》を見せるため、お大《だい》の方《かた》を実家に送り返すことにした。家康《いえやす》は幼《おさな》くして実の母と離《はな》ればなれになってしまったのである。

家康《いえやす》の産湯《うぶゆ》に使われた井戸《いど》

岡崎城内《おかざきじょうない》にあるこの井戸《いど》の水をくんで、生まれたばかりの家康《いえやす》の産湯《うぶゆ》に使った（愛知県《あいちけん》）。

幼《おさな》くして母と離《はな》れることになった家康《いえやす》

家康《いえやす》とお大《だい》の方《かた》は、離《はな》ればなれになった後も、手紙のやりとりをしていたという。

なるほどエピソード

今川《いまがわ》と織田《おだ》にはさまれた父・広忠《ひろただ》の苦悩《くのう》

三河《みかわ》は、東は今川家《いまがわけ》、西は織田《おだ》家《け》がおさめる領地《りょうち》にはさまれており、どちらに占領《せんりょう》されてもおかしくなかった。お大《だい》の方《かた》の兄の裏切《うらぎ》りを知った広忠《ひろただ》は、三河《みかわ》の領地《りょうち》を守るために妻《つま》を実家に返すことを決断《けつだん》したという。

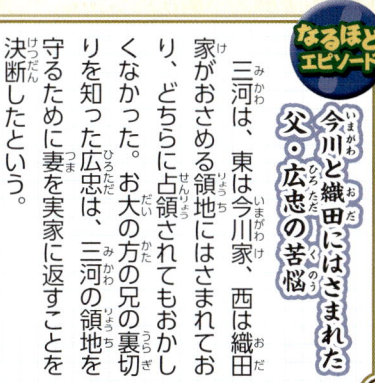

1547年
6歳《さい》

織田家《おだけ》の人質《ひとじち》となる

船上でとらえられる家康《いえやす》
家康《いえやす》を乗せた船は、今川家《いまがわけ》のおさめる駿河《するが》ではなく織田家《おだけ》がおさめる尾張《おわり》へむかった。

親戚《しんせき》に裏切《うらぎ》られ織田家《おだけ》に送られる

1547年、尾張《おわり》(現在《げんざい》の愛知《あいち》県《けん》)の織田信秀《おだのぶひで》(織田信長《おだのぶなが》の父)が、三河《みかわ》に侵攻《しんこう》した。その後、松《まつ》平家《だいらけ》の本拠地《ほんきょち》である岡崎城《おかざきじょう》にもせまってきた。

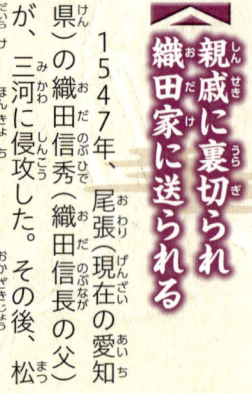

自力では信秀《のぶひで》に対抗《たいこう》できないと考えた家康《いえやす》の父・松平広忠《まつだいらひろただ》は、今《いま》川義元《がわよしもと》に援軍《えんぐん》をたのんだ。すると義元《よしもと》は、兵《へい》を出す代わりに、家康《いえやす》を人質《ひとじち》によこすように要求《ようきゅう》してきた。広忠《ひろただ》は、仕方なく6歳《さい》の家《いえ》康《やす》を人質《ひとじち》に出すことに決めた。

人質《ひとじち》となる家康《いえやす》は、船を使って義元《よしもと》のいる駿河《するが》(現在《げんざい》の静岡県《しずおかけん》)へむかうことになった。しかし、家《いえ》康《やす》を乗せて出港した船は、駿河《するが》ではなく尾張《おわり》へむかった。船を用意したのは、家康《いえやす》の親戚《しんせき》である戸田《とだ》康光《やすみつ》であった。康光《やすみつ》は松平家《まつだいらけ》を裏《うら》切《ぎ》り、家康《いえやす》を信秀《のぶひで》のもとへ送って

駿《する》河《が》へむかう途《と》中《ちゅう》、親《しん》戚《せき》に裏《うら》切《ぎ》られて尾《お》張《わり》へ！

織《お》田《だ》家《け》の人質《ひとじち》となるまでの流れ

1 今川家《いまがわけ》の人質《ひとじち》となることが決まる

織田信秀《おだのぶひで》との戦《たたか》いに備《そな》えて、今川家《いまがわけ》に援軍《えんぐん》を出してもらう代わりに、家康《いえやす》を人質《ひとじち》に出すことになった。

2 戸田康光《とだやすみつ》の策略《さくりゃく》により織田家《おだけ》に送られる

家康《いえやす》の親戚《しんせき》である戸田康光《とだやすみつ》が裏切《うらぎ》り、家康《いえやす》を織田《おだ》信秀《のぶひで》のもとへ送ってしまった。

しまったのである。

織《お》田《だ》家《け》の人質《ひとじち》となった家康《いえやす》は、織《お》田《だ》家《け》ゆかりの寺である万松寺《ばんしょうじ》（愛知県《あいちけん》）に預《あず》けられ、2年間不自《ふじ》由《ゆう》な生活を送ることになった。

なるほどエピソード　父から見放されて過《す》ごした家康《いえやす》

家康《いえやす》を人質《ひとじち》にした信秀《のぶひで》は、織《お》田《だ》家《け》の味方になるように広忠《ひろただ》をおどした。しかし、広忠《ひろただ》は「今川家《いまがわけ》への恩《おん》を忘《わす》れて織田家《おだけ》につくことはできない。家康《いえやす》は生かすも殺《ころ》すも好《す》きにせよ」と返事をした。信《のぶ》秀《ひで》は、父から見放された家康《いえやす》の扱《あつか》いに困《こま》ったという。

1549年
8歳《さい》

今《いま》川《がわ》家《け》の人《ひと》質《じち》となる

家康《いえやす》に勉学を教える太原雪斎《たいげんせっさい》

家康《いえやす》は兵法《へいほう》や武道《ぶどう》、剣術《けんじゅつ》など、さまざまな知識《ちしき》を雪斎《せっさい》から学んだという。

ビジュアル資料《しりょう》 当時の家康《いえやす》が書いた文字

父の死をきっかけに今《いま》川《がわ》義《よし》元《もと》の人《ひと》質《じち》に

家康《いえやす》が織田家《おだけ》の人質《ひとじち》となり、1年以上《いじょう》が経《た》った頃《ころ》、家康《いえやす》の父である松平広忠《まつだいらひろただ》が、岡崎城内《おかざきじょうない》で家臣《かしん》に殺《ころ》されてしまった。これにより、松平家《まつだいらけ》は、長男である家康《いえやす》が継《つ》ぐことになった。

松平家《まつだいらけ》の勢力《せいりょく》が弱まり、織田家《おだけ》が攻《せ》めてくることを恐《おそ》れた今川義元《いまがわよしもと》は、家康《いえやす》を織田家《おだけ》のもとから取り返そうと考えた。今川家《いまがわけ》の軍師《ぐんし》・太原雪斎《たいげんせっさい》は、織田信秀《おだのぶひで》の子・信広《のぶひろ》をとらえて、家康《いえやす》と交換《こうかん》させる作《さく》戦《せん》に出た。信秀《のぶひで》は息子の命をたすけるために、家康《いえやす》を解放《かいほう》した。

今川家《いまがわけ》へ送られる途中《とちゅう》、家康《いえやす》は一度岡崎《おかざき》にもどった。2年ぶりの故郷《こきょう》であったが、亡《な》き父の墓《はか》参《まい》りをしただけで、すぐに駿河《するが》(現在《げんざい》の静岡県《しずおかけん》)へむかった。今川家《いまがわけ》の人質《ひとじち》となった家康《いえやす》は、

今川家《いまがわけ》の軍師《ぐんし》・雪斎《せっさい》からきびしい教育《きょういく》を受ける！

家康《いえやす》と織田信広《おだのぶひろ》が交換《こうかん》された寺院

織田家《おだけ》の人質《ひとじち》となっていた家康《いえやす》は、尾張《おわり》と駿河《するが》の間にある笠寺《かさでら》観音《かんのん》で今川家《いまがわけ》に引きわたされた（愛知県《あいちけん》）。

織田家《おだけ》から家康《いえやす》を取り返した雪斎《せっさい》

臨済寺《りんざいじ》の住職《じゅうしょく》である雪斎《せっさい》は、今川家《いまがわけ》の軍師《ぐんし》として義元《よしもと》に仕えていた。雪斎《せっさい》は、家康《いえやす》を取りもどすために、織田《おだ》信広《のぶひろ》をとらえる作戦《さくせん》を立てた。

雪斎《せっさい》が住職《じゅうしょく》をつとめる臨済寺《りんざいじ》（静《しず》岡県《おかけん》）に預《あず》けられた。ここで、雪《せっ》斎《さい》から武士《ぶし》として必要《ひつよう》なさまざまな学問をたたきこまれた。雪斎《せっさい》の教えを受けた家康《いえやす》は、立派《りっぱ》な武士《ぶし》として成長《せいちょう》していった。

なるほどエピソード

家康《いえやす》は子どもの頃《ころ》から頭がよかった！

ある日、家康《いえやす》が河原《かわら》に遊びに来たところ、子どもたちが石合戦《いしがっせん》（2組で石をぶつけ合う遊び）をしていた。家康《いえやす》は、「人数が多い組は油断《ゆだん》するから、人数が少ない組が勝つ」と予想し、その通りになった。この話を聞いた雪斎《せっさい》は、家康《いえやす》の賢《かしこ》さに喜《よろこ》んだという。

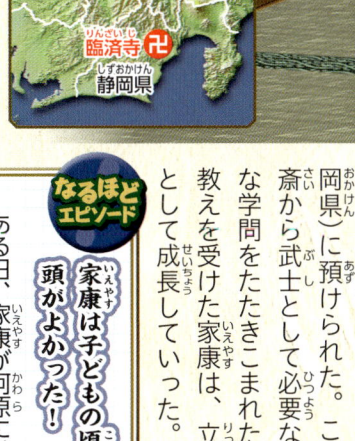

知って
おどろき！
家康《いえやす》！

人《ひと》質《じち》時代の家《いえ》康《やす》が育った場所

尾張《おわり》・織田家《おだけ》

織田信秀《おだのぶひで》が尾張《おわり》から今川家《いまがわけ》を追い出し、勢力《せいりょく》を広げた。

織《お》田《だ》信《のぶ》秀《ひで》

万松寺《ばんしょうじ》

織田家《おだけ》の人質《ひとじち》となった家康《いえやす》が預《あず》けられた寺。織田信秀《おだのぶひで》によってつくられた（愛知県《あいちけん》）。

幼《おさな》い家康《いえやす》は、故郷《こきょう》・三河《みかわ》を離《はな》れて人質《ひとじち》生活を送っていた。

生まれ故郷《こきょう》を離《はな》れて幼《おさな》い日を過《す》ごす

戦国大名《せんごくだいみょう》の子どもは、大名同《だいみょうどう》士《し》の結《むす》び付《つ》きを強めるために利《り》用《よう》されることが多かった。岡崎《おかざき》城城主《じょうじょうしゅ》の跡取《あとと》りとして生まれた家《いえ》康《やす》も、幼《おさな》い頃《ころ》は人質《ひとじち》として生活した。家康《いえやす》が生まれた松平家《まつだいらけ》は小さな戦国大名《せんごくだいみょう》であったため、家康《いえやす》の父・松平広忠《まつだいらひろただ》は、家《いえ》康《やす》を人質《ひとじち》にして領地《りょうち》を守ろうとしていた。

家康《いえやす》は6歳《さい》のときに、織田家《おだけ》の人質《ひとじち》として尾張《おわり》（現在《げんざい》の愛知《あいち》県《けん》）に送られた。尾張《おわり》では外で遊ぶことはあまり許《ゆる》されなかったという。8歳《さい》のときに父・広忠《ひろただ》が亡《な》くなると、今度は今川家《いまがわけ》の

名前が家康《いえやす》になるまで

1542年

誕生《たんじょう》

1歳《さい》 **松《まつ》平《だいら》竹《たけ》千《ち》代《よ》**

1555年

元服《げんぷく》

14歳《さい》 **松《まつ》平《だいら》元《もと》信《のぶ》**

今川義元《いまがわよしもと》の「元」の一文字を与《あた》えられた。

1558年

初陣《ういじん》

17歳《さい》 **松《まつ》平《だいら》元《もと》康《やす》**

祖父《そふ》の清康《きよやす》の「康」の一文字をもらった。

1563年

三河統一《みかわとういつ》

22歳《さい》 **松《まつ》平《だいら》家《いえ》康《やす》**

今川家《いまがわけ》の支配《しはい》がなくなり、義元《よしもと》の「元」の字を捨《す》てた。

1566年

25歳《さい》 **徳《とく》川《がわ》家《いえ》康《やす》**

駿《する》河《が》・今《いま》川《がわ》家《け》

戦国《せんごく》時代がはじまる前から有力な大名・今川家《いまがわけ》が代々《だいだい》おさめていた。

今《いま》川《がわ》義《よし》元《もと》

太《たい》原《げん》雪《せっ》斎《さい》

臨済寺《りんざいじ》

今川家《いまがわけ》の人質《ひとじち》となった家康《いえやす》が預《あず》けられた（静岡県《しずおかけん》）。太原雪斎《たいげんせっさい》が住職《じゅうしょく》をつとめていた。

家康《いえやす》が遊んでいたといわれる安倍川《あべかわ》

石合戦《いしがっせん》の様子を見て、勝敗《しょうはい》を的中《てきちゅう》させたといわれている（➡P39）。

人質《ひとじち》として駿河《するが》（現在《げんざい》の静岡県《しずおかけん》）に送られた。今川家《いまがわけ》のもとでは、自由に行動することが許《ゆる》されていた。家康《いえやす》はこの駿河《するが》で、のびのびと成長《せいちょう》したという。

なるほどエピソード

幼《おさな》い家康《いえやす》はやんちゃだった！

幼《おさな》かった家康《いえやす》は、新年のあいさつをする儀式《ぎしき》の最中《さいちゅう》に、我慢《がまん》できずに縁側《えんがわ》からおしっこをしはじめた。周《まわ》りにいた家臣《かしん》は、この行動におどろいた。今川家《いまがわけ》でのびのびと育った家康《いえやす》は、とてもやんちゃだったという。

超《ちょう》ビジュアル！

家《いえ》康《やす》新聞

第1号

発行所：デイリー駿河《するが》

家康《いえやす》は多趣味《たしゅみ》だった!?

勤勉《きんべん》で努力家《どりょくか》だった
家康《いえやす》の趣味《しゅみ》にせまる!!

囲《い》碁《ご》や将《しょう》棋《ぎ》で戦《たたか》い方をシミュレーション!?

家康《いえやす》は、当時流行していた囲《い》碁《ご》や将《しょう》棋《ぎ》が好《す》きで、城《しろ》に強い棋《き》士《し》を招《まね》いて試《し》合《あい》をしていた。碁《ご》盤《ばん》や将《しょう》棋《ぎ》盤《ばん》を戦場《せんじょう》に見立てて、戦場《せんじょう》での戦《たたか》い方を考えていたといわれている。

家《いえ》康《やす》は和歌をよむ才《さい》能《のう》があった!?

家康《いえやす》のよんだ和歌は、多くはのこっていない。しかし、家康《いえやす》のつくった和歌は、季《き》節《せつ》に合わせて、感情《かんじょう》豊《ゆた》かによまれていることから、和歌をよむ才能《さいのう》があったようだ。

読書家だった家《いえ》康《やす》

幼《おさな》い頃《ころ》から、読書の習《しゅう》慣《かん》が身についていた家康《いえやす》は、中国の兵法書《へいほうしょ》から日本の法律書《ほうりつしょ》、物語、医学書までさまざまな本を読んでいた。たくさんの本を読んでおり、城《しろ》の中に図書室ができるほどだったという。

一番の趣味《しゅみ》は鷹狩《たかが》り!

鷹狩《たかが》りとは、飼《か》い慣《な》らした鷹《たか》を飛《と》ばして、小鳥やうさぎなどをつかまえる遊びである。幼《おさな》い頃《ころ》から鷹狩《たかが》りが好《す》きだった家康《いえやす》は、鷹狩《たかが》りの腕前《うでまえ》も優《すぐ》れていた。ほかの武将《ぶしょう》と仲良《なかよ》くなるためにも行っていたという。鷹《たか》狩《が》りが好《す》きすぎて、亡《な》くなる数週間前まで行っていたといわれている。

太原雪斎氏《たいげんせっさいし》に独占《どくせん》インタビュー

質問《しつもん》 子どもの頃《ころ》の家康《いえやす》は何をして遊んでいましたか?

子どもの頃《ころ》の家康様《いえやすさま》は、勉強が好《す》きな真面目《まじめ》な子どもでした。また、鷹狩《たかが》り好《ず》きの元気な性格《せいかく》で、ある寺に行ったときには、鷹狩《たかが》りをしたいとわがままをいわれて、なだめるのがたいへんでした。

太原雪斎氏《たいげんせっさいし》

鷹狩《たかが》りが大好《だいす》き!?

家康《いえやす》にとって鷹狩《たかが》りはただの趣味《しゅみ》ではなかった。
そうだ、鷹狩《たかが》りへ行こう！
領地《りょうち》の様子をみて…
体をきたえることもできる…。
今度はこっちじゃ。
ドドドド
こんなに良《よ》い趣味《しゅみ》はないよのう。
家康《いえやす》は生涯《しょうがい》で1000回以上《いじょう》も鷹狩《たかが》りを行った。

すべての趣味《しゅみ》は、実用的《じつようてき》なものばかり!?

家康《いえやす》の趣味《しゅみ》は戦法《せんぽう》を学ぶ囲碁《いご》や将棋《しょうぎ》、知識《ちしき》を深める読書など、遊ぶためというよりも、政治《せいじ》に役立つものが多かった。家康《いえやす》の真面目《まじめ》な性格《せいかく》がうかがえる。

囲碁《いご》は、当時の武将《ぶしょう》の間で親しまれていた。

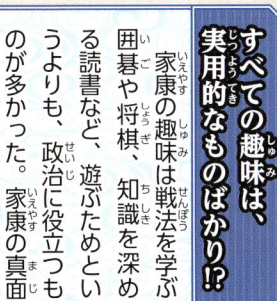

寺《てら》部《べ》城《じょう》攻《ぜ》め

1558年

17歳《さい》

岡崎城《おかざきじょう》から出陣《しゅつじん》する家康《いえやす》

駿河《するが》から一度岡崎城《おかざきじょう》にもどり、松平家《まつだいらけ》の家臣《かしん》らを集めて寺部城《てらべじょう》へ攻《せ》めこんだ。

松《まつ》平《だいら》家《け》の家《か》臣《しん》とともに初《うい》陣《じん》で大《だい》活《かつ》躍《やく》する

家康《いえやす》が今川家《いまがわけ》の人質《ひとじち》となって5年が経《た》ち、家康《いえやす》は14歳《さい》となった。家康《いえやす》は元服《げんぷく》し、その2年後には今《いま》川《がわ》義元《よしもと》の姪《めい》・瀬名姫《せなひめ》(のちの築山《つきやま》殿《どの》)を妻《つま》にむかえた。

1558年、それまで今川家《いまがわけ》の味方であった寺部城《てらべじょう》の城主《じょうしゅ》・鈴《すず》木《き》重辰《しげたつ》が裏切《うらぎ》り、織田家《おだけ》についた。怒《おこ》った義元《よしもと》は、家康《いえやす》に重辰《しげたつ》を倒《たお》すように命令《めいれい》した。家康《いえやす》にとっては初《はじ》めての合戦《かっせん》であった。

義元《よしもと》は、家康《いえやす》の兵《へい》として、松平《まつだいら》家《け》の家臣《かしん》を連《つ》れて行くように命じた。家康《いえやす》は岡崎城《おかざきじょう》にもどり、家《か》臣《しん》たちを集めた。松平家《まつだいらけ》の家臣《かしん》たちは、主君である家康《いえやす》が城《しろ》にもどったことや、家康《いえやす》とともに戦《たたか》えることをとても喜《よろこ》んだという。

岡崎城《おかざきじょう》から出陣《しゅつじん》した徳川軍《とくがわぐん》は、寺部城《てらべじょう》に奇襲攻撃《きしゅうこうげき》をしかけた。家《いえ》

主君の初陣《ういじん》に家臣《かしん》たちの士気《しき》が高まる!

寺部城攻《てらべじょうぜ》めの流れ

1 松平家《まつだいらけ》の家臣《かしん》を率《ひき》いて出陣《しゅつじん》する

寺部城城主《てらべじょうじょうしゅ》・鈴木重辰《すずきしげたつ》が今川家《いまがわけ》を裏切《うらぎ》ったため、義元《よしもと》から寺部城《てらべじょう》を攻《せ》めるように命じられる。

2 寺部城《てらべじょう》の周辺《しゅうへん》の城《しろ》も攻《せ》める

徳川軍《とくがわぐん》は寺部城《てらべじょう》に奇襲攻撃《きしゅうこうげき》をしかけて攻《せ》め落とした。その勢《いきお》いにのり、周辺《しゅうへん》の織田家《おだけ》に味方する城《しろ》を次つぎと攻《せ》めていった。

康《やす》だけでなく家臣《かしん》も勇敢《ゆうかん》に戦《たたか》い、城《しろ》はすぐに攻《せ》め落とすことができた。徳川軍《とくがわぐん》は勢《いきお》いにのり、近くにあった広瀬城《ひろせじょう》、挙母城《ころもじょう》なども攻《せ》め落とす大活躍《だいかつやく》をした。家康《いえやす》は、初《はじ》めての合戦《かっせん》を見事な勝利《しょうり》でかざった。

ウソ!ホント!? 戦《たたか》ったのは家康《いえやす》の影武者《かげむしゃ》だった!?

家康《いえやす》は、初《はじ》めての合戦《かっせん》で見事勝《しょう》利《り》をおさめることができた。しかし、元服《げんぷく》する前の竹千代《たけちよ》はやんちゃな子どもだったため、戦場《せんじょう》での賢《かし》く勇敢《ゆうかん》な家康《いえやす》は、実は影武者《かげむしゃ》だったのではないかと今川家《いまがわけ》の家《か》臣《しん》から疑《うたが》われたという。

1560年
19歳《さい》

桶《おけ》狭《はざ》間《ま》の戦《たたか》い

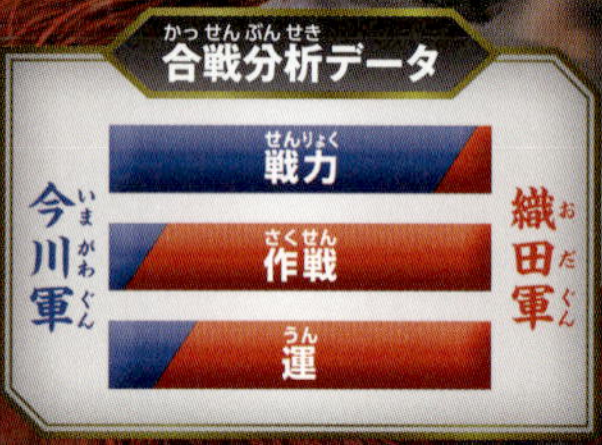
合戦分析《かっせんぶんせき》データ
今川軍《いまがわぐん》
織田軍《おだぐん》
戦力《せんりょく》
作戦《さくせん》
運《うん》

大勝 戦力《せんりょく》 約《やく》2000人

織《お》田《だ》信《のぶ》長《なが》

織《お》田《だ》軍《ぐん》

VS

今《いま》川《がわ》軍《ぐん》

今《いま》川《がわ》義《よし》元《もと》

大負 戦力《せんりょく》 約《やく》2万5000人

今《いま》川《がわ》家《け》と織《お》田《だ》家《け》との因《いん》縁《ねん》の対決

1560年、今川義元《いまがわよしもと》は2万以《い》上《じょう》の大軍《たいぐん》を率《ひき》いて、織田信長《おだのぶなが》が支《し》配《はい》する尾張《おわり》(現在《げんざい》の愛知県《あいちけん》)を攻《せ》めた。長く続《つづ》いていた織田家《おだけ》との戦《たたか》いに決着をつけるためである。家《いえ》康《やす》は、義元《よしもと》の命令《めいれい》で大高城《おおだかじょう》(愛《あい》知《ち》県《けん》)に米を運びこんだ。任務《にんむ》を終えた家康《いえやす》は、織田軍《おだぐん》の丸根砦《まるねとりで》(愛《あい》知《ち》県《けん》)を攻《せ》め落とし、今川軍《いまがわぐん》の一員として大きな活躍《かつやく》を見せた。

しかしその一方で、桶狭間《おけはざま》(愛《あい》知《ち》県《けん》)で休憩《きゅうけい》をしていた今川軍《いまがわぐん》にむかって、信長《のぶなが》の2000の兵《へい》がおそいかかった。今川軍《いまがわぐん》の兵《へい》の多

桶狭間《おけはざま》の戦《たたか》いでの家康《いえやす》の動き

1 大高城《おおだかじょう》に米を運びこむように命じられる

義元《よしもと》は今川軍《いまがわぐん》の拠点《きょてん》とするため、大高城《おおだかじょう》に米を運びこむように命じた。家康《いえやす》は織田軍《おだぐん》の包囲《ほうい》をかいくぐって任務《にんむ》にあたった。

2 丸根砦《まるねとりで》を攻《せ》め落とす

家康《いえやす》は織田軍《おだぐん》の拠点《きょてん》のひとつであった丸根砦《まるねとりで》に攻《せ》めこんだ。家康《いえやす》の活躍《かつやく》により、砦《とりで》を守っていた織《お》田軍《だぐん》は全滅《ぜんめつ》したという。

3 桶狭間《おけはざま》で今川軍《いまがわぐん》が敗北《はいぼく》する

信長《のぶなが》の奇襲攻撃《きしゅうこうげき》により、義元《よしもと》が戦死《せんし》した。これにより、家康《いえやす》は長年の人質生活《ひとじちせいかつ》から解放《かいほう》された。

丸根砦《まるねとりで》を攻《せ》める家康《いえやす》

織田軍《おだぐん》が立てこもる丸根砦《まるねとりで》に攻《せ》めこみ、激闘《げきとう》をくり広げたといわれている。

くは、突然《とつぜん》の攻撃《こうげき》にあわててにげ出した。大将《たいしょう》である義元《よしもと》は、そのまま織田軍《おだぐん》の攻撃《こうげき》で戦死《せんし》した。

義元《よしもと》が死んだという知らせを聞いた家康《いえやす》は一度岡崎城《おかざきじょう》へもどり、様子を見ることにした。家康《いえやす》を人質《ひとじち》にとっていた義元《よしもと》が死んだことで、家康《いえやす》は長い人質生活《ひとじちせいかつ》から解放《かいほう》されることとなった。

1562年
21歳《さい》

清《きよ》洲《す》同《どう》盟《めい》を結《むす》ぶ

同盟《どうめい》を結《むす》ぶことになった信長《のぶなが》と家康《いえやす》
今川家《いまがわけ》から解放《かいほう》された家康《いえやす》は、敵《てき》であった織田《おだ》家《け》と手を組み、領地《りょうち》を広げていくようになった。

今川家《いまがわけ》を見限《みかぎ》って織田信長《おだのぶなが》と手を結《むす》ぶ

桶狭間《おけはざま》の戦《たたか》いで今川義元《いまがわよしもと》が戦《せん》死《し》したが、家康《いえやす》や多くの家臣《かしん》たちは、妻《つま》や子どもを今川家《いまがわけ》に人質《ひとじち》としてとられたままであった。そのため家康《いえやす》は、今川軍《いまがわぐん》の一員として織田家《おだけ》の城《しろ》を攻撃《こうげき》していた。しかし、今川家《いまがわけ》の当主となった義元《よしもと》の子・今川氏真《いまがわうじざね》がたよりにならなかったため、今川家《いまがわけ》から独立《どくりつ》することを決めた。

そのようななか、織田信長《おだのぶなが》の使者が、岡崎城《おかざきじょう》にやってきた。家《いえ》康《やす》に、織田家《おだけ》と同盟《どうめい》を結《むす》ぶように申し入れるためであった。家康《いえやす》の多くの家臣《かしん》たちは、敵《てき》であった織《お》田家《だけ》との同盟《どうめい》に反対した。しかし家康《いえやす》は、松平家《まつだいらけ》が生きのこるためには織田家《おだけ》につくしかないと考え、同盟《どうめい》を結《むす》ぶことを決意した。

1562年、家康《いえやす》は信長《のぶなが》の居城《きょじょう》

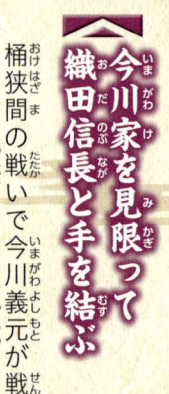

勢力《せいりょく》を伸《の》ばし続《つづ》ける織田信長《おだのぶなが》との同盟《どうめい》！

である清洲城《きよすじょう》(愛知県《あいちけん》)を訪《おとず》れた。家康《いえやす》は信長《のぶなが》と会い、清洲同盟《きよすどうめい》を結《むす》んだ。信長《のぶなが》と手を組んだ家康《いえやす》は、三河《みかわ》の統一《とういつ》を目指して領地《りょうち》を広げていった。家康《いえやす》は、この同盟《どうめい》で力強い味方を得《え》た。

現在《げんざい》の清洲城《きよすじょう》

清洲城《きよすじょう》は織田信長《おだのぶなが》の居城《きょじょう》であった。家康《いえやす》は、この城《しろ》を訪《おとず》れて、信長《のぶなが》と同盟《どうめい》を結《むす》んだ(愛知県《あいちけん》)。

信長《のぶなが》と幼《おさな》い日の家康《いえやす》

家康《いえやす》が織田家《おだけ》の人質《ひとじち》となっていた頃《ころ》、信長《のぶなが》と出会い、兄のようにしたっていたといわれている。

なるほどエピソード

「牛」と書いた紙で同盟成立《どうめいせいりつ》！

家康《いえやす》と信長《のぶなが》は、お互《たが》いに約束《やくそく》を破《やぶ》らないように同盟《どうめい》の内容《ないよう》を文書にした。本来、約束《やくそく》を書いた文書には「牛王宝印紙《ごおうほういんし》」という特別《とくべつ》な紙を使うことになっていた。しかし、ちょうど手元になかったため、信長《のぶなが》はただの紙に「牛」という文字を書いて使ったという。

超《ちょう》ビジュアル！
家《いえ》康《やす》新聞
第2号
発行所：
三河《みかわ》ウィークリー

家康《いえやす》は他国の武将《ぶしょう》との同盟《どうめい》を大事にした？

家康《いえやす》は周《まわ》りの大名とどのような同盟《どうめい》を結《むす》んだのか？

「昨日《きのう》までの敵《てき》は今日の友」作戦《さくせん》！

家康《いえやす》は、桶狭間《おけはざま》の戦《たたか》いで織田《おだ》信長《のぶなが》の敵《てき》であったにもかかわらず、信長《のぶなが》に接近《せっきん》した。この判断《はんだん》の早さを買って、信長《のぶなが》も同盟《どうめい》を結《むす》んだといわれている。

「敵《てき》の敵《てき》は味方だ！」という発想で同盟《どうめい》を結《むす》ぶ

家康《いえやす》は、甲斐《かい》（現在《げんざい》の山梨県《やまなしけん》）の武田信玄《たけだしんげん》と対立していた。信玄《しんげん》が越後《えちご》（現在《げんざい》の新潟県《にいがたけん》）の上杉謙《うえすぎけん》信《しん》とも対立していることを聞きつけると、家康《いえやす》は謙信《けんしん》に同盟《どうめい》をもちかけたという。

家臣《かしん》の娘《むすめ》まで養女《ようじょ》にして嫁《とつ》がせる⁉

家康《いえやす》には、実の娘《むすめ》が5人いたが、自分の娘《むすめ》だけでなく、家臣《かしん》の娘《むすめ》まで自分の養《よう》女《じょ》にして、有力な大名のもとへ嫁《とつ》がせた。自分の親《しん》戚《せき》を増《ふ》やして勢力《せいりょく》を広げようとしたという。

人質《ひとじち》時代の友人と同盟《どうめい》を結《むす》んだ!?

家康《いえやす》が今川《いまがわ》家《け》の人質《ひとじち》として過《す》ごしていた頃《ころ》、同じく人質《ひとじち》であった北条《ほうじょう》氏規《うじのり》と仲《なか》良《よ》くなった。氏規《うじのり》は関東《かんとう》をおさめる北条《ほうじょう》家《け》の人間であった。今川義元《いまがわよしもと》の死後、自分の領地《りょうち》にもどったふたりは手紙のやりとりを続《つづ》け、ついには徳川《とくがわ》家《け》と北条《ほうじょう》家《け》の同盟《どうめい》を結《むす》んだという。

織田信長《おだのぶなが》氏《し》に 独占《どくせん》インタビュー

質問《しつもん》 どうして家康《いえやす》と同盟《どうめい》を結《むす》んだのですか?

最初《さいしょ》は家康《いえやす》のことも攻《せ》めようかと思ったのだが…。桶狭間《おけはざま》の戦《たたか》いの後の家康《いえやす》の変《か》わり身の早さを見て、「この男を敵《てき》に回してはいかん」と感じ、同《どう》盟《めい》をもちかけたのじゃ。家康《いえやす》が同盟《どうめい》を受け入れてくれてわしも安心したよ。

織田信長《おだのぶなが》氏《し》

未練《みれん》がない家康《いえやす》

家康《いえやす》は幼《おさな》い頃《ころ》今川《いまがわ》家《け》の人質《ひとじち》であったが――
その暮《く》らしは快適《かいてき》で今川《いまがわ》家《け》の親戚《しんせき》から嫁《よめ》ももらった。
ありがたい。
しかし、桶狭間《おけはざま》の戦《たたか》いで今川《いまかわ》が負《ま》けると家康《いえやす》はあっさり裏切《うらぎ》った。
ちょっと…。
さよーならー。
家康《いえやす》は意外《いがい》と冷《つめ》たかったのかもしれない…。
生きのこるためには仕方《しかた》ないのじゃ。

戦国《せんごく》時代の同盟《どうめい》は信用《しんよう》できなかった!?

戦国《せんごく》時代、多くの武将《ぶしょう》たちが同盟《どうめい》を結《むす》んだが、同《どう》盟《めい》がすぐに裏切《うらぎ》られることも日常茶飯事《にちじょうさはんじ》であった。家《いえ》康《やす》が信長《のぶなが》と結《むす》んだ同盟《どうめい》は、信長《のぶなが》が死ぬまで長く続《つづ》き、戦国《せんごく》時代ではとてもめずらしかった。

織田信秀《おだのぶひで》

織田家《おだけ》を一国の支配者《しはいしゃ》へと成長《せいちょう》させた武将《ぶしょう》

織田信秀《おだのぶひで》は、尾張《おわり》(現在《げんざい》の愛知県《あいちけん》)をおさめる武士《ぶし》の一族に生まれ、17歳《さい》で織田家《おだけ》を継《つ》ぎ、勝幡城《しょばたじょう》(愛知県《あいちけん》)の城主《じょうしゅ》となった。1542年の小豆坂《あずきざか》の戦《たたか》いで今川義元《いまがわよしもと》に勝利《しょうり》したことをきっかけに、一族の中で強い勢力《せいりょく》をもつようになった。その後、次第に領地《りょうち》を広げていき、駿河《するが》(現在《げんざい》の静岡県《しずおかけん》)の今《いま》川義元《がわよしもと》や美濃《みの》(現在《げんざい》の岐阜県《ぎふけん》)の斎藤道三《さいとうどうさん》とわたり合うほどの戦国武将《せんごくぶしょう》へと成長《せいちょう》した。

三河《みかわ》(現在《げんざい》の愛知県《あいちけん》)へ領地《りょうち》を広げるため、信秀《のぶひで》は今川家《いまがわけ》に送られる家康《いえやす》をとらえて人質《ひとじち》にし、家康《いえやす》の父・松平《まつだいら》広忠《ひろただ》に味方になるように求《もと》めた。広忠《ひろただ》の死後、家康《いえやす》を今川家《いまがわけ》へ送るが、その2年後信秀《のぶひで》は突然《とつぜん》病死し、織田家《おだけ》は息子・信長《のぶなが》が引き継《つ》いだ。

出身地《しゅっしんち》	尾張《おわり》(現在《げんざい》の愛知県《あいちけん》)
生年月日《せいねんがっぴ》	1510年(誕生日《たんじょうび》は不明《ふめい》)
死亡年月日《しぼうねんがっぴ》	1551年4月8日
享年《きょうねん》	42歳《さい》(病死《びょうし》)

信秀《のぶひで》が信長《のぶなが》に与《あた》えた那古野城跡《なごやじょうあと》

息子・信長《のぶなが》の才能《さいのう》を見抜《みぬ》いていた信秀《のぶひで》は、2歳《さい》の息子に城《しろ》をゆずったという(愛知県《あいちけん》)。

小豆坂古戦場《あずきざかこせんじょう》

2度にわたり、織田家《おだけ》と今川家《いまがわけ》の激《はげ》しい戦《たたか》いがくり広げられた(愛知県《あいちけん》)。

駿河《するが》・遠江《とおとうみ》を支配《しはい》した「海道一《かいどういち》の弓取《ゆみと》り」

今川義元《いまがわよしもと》

出身地《しゅっしんち》	駿河《するが》(現在《げんざい》の静岡県《しずおかけん》)
生年月日《せいねんがっぴ》	1519年(誕生日《たんじょうび》は不明《ふめい》)
死亡年月日《しぼうねんがっぴ》	1560年5月19日
享年《きょうねん》	42歳《さい》(戦死《せんし》)

肖像《しょうぞう》

今川義元《いまがわよしもと》は、駿河《するが》(現在《げんざい》の静岡県《しずおかけん》)の戦国大名《せんごくだいみょう》・今川家《いまがわけ》に生まれた。今川家《いまがわけ》当主である父・氏親《うじちか》が亡《な》くなると、後継《あとつ》ぎをめぐって他の兄弟と争《あらそ》うが、太原雪斎《たいげんせっさい》の協力《きょうりょく》を得《え》て、今川家《いまがわけ》を継《つ》ぐことになった。

今川家《いまがわけ》の当主となってから東海道《とうかいどう》に巨大《きょだい》な勢力《せいりょく》をほこったため、名誉《めいよ》ある武将《ぶしょう》であるという意味で「海道一《かいどういち》の弓取《ゆみと》り」と呼《よ》ばれた。貴族《きぞく》の文化にあこがれていたため、服装《ふくそう》は貴族《きぞく》のようであったという。家康《いえやす》の父・松平広忠《まつだいらひろただ》の死後、織田家《おだけ》の領地拡大《りょうちかくだい》を恐《おそ》れて、人質《ひとじち》になっていた家康《いえやす》を織田家《おだけ》から取り上げ、今川家《いまがわけ》の人質《ひとじち》として手厚《てあつ》く教育した。勢力《せいりょく》を広げるため尾張《おわり》を攻《せ》めるが、桶狭間《おけはざま》の戦《たたか》いで織田《おだ》信長《のぶなが》の奇襲攻撃《きしゅうこうげき》にあい、戦死《せんし》した。

桶狭間古戦場《おけはざまこせんじょう》

桶狭間《おけはざま》で戦《たたか》った義元《よしもと》と信長《のぶなが》の像《ぞう》が建《た》てられている(愛知県《あいちけん》)。

大高城跡《おおだかじょうあと》

義元《よしもと》は、尾張《おわり》攻《ぜ》めの拠点《きょてん》とするために、家康《いえやす》に米を運びこむように命じた(愛知県《あいちけん》)。

幼《おさな》い家康《いえやす》の教育係となった名軍師《めいぐんし》

太原雪斎《たいげんせっさい》

出身地《しゅっしんち》	不明《ふめい》
生年月日《せいねんがっぴ》	1496年（誕生日《たんじょうび》は不明《ふめい》）
死亡年月日《しぼうねんがっぴ》	1555年10月10日
享年《きょうねん》	60歳《さい》（病死《びょうし》）

太原雪斎《たいげんせっさい》は、臨済寺《りんざいじ》（静岡県《しずおかけん》）の僧侶《そうりょ》で、今川義元《いまがわよしもと》が幼《おさな》い頃《ころ》から教育係として仕えていた。義元《よしもと》の父・今川氏親《いまがわうじちか》が亡《な》くなり、今川家《いまがわけ》の後継《あとつ》ぎ争《あらそ》いが起こると、義元《よしもと》に味方をして、後を継《つ》げるようにたすけた。義元《よしもと》も雪斎《せっさい》を信《しん》頼《らい》し、軍師《ぐんし》としての役目を与《あた》えた。

三河《みかわ》をおさめていた松平広忠《まつだいらひろただ》が死ぬと、織田家《おだけ》の人質《ひとじち》となっている家康《いえやす》を取り返すように命じられた。雪斎《せっさい》は織《お》田家《だけ》の城《しろ》である安祥城《あんじょうじょう》（愛知県《あいちけん》）に攻《せ》めこみ、城《しろ》を守っていた織田信広《おだのぶひろ》をとらえて、家康《いえやす》と交換《こうかん》するように交渉《こうしょう》した。雪斎《せっさい》は、今川家《いまがわけ》の人質《ひとじち》となった家康《いえやす》の教育係として、兵法《へいほう》や武芸《ぶげい》を徹《てっ》底的《ていてき》に教えたといわれている。

義元《よしもと》の軍師《ぐんし》だった雪斎《せっさい》
義元《よしもと》が今川家《いまがわけ》を継《つ》いでからは、相談役に就《つ》いた。

安祥城址《あんじょうじょうし》
家康《いえやす》を取りもどすため、雪斎《せっさい》は織田信広《おだのぶひろ》がおさめる安祥城《あんじょうじょう》に攻《せ》めこんだ（愛知県《あいちけん》）。

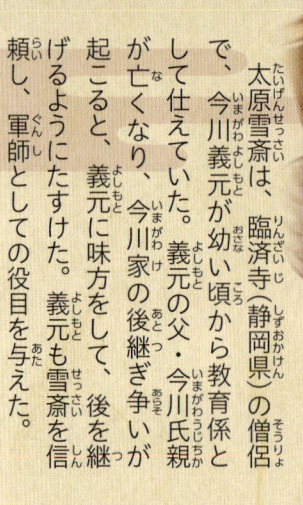

尾張《おわり》から天下を目指した「大うつけ」

織田信長《おだのぶなが》

出身地《しゅっしんち》	尾張《おわり》(現在《げんざい》の愛知県《あいちけん》)
生年月日《せいねんがっぴ》	1534年(誕生日《たんじょうび》は不明《ふめい》)
死亡年月日《しぼうねんがっぴ》	1582年6月2日
享年《きょうねん》	49歳《さい》(自害《じがい》)

織田信長《おだのぶなが》は、尾張《おわり》(現在《げんざい》の愛知県《あいちけん》)をおさめる織田信秀《おだのぶひで》の子として生まれた。信秀《のぶひで》が病死してしまったため、18歳《さい》のときに織田家《おだけ》を継《つ》ぐことになった。変《か》わった服装《ふくそう》をして、常識《じょうしき》にとらわれない自由な性格《せいかく》であったことなどから「尾張《おわり》の大うつけ(大ばか者)」と呼《よ》ばれていた。歯向かう者は家族もろとも皆殺《みなごろ》しにするなど、冷酷《れいこく》で残虐《ざんぎゃく》な一面もあったという。桶狭間《おけはざま》の戦《たたか》いでは、圧倒的《あっとうてき》に不利《ふり》な状況《じょうきょう》のなか、奇襲攻撃《きしゅうこうげき》をしかけて今川義元《いまがわよしもと》をやぶった。これにより、全国に名をとどろかせることになった。桶狭間《おけはざま》の戦《たたか》いの後、今川家《いまがわけ》から解放《かいほう》された家康《いえやす》に同盟《どうめい》を組むように申し出て、清洲同盟《きよすどうめい》を結《むす》んだ。その後、天下統一《てんかとういつ》を目指して、勢力《せいりょく》を広げていき、多くの武将《ぶしょう》に恐《おそ》れられた。

桶狭間《おけはざま》の戦《たたか》いの信長《のぶなが》

大雨のなか、休憩《きゅうけい》中の今川義元《いまがわよしもと》に奇襲攻撃《きしゅうこうげき》をしかけたという。

信長《のぶなが》が使った「天下布武《てんかふぶ》」の印《しるし》

「国を平和にした者が天下《てんか》をおさめるのにふさわしい」という意味の印《しるし》で、信長《のぶなが》が好《この》んで使っていた。

戦国《せんごく》おもしろコラム

戦《せん》国《ごく》時代の娯《ご》楽《らく》

戦国《せんごく》時代、囲碁《いご》や将棋《しょうぎ》、鷹狩《たかが》りといった、知力や体力をきたえる娯楽《ごらく》が武将《ぶしょう》に人気だった。

囲《い》碁《ご》

四角い枠《わく》の中で、白と黒の石を使って行うゲーム。戦術《せんじゅつ》や戦略《せんりゃく》の勉強になったため、多くの武将《ぶしょう》が好《この》んだ。

本因坊算砂《ほんいんぼうさんさ》

囲碁《いご》も将棋《しょうぎ》も強く、織田《おだ》信長《のぶなが》、豊臣秀吉《とよとみひでよし》、徳川家康《とくがわいえやす》に仕えた。家康《いえやす》からは、のちに腕前《うでまえ》を認《みと》められ、給料《きゅうりょう》が与《あた》えられた。

戦国《せんごく》時代に囲碁《いご》を楽しむ人びとの様子

将《しょう》棋《ぎ》

将棋《しょうぎ》を楽しむ人びとを描《えが》いた絵

9×9のマス目の中で、40枚《まい》の駒《こま》を使って行うゲーム。囲碁《いご》とともに大流行した。

鷹《たか》狩《が》り

鷹《たか》を放して獲物《えもの》をとらせる遊び。家康《いえやす》の趣味《しゅみ》として有名だが、その後、江戸《えど》時代の将軍《しょうぐん》たちも鷹狩《たかが》りを楽しんだ。

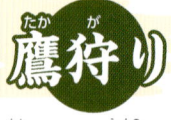

2章

信《のぶ》長《なが》とともに

1563年 家康《いえやす》は 三河《みかわ》（現在《げんざい》の愛知県《あいちけん》）の
平定を 進めて いたが…
殿《との》！ たいへん です！
国内の一向宗《いっこうしゅう》の 信者《しんじゃ》が一斉《いっせい》に反乱《はんらん》を！
むっ！
おまけに 一向宗《いっこうしゅう》に味方する 家臣《かしん》もおります！
南無阿弥陀仏
なむあみだぶつ
なむあみだぶつ
本多正信《ほんだまさのぶ》
なんだと…!!!

三河《みかわ》の統一《とういつ》もできず家臣《かしん》らの足並《あしな》みもそろえられぬとは…
わしもまだまだ未熟《みじゅく》であるな…
翌年《よくとし》家康《いえやす》は一向一揆《いっこういっき》をおさめ
からくも三河《みかわ》平定をなしとげた。
1572年
浜松城《はままつじょう》（静岡県《しずおかけん》）
聞いたか
武田信玄《たけだしんげん》がついに攻《せ》めてくるそうだ
なんとあの最強《さいきょう》の…！
徳川家《とくがわけ》はどうなってしまうのか…
ざわ ざわ
ざわ ざわ
野戦《やせん》か
籠城《ろうじょう》か
どっちだ!?
…………
松平家《まつだいらけ》は「徳川《とくがわ》」と名を改《あらた》めていた。
ざわ ざわ
ざわ ざわ
徳川家康《とくがわいえやす》

ザわっ
申《もう》し上げます！
武田軍《たけだぐん》は我《わ》が浜松城《はままつじょう》の前を素通《すどお》り！
背後《はいご》をつけば倒《たお》せる…！
好機《こうき》だ!!!
わああああああ
討《う》って出るぞ!!!
徳川軍《とくがわぐん》が浜松城《はままつじょう》から出てきました！
かかったな

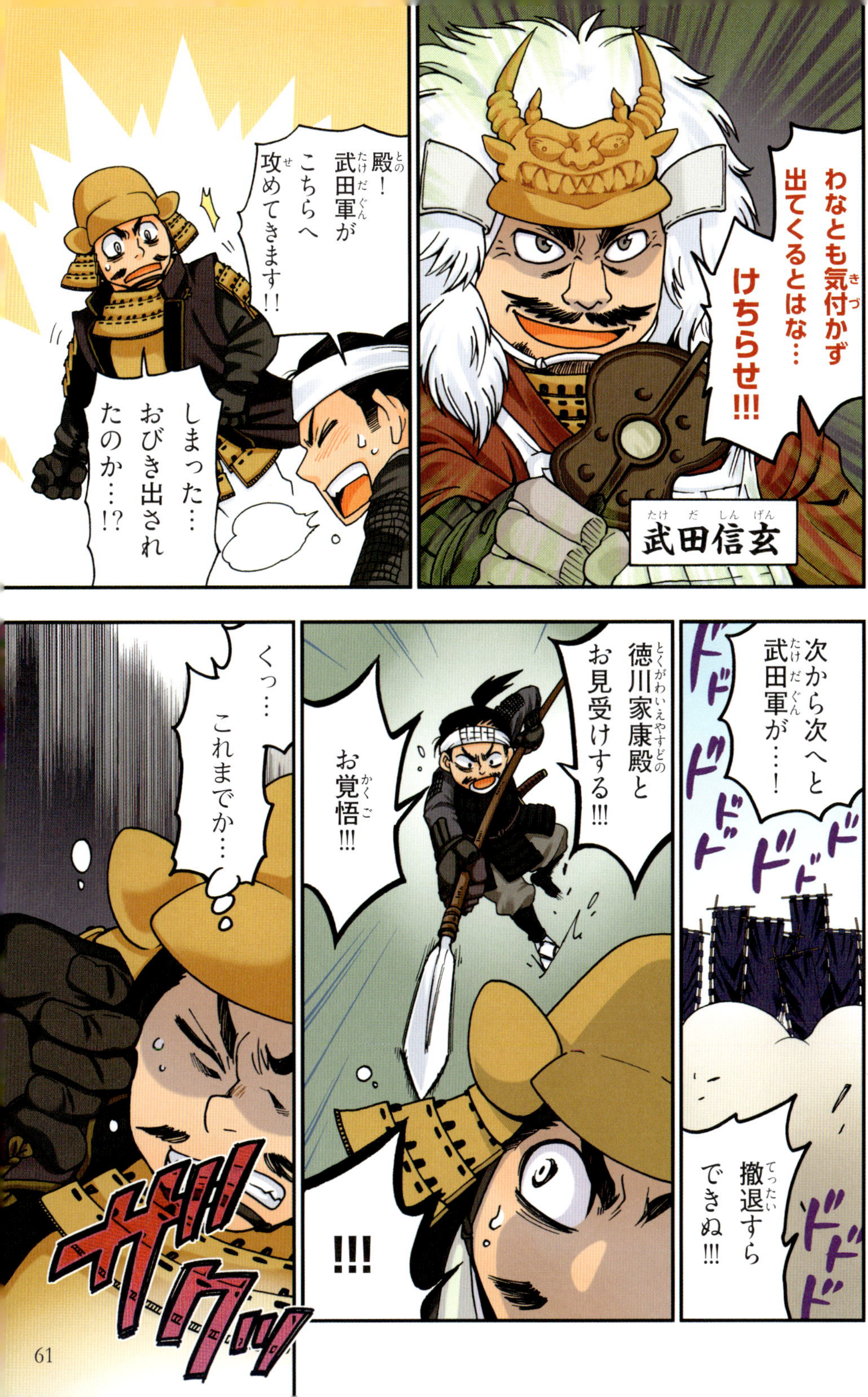

わなとも気《き》付《づ》かず出てくるとはな…
けちらせ!!!
武田信玄《たけだしんげん》
殿《との》！武田軍《たけだぐん》がこちらへ攻《せ》めてきます!!
しまった…おびき出されたのか…!?
次から次へと武田軍《たけだぐん》が…！
ドドドドドドドド
撤退《てったい》すらできぬ!!!
ドドド
徳川家康殿《とくがわいえやすどの》とお見受けする!!!
お覚悟《かくご》!!!
!!!
くっ…これまでか…
ガクッ

おにげください
殿《との》……
あなたさえ
生きていれば
三河《みかわ》は
守られる…
ガッ
そんな!
わしだけ
にげるわけ
には…!!!
殿《との》を
浜松城《はままつじょう》まで
おにがし
せよ!
おう!!!!
ドドッ
殿《との》…
どうか
ご無事《ぶじ》で!!
すまぬ
皆《みな》の者
すまぬ…!!!
ドドッ
ドドッ
ドドッ

殿《との》!
ドッ
門を閉《し》めよー!!
ならぬ!!!
門は開けたままにせよ!!!
まだもどってきていない者たちがいる!!
しかし武田軍《たけだぐん》が攻《せ》めて来たら…
武田《たけだ》が来たなら撃退《げきたい》せよ!!!
必ず…生きてもどってまいれ…
この戦《たたか》いで家康《いえやす》は武田信玄《たけだしんげん》に大敗《たいはい》した。

1573年
殿《との》！一大事にございます！
武田信玄《たけだしんげん》が死んだと申《もう》すか!?
信玄《しんげん》の後を継《つ》いだのは四男の勝頼《かつより》だった。
武田勝頼《たけだかつより》
これを機《き》に武田《たけだ》とは決着をつけてしまいたい
だが、信玄《しんげん》が死んだとはいえ、まだまだ武田《たけだ》の力は強大だ…
にらみ合いが続《つづ》いた末《すえ》…
甲斐《かい》
美濃《みの》
信長殿《のぶながどの》に援軍《えんぐん》を求《もと》めよう
遠江《とおとうみ》
1575年 三河《みかわ》・設楽原《したらがはら》（愛知県《あいちけん》）
信長《のぶなが》は3万の兵《へい》を率《ひき》いてかけつけた。

こたびの戦《いくさ》はこやつを活かそうと思う
火縄銃《ひなわじゅう》ですな
大量《たいりょう》に仕入れたこの火縄銃《ひなわじゅう》で武田《たけだ》の騎馬隊《きばたい》をおどろかせてくれようぞ！
なんとたのもしい！
家康《いえやす》と信長《のぶなが》の連合軍《れんごうぐん》は武田軍《たけだぐん》を相手に大勝利《だいしょうり》をおさめた。
しかし——

今、なんと申《もう》された…
信長殿《のぶながどの》!!!
そなたの長男・信康《のぶやす》を…
切腹《せっぷく》させよ
家康《いえやす》と築山殿《つきやまどの》の息子・信康《のぶやす》は
信康《のぶやす》
徳姫《とくひめ》
信長《のぶなが》の娘《むすめ》・徳姫《とくひめ》と結婚《けっこん》していた。
なぜ信康《のぶやす》が切腹《せっぷく》せねばならんのですか!
バサッ
徳姫《とくひめ》から知らせがまいったのじゃ!!!
信康《のぶやす》とその母の築山殿《つきやまどの》が武田《たけだ》に内通しておるとな…!
グシャッ
断《だん》じて許《ゆる》せぬ!!!

そんな…
信康《のぶやす》への切腹命令《せっぷくめいれい》は徳姫《とくひめ》が原因《げんいん》であったともいわれているが――
真相は定かではない。
父上…なぜ!!!
なぜお信《しん》じくださらぬ!!!
家康《いえやす》は2人の無実《むじつ》を主張《しゅちょう》した。
しかし信長《のぶなが》の怒《いか》りはおさまらなかった。
殿《との》!!!
信康《のぶやす》もわたくしも武田《たけだ》に通じてなどおりませぬ!!
おぬしたちが無実《むじつ》なのはわかっておる…しかし徳川家《とくがわけ》のため…
ギリッ…
今は信長殿《のぶながどの》に逆《さか》らうわけにはいかんのだ…
許《ゆる》してくれ…!!!
1579年信康《のぶやす》は二俣城《ふたまたじょう》にて切腹《せっぷく》。
その後築山殿《つきやまどの》も殺害《さつがい》された。

3年後
安土城《あづちじょう》（滋賀県《しがけん》）
信長様《のぶながさま》
このたびは駿河国《するがのくに》を与《あた》えていただき
ありがとうございます
この前年、家康《いえやす》は高天神城《たかてんじんじょう》の戦《たたか》いで武田勝頼《たけだかつより》をやぶり その功績《こうせき》で武田《たけだ》の領地《りょうち》だった駿河《するが》を与《あた》えられた。
これでおぬしも3か国をおさめる大名…
あの竹千代《たけちよ》がよき面構《つらがま》えよ
どうじゃ？久々《ひさびさ》に羽を休め都見物《みやこけんぶつ》などしていっては
それはよき案《あん》！
信長様《のぶながさま》もご一緒《いっしょ》にいかがですかな？

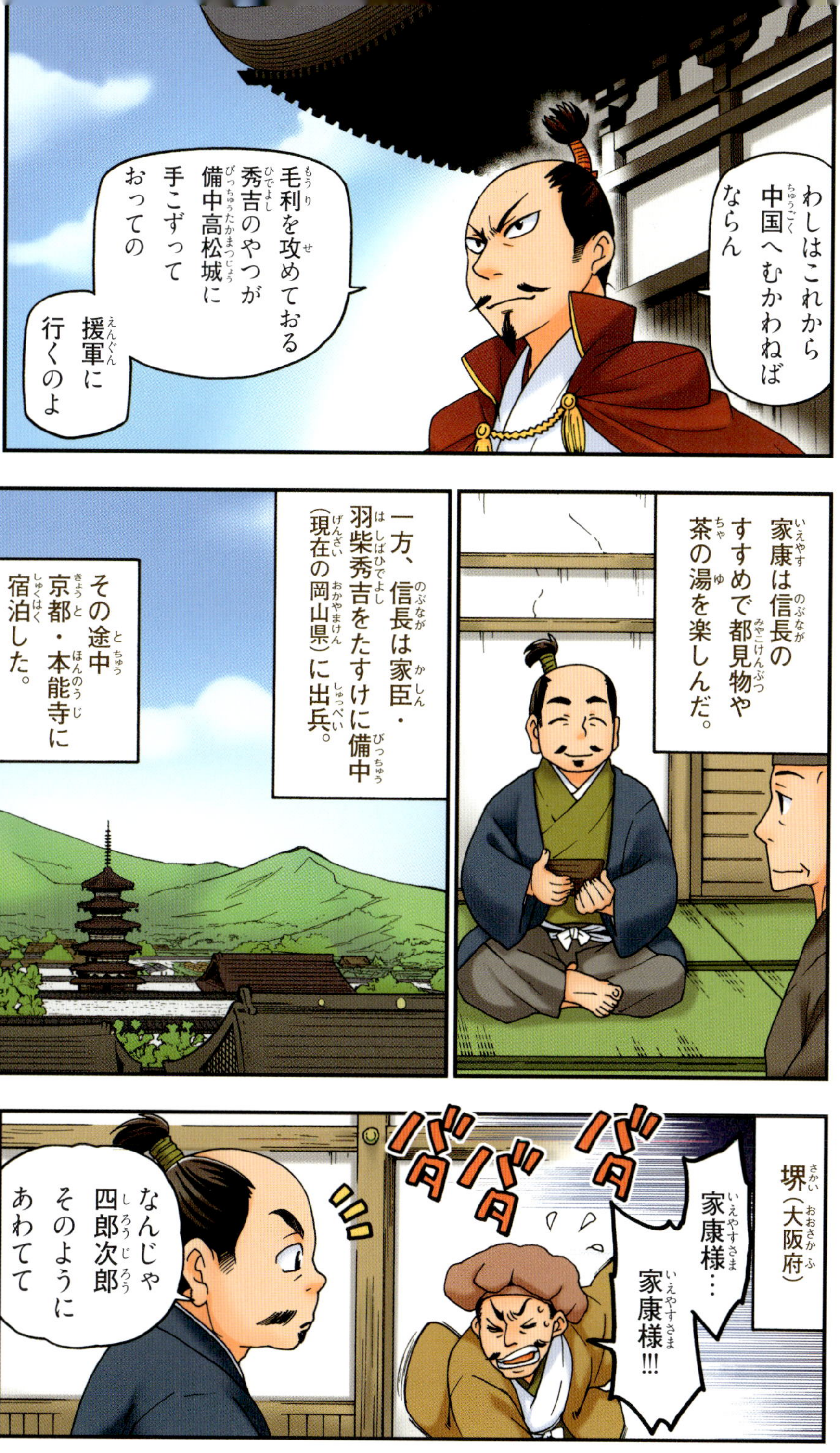
わしはこれから中国《ちゅうごく》へむかわねばならん
毛利《もうり》を攻《せ》めておる秀吉《ひでよし》のやつが備中高松城《びっちゅうたかまつじょう》に手こずっておっての
援軍《えんぐん》に行くのよ
家康《いえやす》は信長《のぶなが》のすすめで都見物《みやこけんぶつ》や茶《ちゃ》の湯《ゆ》を楽しんだ。
一方、信長《のぶなが》は家臣《かしん》・羽柴秀吉《はしばひでよし》をたすけに備中《びっちゅう》(現在《げんざい》の岡山県《おかやまけん》)に出兵《しゅっぺい》。
その途中《とちゅう》京都《きょうと》・本能寺《ほんのうじ》に宿泊《しゅくはく》した。
堺《さかい》(大阪府《おおさかふ》)
家康様《いえやすさま》・・・
家康様《いえやすさま》!!!
バタ
バタ
バタ
なんじゃ四郎次郎《しろうじろう》そのようにあわてて

織田《おだ》信長《のぶなが》が…

信長公《のぶながこう》が討《う》たれたとの一報《いっぽう》が!!!

京都《きょうと》の商人
茶屋四郎次郎《ちゃやしろうじろう》
なんじゃと!!?

1582年 織田《おだ》信長《のぶなが》は本能寺《ほんのうじ》で 家臣《かしん》・明智光秀《あけちみつひで》の裏切《うらぎ》りにあい その生涯《しょうがい》を閉《と》じた。

今すぐ京《きょう》へむかう!

信長様《のぶながさま》の仇《かたき》を討《う》つのじゃ!

いけません家康様《いえやすさま》!

京《きょう》は明智軍《あけちぐん》であふれかえっているはずです!

今、京《きょう》へ行けば返り討《う》ちですぞ!

京《きょう》
堺《さかい》
岡崎《おかざき》
?
しかし岡崎《おかざき》にもどって兵《へい》を整えるにしても…
京《きょう》が通れぬのならばどうすればよいのじゃ……
殿《との》！わたくしによい案《あん》が!!!
半蔵《はんぞう》！
服部半蔵《はっとりはんぞう》
道は険《けわ》しいですが伊賀《いが》を抜ければ安全です!!!
京《きょう》
堺《さかい》
岡崎《おかざき》
伊《い》賀《が》
茶屋四郎次郎《ちゃやしろうじろう》が周辺《しゅうへん》の豪族《ごうぞく》に金を配り
伊賀《いが》の道にくわしい服部半蔵《はっとりはんぞう》の案内で家康《いえやす》は岡崎《おかざき》に帰還《きかん》した。
のちにこの脱出劇《だっしゅつげき》は「伊賀越《いがご》え」と呼《よ》ばれる。
信長様《のぶながさま》が亡《な》くなってしまうとは…
天下《てんか》に一番近かった信長《のぶなが》が死に
世の中はふたたび乱《みだ》れようとしていた。

1563年

22歳《さい》

三《み》河《かわ》一《いっ》向《こう》一《いっ》揆《き》

上和田城《かみわだじょう》での戦《たたか》いで負傷《ふしょう》する家康《いえやす》

上和田城《かみわだじょう》では、徳川軍《とくがわぐん》と一向宗《いっこうしゅう》の信者《しんじゃ》との激《げき》戦《せん》がくり広げられ、家康《いえやす》も敵《てき》の銃弾《じゅうだん》を受けた。

一《いっ》向《こう》宗《しゅう》の信《しん》者《じゃ》の反《はん》乱《らん》で家《か》臣《しん》団《だん》が分《ぶん》裂《れつ》する

家康《いえやす》が三河《みかわ》の統一《とういつ》を進めるなか、三河《みかわ》国内で一向宗《いっこうしゅう》の信者《しんじゃ》による大規模《だいきぼ》な一揆《いっき》が起こった。一《いっ》向宗《こうしゅう》とは仏教《ぶっきょう》の宗派《しゅうは》のひとつで、その信者《しんじゃ》たちが家康《いえやす》の支配《しはい》に抵抗《ていこう》して各地《かくち》で戦《たたか》いをはじめたのである。家康《いえやす》は、一揆《いっき》をすぐにおさめようとした。

しかし、家康《いえやす》の家臣《かしん》の中にも一《いっ》向宗《こうしゅう》の信者《しんじゃ》が多くいた。その家臣《かしん》は、一向一揆《いっこういっき》に参加《さんか》し、家康《いえやす》の敵《てき》になってしまったのだ。家康《いえやす》の側《そっ》近《きん》である本多正信《ほんだまさのぶ》もそのひとりであった。一向宗《いっこうしゅう》の信者《しんじゃ》の激《はげ》しい抵《てい》抗《こう》は徳川軍《とくがわぐん》を苦しめ、上和田城《かみわだじょう》での戦《たたか》いでは家康《いえやす》自身も負傷《ふしょう》した。戦《たたか》いが長引いてくると、信者《しんじゃ》の中から降伏《こうふく》する者が現《あらわ》れ、徳川軍《とくがわぐん》が優勢《ゆうせい》になった。家康《いえやす》は一向宗《いっこうしゅう》の信《しん》者《じゃ》に仲直《なかなお》りすることを提案《ていあん》した。

家康《いえやす》は一揆《いっき》に苦戦《くせん》するも三河《みかわ》を統一《とういつ》する！

三河《みかわ》一向《いっこう》一揆《いっき》の流れ

1 一向宗《いっこうしゅう》の寺に協力《きょうりょく》を求《もと》める

家康《いえやす》の家臣《かしん》が、米を寄付《きふ》するように一向宗《いっこうしゅう》の寺にお願《ねが》いした。しかし、寺がこれを拒否《きょひ》したため、怒《おこ》った家臣《かしん》が寺から無理《むり》やり米を奪《うば》ってしまった。

2 一向宗《いっこうしゅう》の信者《しんじゃ》が一揆《いっき》を起こす

家康《いえやす》の家臣《かしん》の行動をきっかけに、家康《いえやす》の支配体制《しはいたいせい》を疑問《ぎもん》に思った一向宗《いっこうしゅう》の信者《しんじゃ》が怒《おこ》って各地《かくち》で一揆《いっき》を起こした。

信者《しんじゃ》もこれを受け入れて一揆《いっき》は終わりを告《つ》げた。一揆《いっき》で敵《てき》になった家臣《かしん》は、ふたたび家康《いえやす》に仕えることが許《ゆる》された。

家康《いえやす》は一揆《いっき》をしずめた後、三河《みかわ》の統一《とういつ》をなしとげたのであった。

なるほどエピソード

実は家康《いえやす》も仏教《ぶっきょう》の信者《しんじゃ》だった？

一向一揆《いっこういっき》を平定した家康《いえやす》だが、実は家康《いえやす》も浄土宗《じょうどしゅう》という、ちがう仏教《ぶっきょう》の宗派《しゅうは》を強く信仰《しんこう》していた。家康《いえやす》は、合戦《かっせん》のとき、「厭離穢土《おんりえど》欣求浄土《ごんぐじょうど》(けがれたこの世をきらって離《はな》れたい。平和な極楽浄土《ごくらくじょうど》を願《ねが》う。)」という仏教《ぶっきょう》の言葉が書かれた軍旗《ぐんき》を使っていた。

1569年
28歳《さい》

掛《かけ》川《がわ》城《じょう》の戦《たたか》い

氏《うじ》真《ざね》を掛《かけ》川《がわ》城《じょう》に追いこみ今《いま》川《がわ》氏《し》をほろぼす!

掛川城《かけがわじょう》に火を放つ徳川軍《とくがわぐん》

徳川軍《とくがわぐん》は掛川城《かけがわじょう》を取り囲《かこ》み、今《いま》川《がわ》氏真《うじざね》が降伏《こうふく》するのを待った。

勝　戦力《せんりょく》　不明

徳川家康《とくがわいえやす》

武田信玄《たけだしんげん》

徳《とく》川《がわ》・武《たけ》田《だ》軍《ぐん》

VS

今《いま》川《がわ》軍《ぐん》

今川氏真《いまがわうじざね》

負　戦力《せんりょく》　不明

武田信玄《たけだしんげん》とともに今川氏真《いまがわうじざね》を攻《せ》める

三河《みかわ》を統一《とういつ》した家康《いえやす》は、さらに領土《りょうど》を拡大《かくだい》させるため、今川氏《いまがわうじ》真《ざね》がおさめる遠江《とおとうみ》・駿河《するが》（現在《げんざい》の静岡県《しずおかけん》）を攻《せ》めることにした。家《いえ》康《やす》は、同じく今川家《いまがわけ》と争《あらそ》っていた甲斐《かい》（現在《げんざい》の山梨県《やまなしけん》）の武田信玄《たけだしんげん》とひそかに手を結《むす》び、今川家《いまがわけ》の領地《りょうち》へ同時攻撃《こうげき》をしかけた。徳《とく》川軍《がわぐん》・武田軍《たけだぐん》の両方から攻《せ》められた氏真《うじざね》は、抵抗《ていこう》できずに遠江《とおとうみ》の掛川城《かけがわじょう》（静岡県《しずおかけん》）へにげこんだ。家康《いえやす》は氏真《うじざね》を追いかけ、掛川城《かけがわじょう》を大軍で取り囲《かこ》んだ。

半年が経《た》った頃《ころ》、食料がつき、

掛川城《かけがわじょう》の戦《たたか》いの流《なが》れ

1 武田信玄《たけだしんげん》と手を組み、同時に攻《せ》めこむ

武田信玄《たけだしんげん》は今川家《いまがわけ》の本拠地《ほんきょち》である駿河《するが》に攻《せ》めこみ、家康《いえやす》も遠江《とおとうみ》に同時に攻《せ》めこんだ。今川氏真《いまがわうじざね》はなすすべもなく掛川城《かけがわじょう》へにげこんだ。

2 掛川城《かけがわじょう》から今川氏真《いまがわうじざね》を追い出す

徳川軍《とくがわぐん》は掛川城《かけがわじょう》を包囲《ほうい》し、兵糧攻《ひょうろうぜ》めにした。これにより、氏真《うじざね》は降伏《こうふく》し、今川家《いまがわけ》はほろんだ。

発見《はっけん》!

現在《げんざい》の掛川城《かけがわじょう》

今川家《いまがわけ》が遠江《とおとうみ》の拠点《きょてん》としてつくった城《しろ》。美しい天守をもつことから「東海《とうかい》の名城《めいじょう》」と呼《よ》ばれた(静岡県《しずおかけん》)。

合戦《かっせん》場所

静岡県《しずおかけん》
掛川城《かけがわじょう》

合戦分析《かっせんぶんせき》データ

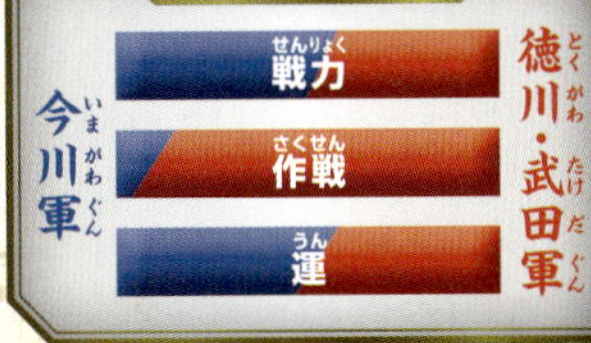
今川軍《いまがわぐん》
戦力《せんりょく》
作戦《さくせん》
運《うん》
徳川《とくがわ》・武田軍《たけだぐん》

立てこもることが苦しくなった氏真《うじざね》は降伏《こうふく》し、掛川城《かけがわじょう》は家康《いえやす》のものとなった。これにより、東海最大《とうかいさいだい》の勢力《せいりょく》をほこった今川家《いまがわけ》に代わり、家康《いえやす》が遠江《とおとうみ》を支配《しはい》することになった。

ウソ!ホント!? ともに戦《たたか》った信玄《しんげん》に裏切《うらぎ》られる?

家康《いえやす》がわずかな兵《へい》とともに遠江《とおとうみ》を視察《しさつ》している途中《とちゅう》、武田軍《たけだぐん》の兵《へい》と出くわした。しかし、家康側《いえやすがわ》の兵《へい》が少ないことを知った武田軍《たけだぐん》は、今なら家康《いえやす》が倒《たお》せると思い、おそいかかってきた。このできごとから、家康《いえやす》と信玄《しんげん》との仲《なか》が悪くなったという。

家《いえ》康《やす》が支《し》配《はい》した三《み》河《かわ》

斎藤龍興《さいとうたつおき》
美濃《みの》
織田信長《おだのぶなが》
尾張《おわり》
徳川家康《とくがわいえやす》
三河《みかわ》
駿河《するが》
今川氏真《いまがわうじざね》
遠江《とおとうみ》
岡崎城《おかざきじょう》
戦国《せんごく》時代の岡崎城《おかざきじょう》は天守《てんしゅ》や石垣《いしがき》がない城《しろ》であった。
乙川《おとがわ》
内堀《うちぼり》

当時の三河周辺《みかわしゅうへん》の国ぐに

生まれ故郷《こきょう》・三河《みかわ》の安定を目指す家康《いえやす》

家康《いえやす》は三河《みかわ》の岡崎城《おかざきじょう》で生まれた。しかし6歳《さい》で織田家《おだけ》の人質《ひとじち》となり、さらに8歳《さい》からは今川《いまがわ》家《け》の人質《ひとじち》として駿河《するが》で過《す》ごした。三河《みかわ》の地にふたたびもどってきたのは19歳《さい》のときであった。

三河一向一揆《みかわいっこういっき》を平定し、三河《みかわ》一国を統一《とういつ》した家康《いえやす》は、三河三奉行《みかわさんぶぎょう》を設置《せっち》して、さらに政治体制《せいじたいせい》を強固《きょうこ》なものにしていった。

三河《みかわ》の地は、東は今川家《いまがわけ》、西は織田家《おだけ》から攻《せ》められる不安《ふあん》があった。家康《いえやす》は、三河《みかわ》の人びとが安心して暮《く》らせる国づくりを目指すことこそが城主《じょうしゅ》としての第一のつとめであると考え、次つぎと新しい政策《せいさく》を行った。三《み》河《かわ》は家康《いえやす》が各地《かくち》に勢力《せいりょく》を広げるための拠点《きょてん》となっていった。

現在《げんざい》の岡崎城《おかざきじょう》の様子

家康《いえやす》が生まれた岡崎城《おかざきじょう》は、1959年に三層五階《さんそうごかい》の天守が復元《ふくげん》された（愛知県《あいちけん》）。

かつての岡崎《おかざき》の様子

岡崎《おかざき》にある矢作橋《やはぎばし》を大名行列がわたっている様子。橋のむこうに見えるのは岡崎城《おかざきじょう》である。

戦国《せんごく》時代の岡崎城《おかざきじょう》

三河《みかわ》高原に囲《かこ》まれた平地にあり、自然《しぜん》豊《ゆた》かな地につくられていた。

なるほどエピソード

適材適所《てきざいてきしょ》！ 家康《いえやす》の三河《みかわ》支配《しはい》

家康《いえやす》は、重臣《じゅうしん》から三人を選《えら》び、三奉行《さんぶぎょう》として任命《にんめい》した。この三人の役割分担《やくわりぶんたん》ははっきりとは伝《つた》わっていないが、行政《ぎょうせい》・裁判《さいばん》などを取り仕切らせ、三河《みかわ》の支配体制《しはいたいせい》を強固《きょうこ》なものにしていったようだ。三人の人選《じんせん》は、非常《ひじょう》にバランスのとれたもので、家康《いえやす》のリーダーとしての素質《そしつ》がうかがえる。

本多重次《ほんだしげつぐ》

剛胆《ごうたん》な性格《せいかく》で「鬼作左《おにさくざ》」と呼《よ》ばれた。主君の家康《いえやす》にも遠慮《えんりょ》なく意見が言えるほど気が強かった。

高力清長《こうりききよなが》

駿河《するが》の人質《ひとじち》時代から家康《いえやす》に仕え、温厚《おんこう》な性格《せいかく》で「仏高力《ほとけこうりき》」と呼《よ》ばれた。

天野康景《あまのやすかげ》

公正な目をもち「どちへんなしの天野三兵《あまのさんぺい》」と呼《よ》ばれた。慎重《しんちょう》な性格《せいかく》で、家康《いえやす》から信頼《しんらい》されていた。

1570年
29歳《さい》

姉《あね》川《がわ》の戦《たたか》い

家康《いえやす》が打ち出した奇策《きさく》で浅井《あざい》・朝倉軍《あさくらぐん》に大逆転《だいぎゃくてん》！

浅井《あざい》・朝倉軍《あさくらぐん》
織田《おだ》・徳川軍《とくがわぐん》

合戦分析《かっせんぶんせき》データ
浅《あざ》井《い》・朝《あさ》倉《くら》軍《ぐん》
戦力《せんりょく》
作戦《さくせん》
運《うん》
織《お》田《だ》・徳《とく》川《がわ》軍《ぐん》

合戦場所《かっせんばしょ》

姉川《あねがわ》
滋賀県《しがけん》

勝 戦力《せんりょく》 約《やく》2万5000人

織《お》田《だ》信《のぶ》長《なが》

徳《とく》川《がわ》家《いえ》康《やす》

織《お》田《だ》・徳《とく》川《がわ》軍《ぐん》

VS

浅《あざ》井《い》・朝《あさ》倉《くら》軍《ぐん》

浅《あざ》井《い》長《なが》政《まさ》

朝倉義景《あさくらよしかげ》

負 戦力《せんりょく》 約《やく》1万3000人

信長《のぶなが》の援軍《えんぐん》として勝利《しょうり》に導《みちび》く

家康《いえやす》と同盟《どうめい》を結《むす》んでいた織田《おだ》信長《のぶなが》は、越前《えちぜん》(現在《げんざい》の福井県《ふくいけん》)の朝《あさ》倉義景《くらよしかげ》を攻《せ》めほろぼそうとしていた。家康《いえやす》も信長《のぶなが》の求《もと》めに応《おう》じて、戦《たたか》いに参加《さんか》することになった。信長《のぶなが》が義景《よしかげ》を攻《せ》めている最中《さいちゅう》、浅井長政《あざいながまさ》が義景《よしかげ》と手を組み、信長《のぶなが》を攻撃《こうげき》してきた。信長《のぶなが》と長政《ながまさ》は同《どう》盟《めい》を結《むす》んでいたため、信長《のぶなが》は長政《ながまさ》の裏切《うらぎ》りに対して激怒《げきど》した。

織田《おだ》・徳川軍《とくがわぐん》は、琵琶湖《びわこ》へ流れる姉川《あねがわ》をはさんで浅井《あざい》・朝倉軍《あさくらぐん》と激突《げきとつ》した。徳川軍《とくがわぐん》は少ない兵力《へいりょく》で朝倉軍《あさくらぐん》を圧倒《あっとう》した。一方、織田軍《おだぐん》

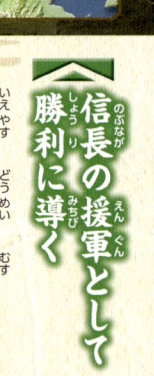

姉川《あねがわ》の戦《たたか》いの流れ

1 浅井長政《あざいながまさ》が信長《のぶなが》を裏切《うらぎ》る

織田《おだ》・徳川軍《とくがわぐん》が朝倉義景《あさくらよしかげ》を攻《せ》めている最中、信長《のぶなが》と同盟《どうめい》を結《むす》んでいた浅井長政《あざいながまさ》が裏切《うらぎ》り、朝倉軍《あさくらぐん》の味方をして攻《せ》めてきた。

2 姉川《あねがわ》をはさんで戦《たたか》いがはじまる

浅井《あざい》・朝倉軍《あさくらぐん》は姉川の北側《きたがわ》に布陣《ふじん》した。織田《おだ》・徳川軍《とくがわぐん》は、姉川《あねがわ》の南側《みなみがわ》に陣《じん》をはった。両軍《りょうぐん》は姉川《あねがわ》をはさんで激《はげ》しい戦《たたか》いをくり広げた。

3 榊原康政《さかきばらやすまさ》が奇襲攻撃《きしゅうこうげき》をしかける

家康《いえやす》の家臣《かしん》・榊原康政《さかきばらやすまさ》の奇襲攻撃《きしゅうこうげき》をきっかけに浅井《あざい》・朝倉軍《あさくらぐん》はくずれはじめ、織田《おだ》・徳川軍《とくがわぐん》の勝利《しょうり》で幕《まく》を閉《と》じた。

横から奇襲《きしゅう》をかける榊原康政《さかきばらやすまさ》

榊原康政《さかきばらやすまさ》は、家康《いえやす》の命令《めいれい》で朝倉軍《あさくらぐん》を横から攻撃《こうげき》した。これをきっかけに、織田《おだ》・徳川軍《とくがわぐん》は有利《ゆうり》になった。

は、長政《ながまさ》自ら槍《やり》をふるって戦《たたか》う浅井軍《あざいぐん》に苦戦《くせん》していた。浅井軍《あざいぐん》は織田軍《おだぐん》の本陣《ほんじん》にせまっていた。しかし、すでに朝倉軍《あさくらぐん》を倒《たお》した徳川軍《とくがわぐん》が救援《きゅうえん》にかけつけ、家康《いえやす》の家臣《かしん》・榊原康政《さかきばらやすまさ》が奇襲攻撃《きしゅうこうげき》をしかけたため、浅井軍《あざいぐん》はくずれはじめ、ついに敗走《はいそう》した。家康《いえやす》は、信長《のぶなが》をたすけ、戦《たたか》いを勝利《しょうり》に導《みちび》いた。

1572年
31歳《さい》

三《み》方《かた》ケ《が》原《はら》の戦《たたか》い

合戦分析《かっせんぶんせき》データ

徳《とく》川《がわ》軍《ぐん》		武《たけ》田《だ》軍《ぐん》
	戦力《せんりょく》	
	作戦《さくせん》	
	運《うん》	

合戦《かっせん》場所

勝 戦力《せんりょく》 約《やく》2万7000人

武《たけ》田《だ》信《しん》玄《げん》

武《たけ》田《だ》軍《ぐん》

VS

徳《とく》川《がわ》軍《ぐん》

徳《とく》川《がわ》家《いえ》康《やす》

負 戦力《せんりょく》 約《やく》1万1000人

甲《か》斐《い》の虎《とら》・武《たけ》田《だ》信《しん》玄《げん》が遠江《とおとうみ》に攻《せ》めてくる

新しく遠江《とおとうみ》(現在《げんざい》の静岡県《しずおかけん》)も支配《しはい》することになった家康《いえやす》は、居《きょ》城《じょう》を三河《みかわ》(現在《げんざい》の愛知県《あいちけん》)の岡崎《おかざき》城《じょう》から遠江《とおとうみ》の浜松城《はままつじょう》に移《うつ》した。この頃《ころ》から、甲斐《かい》(現在《げんざい》の山梨県《やまなしけん》)を支配《しはい》していた武田信玄《たけだしんげん》と対立するようになった。

1572年、信玄《しんげん》が大軍《たいぐん》を率《ひき》いて遠江《とおとうみ》に攻《せ》めてきた。家康《いえやす》は、武《たけ》田軍《だぐん》にたちうちできないと考え、浜松城《はままつじょう》に立てこもった。その間に信長《のぶなが》からの援軍《えんぐん》を待つことにした。

武田軍《たけだぐん》は徳川家《とくがわけ》の城《しろ》である二俣《ふたまた》城《じょう》を落とし、そのまま浜松城《はままつじょう》へ

戦《せん》国《ごく》最《さい》強《きょう》とたたえられた武《たけ》田《だ》信《しん》玄《げん》と対決！

信《しん》玄《げん》を追いかけ、三《み》方《かた》ケ《が》原《はら》へ進《しん》軍《ぐん》する家《いえ》康《やす》

信《しん》玄《げん》の罠《わな》とも知らず、武《たけ》田《だ》軍《ぐん》が待ちぶせしている三《み》方《かた》ケ《が》原《はら》へ出《しゅつ》陣《じん》する。

兵《へい》を進めた。ところが、武《たけ》田《だ》軍《ぐん》は浜《はま》松《まつ》城《じょう》を素《す》通《どお》りし、浜《はま》松《まつ》城《じょう》の北にある三《み》方《かた》ケ《が》原《はら》へ向かった。背《はい》後《ご》から攻《こう》撃《げき》すれば勝てると考えた家《いえ》康《やす》は、浜《はま》松《まつ》城《じょう》から三《み》方《かた》ケ《が》原《はら》へ出《しゅつ》陣《じん》した。しかし、そこには武《たけ》田《だ》軍《ぐん》が待ちかまえていた。徳《とく》川《がわ》軍《ぐん》を三《み》方《かた》ケ《が》原《はら》におびき出す信《しん》玄《げん》の作《さく》戦《せん》だったのだ。

三《み》方《かた》ケ《が》原《はら》の戦《たたか》いの流れ

1 武《たけ》田《だ》信《しん》玄《げん》が遠《とお》江《とうみ》に攻《せ》めて来る

信《しん》玄《げん》は2万7000の兵《へい》を率《ひき》いて攻《せ》めてきた。遠《とお》江《とうみ》を守る重《じゅう》要《よう》な城《しろ》である二《ふた》俣《また》城《じょう》が落とされた。

2 家《いえ》康《やす》が浜《はま》松《まつ》城《じょう》から飛《と》び出す

武《たけ》田《だ》軍《ぐん》は家《いえ》康《やす》のいる浜《はま》松《まつ》城《じょう》を素《す》通《どお》りし、三《み》方《かた》ケ《が》原《はら》へ向かってしまった。家《いえ》康《やす》は、城《しろ》に立てこもる計画を変《へん》更《こう》し、三《み》方《かた》ケ《が》原《はら》へ進《しん》軍《ぐん》した。

3 武《たけ》田《だ》軍《ぐん》の待ちぶせにあう

徳《とく》川《がわ》軍《ぐん》が三《み》方《たか》ケ《が》原《はら》に到《とう》着《ちゃく》すると、そこには武《たけ》田《だ》軍《ぐん》の兵《へい》が待ちかまえていた。

戦場《せんじょう》にのこした家臣《かしん》の帰還《きかん》を信《しん》じ城《しろ》の門を開け放つ！

信玄《しんげん》の作戦《さくせん》にはまり浜松城《はままつじょう》へにげ帰る

策《さく》にはまった徳川軍《とくがわぐん》は、三方ケ《みかたが》原《はら》で武田軍《たけだぐん》と激突《げきとつ》したが、圧倒的《あっとうてき》な兵力《へいりょく》の差《さ》にたちうちできなかった。このとき家康《いえやす》は死を覚悟《かくご》した。そこへ家康《いえやす》の家臣《かしん》たちが浜《はま》松城《まつじょう》へにげるように提案《ていあん》した。主君である家康《いえやす》だけでもたすけようと考えたのだ。家康《いえやす》は戦場《せんじょう》を後にし、浜松城《はままつじょう》へにげ帰った。

にげる途中《とちゅう》、武田軍《たけだぐん》の兵《へい》が家《いえ》康《やす》におそいかかってきた。しかし、同行する家臣《かしん》のひとりが前に出て「自分が家康《いえやす》である」と名乗り出た。家臣《かしん》は家康《いえやす》の身代わりとなり、家康《いえやす》をにがそうとしたのだ。家康《いえやす》は、家臣《かしん》が次つぎと身代わりとなる姿《すがた》を目に焼《や》き付《つ》け、かろうじて浜松城《はままつじょう》へたどり着いた。

城《しろ》にもどった家康《いえやす》は、身代わりとなった家臣《かしん》たちがもどって来る

三方ケ原《みかたがはら》の戦《たたか》いの布陣図《ふじんず》

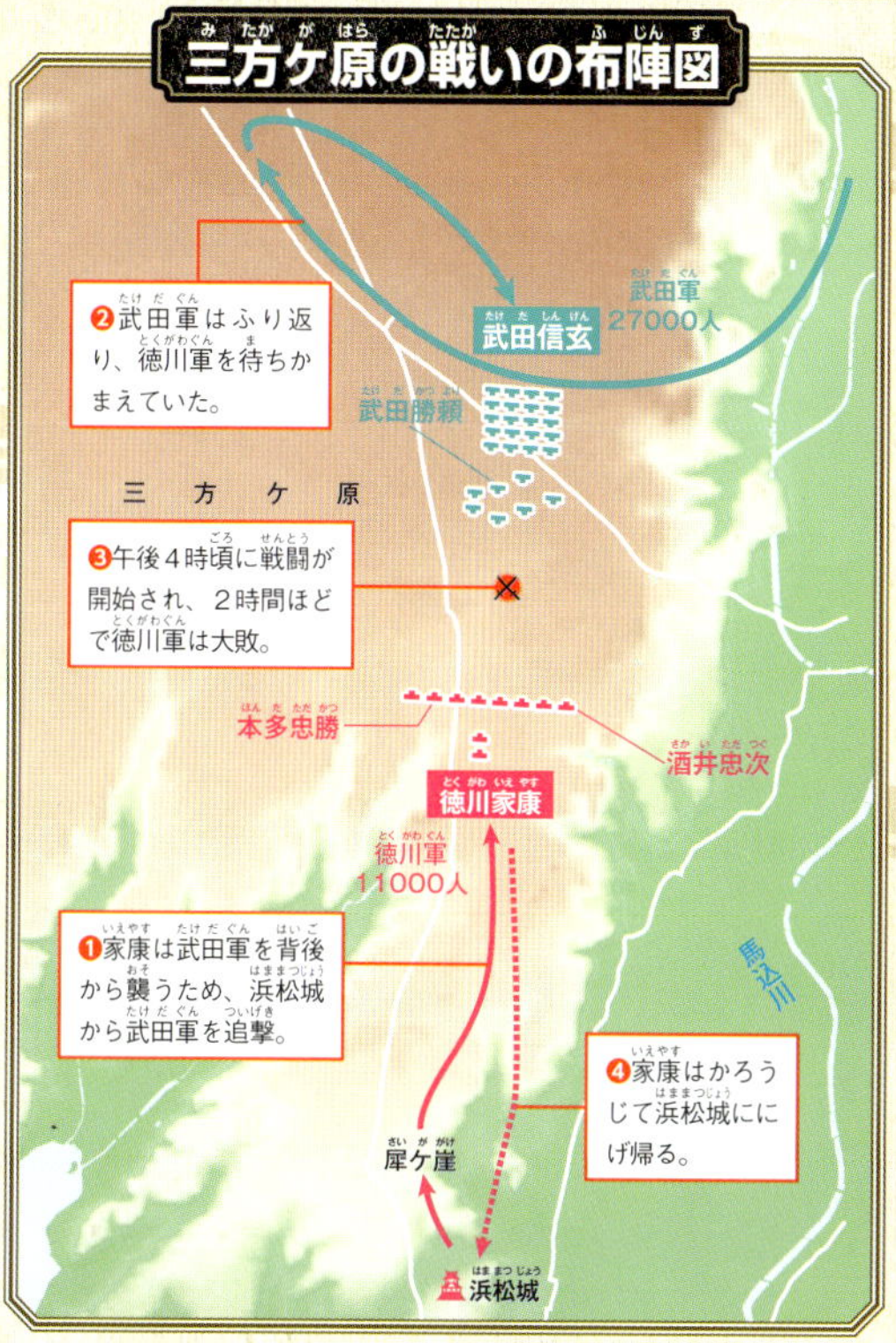
❷武田軍《たけだぐん》はふり返り、徳川軍《とくがわぐん》を待《ま》ちかまえていた。
武田信玄《たけだしんげん》
武田軍《たけだぐん》
27000人
武田勝頼《たけだかつより》
三　方　ケ　原
❸午後4時頃《ごろ》に戦闘《せんとう》が開始され、2時間ほどで徳川軍《とくがわぐん》は大敗。
本多忠勝《ほんたただかつ》
酒井忠次《さかいただつぐ》
徳川家康《とくがわいえやす》
徳川軍《とくがわぐん》
11000人
❶家康《いえやす》は武田軍《たけだぐん》を背後《はいご》から襲《おそ》うため、浜松城《はままつじょう》から武田軍《たけだぐん》を追撃《ついげき》。
馬込川
❹家康《いえやす》はかろうじて浜松城《はままつじょう》ににげ帰る。
犀ケ崖《さいがけ》
浜松城《はままつじょう》

発見《はっけん》!

現在《げんざい》の浜松城《はままつじょう》

新たな拠点《きょてん》として家《いえ》康《やす》が築《きず》いた。明治《めいじ》時代に取り壊《こわ》されたが、天守閣《てんしゅかく》が復元《ふくげん》されている(静岡県《しずおかけん》)。

浜松城《はままつじょう》へ攻《せ》めこめずにいる武田軍《たけだぐん》

門が開かれ、かがり火がたかれた城《しろ》を見た武田軍《たけだぐん》は、何か策《さく》があるのかと勘違《かんちが》いをし、攻《せ》めこまずに退却《たいきゃく》した。

のを信《しん》じて、かがり火をたき、城《しろ》の門を閉《し》めずに開けたままにした。家康《いえやす》を追いかけてきた武田軍《たけだぐん》は、徳川軍《とくがわぐん》に何か作戦《さくせん》があるのかと思い、そのまま退却《たいきゃく》したという。

ウソ!ホント!?

くやしがっている姿《すがた》を絵に描《か》かせた?

家康《いえやす》は、この戦《たたか》いで多くの犠牲《ぎせい》を出してしまったことを反省《はんせい》した。このくやしい気持ちを一生忘《わす》れないように、なさけない自分の姿《すがた》を絵に描《か》かせたという説《せつ》がある。家康《いえやす》のしかめ面《つら》が描《えが》かれたため、この絵は「しかみ像《ぞう》」と呼《よ》ばれている。

知っておどろき！家康《いえやす》！

家《いえ》康《やす》を勝《しょう》利《り》に導《みちび》いた品《しな》々《じな》！

兜《かぶと》
頭部を守るためにかぶる。
前立《まえだて》
兜《かぶと》の前部に立てる飾《かざ》り。武将《ぶしょう》によってさまざまな形があり、家康《いえやす》はシダの葉の飾《かざ》りを付《つ》けていた。
胴《どう》
胸《むね》を守るために付《つ》ける鎧《よろい》。
籠手《こて》
腕《うで》や手を守るための防具《ぼうぐ》。
草摺《くさずり》
下半身を守るための垂《た》れ。

甲冑《かっちゅう》

貫《し》衆《だ》具《ぐ》足《そく》

家康《いえやす》が愛用《あいよう》していた大《だい》黒天《こくてん》の頭巾《ずきん》をモチーフにした甲冑《かっちゅう》の模型《もけい》。江《え》戸幕府《どばくふ》の将軍《しょうぐん》に代々《だいだい》受け継《つ》がれた。

神を味方につけた甲冑《かっちゅう》！実用性《じつようせい》を重んじた家康《いえやす》

戦国《せんごく》時代、多くの武将《ぶしょう》が個《こ》性《せい》的《てき》な甲冑《かっちゅう》を身に付《つ》けていた。家康《いえやす》がかぶっていた兜《かぶと》は、戦闘《せんとう》の神である大黒天《だいこくてん》の頭巾《ずきん》をまねてつくられたものだといわれている。あるとき、家康《いえやす》が大黒天《だいこくてん》の夢《ゆめ》を見たところ、これは縁起《えんぎ》がいいと感じ、奈良《なら》の甲冑師《かっちゅうし》に命じてつくらせた。この兜《かぶと》をかぶって出陣《しゅつじん》した家康《いえやす》は、数かずの大きな戦《たたか》いで見事に大勝利《だいしょうり》をおさめたのである。

兜《かぶと》の前立はシダの葉をモチーフにしている。シダには、長生きと子孫繁栄《しそんはんえい》の意味がこめられている。戦国《せんごく》時代に見られるような奇抜《きばつ》な派手《はで》さはないが、質素《しっそ》、倹約《けんやく》を重んじる性格《せいかく》である家康《いえやす》らしい甲冑《かっちゅう》だ。

大砲《たいほう》 芝辻砲《しばつじほう》

家康《いえやす》が大坂冬《おおさかふゆ》の陣《じん》(➡P206)で使用した大砲《たいほう》。大きな音と破壊力《はかいりょく》で敵《てき》をこわがらせたという。

甲冑《かっちゅう》 金陀美具足《きんだみぐそく》

家康《いえやす》が19歳《さい》のときに着用した黄金の甲冑《かっちゅう》。桶狭間《おけはざま》の戦《たたか》いで使用された。

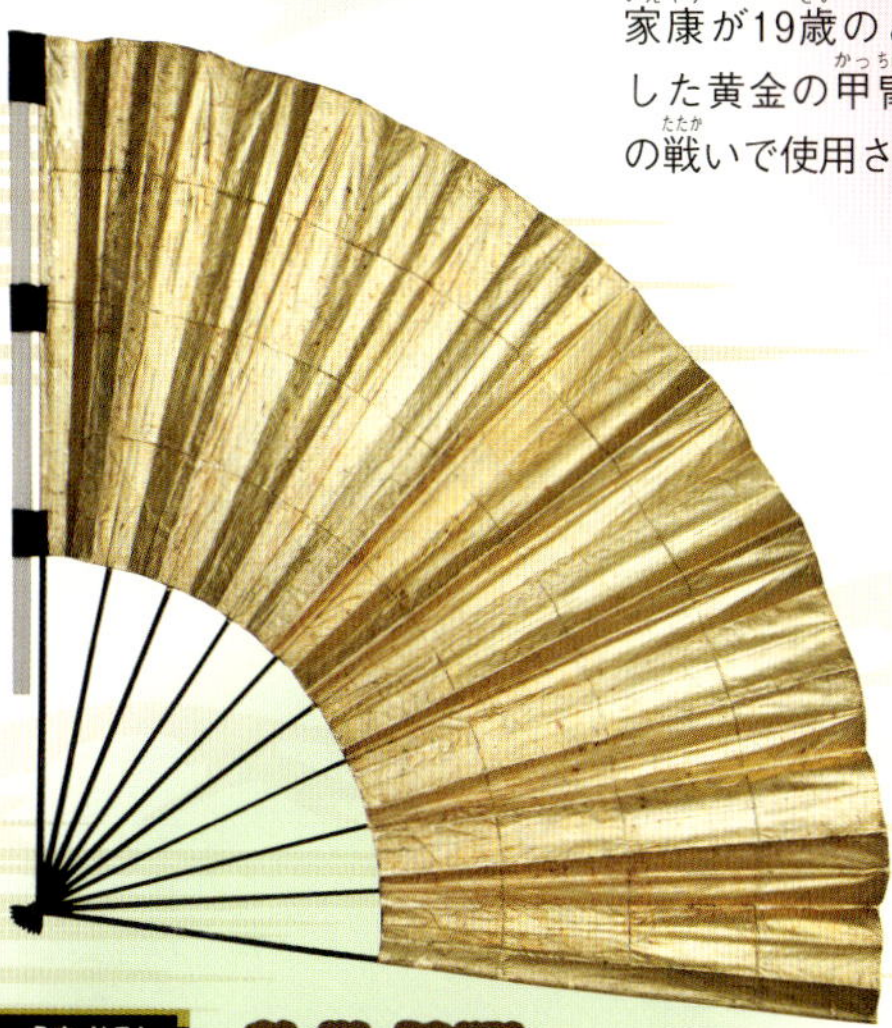

馬印《うまじるし》 金扇馬標《きんせんうまじるし》

馬印《うまじるし》とは、本陣《ほんじん》に立てて大将《たいしょう》の場所を示《しめ》すもので、家康《いえやす》は金の扇《おうぎ》を馬印《うまじるし》とした。兵士《へいし》を鼓舞《こぶ》させる目的《もくてき》もあり、大きさは2メートルもあったという。

ウソ!ホント!? 徳川家因縁《とくがわけいんねん》の妖刀《ようとう》「村正《むらまさ》」

家康《いえやす》の祖父《そふ》と父は家臣《かしん》に殺《ころ》された。そのときに使われた凶器《きょうき》はいずれも「村正《むらまさ》」という名の付《つ》いた刀だったという。さらに家康《いえやす》自身も「村正《むらまさ》」をもった武将《ぶしょう》に斬《き》りつけられけがをした。そのため、「村正《むらまさ》」は徳川家《とくがわけ》にとって不吉《ふきつ》な刀とされている。

超《ちょう》ビジュアル！
家《いえ》康《やす》新聞

第3号

発行所：三河《みかわ》ウィークリー

家康《いえやす》はケチだった？

あらゆるものを節約《せつやく》した家康《いえやす》の生活はどのようなものだったのか？

家康《いえやす》はぜいたくがきらい？

家康《いえやす》は毎日質素《しっそ》な生活をし、倹約《けんやく》に努《つと》めていた。家《いえ》康《やす》の人質《ひとじち》時代、家臣《かしん》たちが、いつか家康《いえやす》がもどってくるときのために、お金を貯《たくわ》えていたのを知って感激《かんげき》したからだという。

家康《いえやす》は毎日麦飯《むぎめし》を食べていた？

家康《いえやす》の毎日の食事は、麦飯《むぎめし》と焼《や》き味噌《みそ》だったという。たまに、なすの漬《つ》け物などがあれば、ごちそうだったそうだ。健康《けんこう》のためにといわれているがやはり食事も倹約《けんやく》していたのかもしれない。

必要《ひつよう》なお金は惜《お》しまない！

あるとき、村の川が増水《ぞうすい》して橋が流された。家臣《かしん》は「橋を修理《しゅうり》するとかなりのお金がかかってしまう」と進言したが、家康《いえやす》は「それでは民《たみ》が困《こま》る」と橋を修理《しゅうり》した。必要《ひつよう》なお金は惜《お》しまないのである。

家康《いえやす》の遺産《いさん》はいくら?

家康《いえやす》が亡《な》くなったときにのこされていたお金は、金が470箱、銀が4953箱など総額《そうがく》200万両もあったそうだ。これは現在《げんざい》の価値《かち》にすると、数千億円《すうせんおくえん》にもなるという。この莫大《ばくだい》なお金は、家康《いえやす》が征夷大将《せいいたいしょう》軍《ぐん》をやめて、駿府《すんぷ》に移《うつ》ってからの10年間で貯《た》めたものといわれている。

本《ほん》多《だ》正信《まさのぶ》氏《し》に 独占《どくせん》インタビュー

質問《しつもん》 家康《いえやす》はどのような生活をしていましたか?

家康様《いえやすさま》は、常《つね》に節約《せつやく》を心がけておられる方でした。衣服《いふく》もすりきれるまで洗濯《せんたく》して着ており、毎日、質素《しっそ》な生活をしておられました。やはり武士《ぶし》たるもの、家康様《いえやすさま》のように慎《つつし》み深いのが一番だと思います。

本多正信氏《ほんだまさのぶし》

家康《いえやす》の節約術《せつやくじゅつ》

駿府城《すんぷじょう》の女中《じょちゅう》は漬《つ》け物をたくさん食べていた。
ポリポリ
パリパリ
漬《つ》け物代が高い…。
節約《せつやく》しなければ!
そうじゃ! 漬《つ》け物にもっと塩《しお》をきかせろ!
家康《いえやす》は漬《つ》け物を塩辛《しおから》くして食べづらくさせた。
しょっぱい!

家康《いえやす》はどうやってお金を貯《た》めたのか!?

家康《いえやす》はたくさんの領地《りょうち》だけでなく、全国各地《かくち》の金や銀の鉱山《こうざん》を所有していた。領地《りょうち》や鉱山《こうざん》からの収《しゅう》入《にゅう》や海外との貿易《ぼうえき》で得《え》た収入《しゅうにゅう》で、家康《いえやす》は莫大《ばくだい》な資《し》産《さん》を築《きず》いていたという。

1575年

34歳《さい》

長《なが》篠《しの》の戦《たたか》い

騎馬隊《きばたい》を狙《ねら》い撃《う》つ
織田《おだ》・徳川軍《とくがわぐん》の鉄砲隊《てっぽうたい》
3000丁もの鉄砲《てっぽう》で、むかってくる武田軍《たけだぐん》を一斉《いっせい》に攻撃《こうげき》した。
織田《おだ》・徳川軍《とくがわぐん》
馬防柵《ばぼうさく》

合戦分析《かっせんぶんせき》データ

武田軍《たけだぐん》
戦力《せんりょく》
作戦《さくせん》
運《うん》
織田《おだ》・徳川軍《とくがわぐん》

合戦《かっせん》場所

愛知県《あいちけん》
× 設楽原《したらがはら》

大勝 戦力《せんりょく》 約《やく》3万8000人

織田《おだ》信長《のぶなが》

徳川《とくがわ》家康《いえやす》

織田《おだ》・徳川《とくがわ》軍《ぐん》

VS

武田《たけだ》軍《ぐん》

武田《たけだ》勝頼《かつより》

大負 戦力《せんりょく》 約《やく》1万5000人

信長《のぶなが》の作戦《さくせん》により武田《たけだ》勝頼《かつより》に大勝利《だいしょうり》

三方ケ原《みかたがはら》の戦《たたか》いの翌年《よくとし》、武田《たけだ》信玄《しんげん》が突然《とつぜん》病死した。この知らせを聞いた家康《いえやす》は、武田氏《たけだし》に奪《うば》われていた長篠城《ながしのじょう》（愛知県《あいちけん》）に攻《せ》めこみ、奪《うば》い返すことに成功《せいこう》した。

しかし、信玄《しんげん》の後を継《つ》いだ武田《たけだ》勝頼《かつより》が、長篠城《ながしのじょう》をふたたび奪《うば》おうと攻《せ》めこんできた。家康《いえやす》は織田《おだ》信長《のぶなが》に援軍《えんぐん》をたのんだ。武田軍《たけだぐん》攻《こう》略《りゃく》のチャンスだと考えた信長《のぶなが》は、3万の兵《へい》を率《ひき》いて徳川軍《とくがわぐん》と合流した。家康《いえやす》は長篠城《ながしのじょう》の前に広がる設楽原《したらがはら》（愛知県《あいちけん》）に武田軍《たけだぐん》をおびき出した。

鉄《てっ》砲《ぽう》を使った作《さく》戦《せん》により武《たけ》田《だ》騎《き》馬《ば》隊《たい》を撃《げき》破《は》!

戦《たたか》いがはじまると、武田軍《たけだぐん》の騎《き》馬隊《ばたい》は、信長《のぶなが》が築《きず》いた馬防柵《ばぼうさく》にはばまれ、うまく進むことができなかった。そこへ信長《のぶなが》は鉄砲《てっぽう》の一斉《いっせい》攻撃《こうげき》をしかけた。武田軍《たけだぐん》は壊滅《かいめつ》。戦《たたか》いは、織田《おだ》・徳川軍《とくがわぐん》が圧勝《あっしょう》した。

勝頼《かつより》を設楽原《したらがはら》におびき出す家康《いえやす》

三方ケ原《みかたがはら》の戦《たたか》いでかつて信玄《しんげん》にやられたように、勝頼《かつより》をおびきよせ、設楽原《したらがはら》で待ちかまえた。

戦国《せんごく》時代の鉄砲《てっぽう》

ヨーロッパから伝《つた》わり、日本国内でもつくられはじめていた。当時、最新鋭《さいしんえい》の武器《ぶき》であった。

1579年
38歳《さい》

築《つき》山《やま》殿《どの》と信《のぶ》康《やす》を失《うしな》う

徳《とく》川《がわ》家《け》を守るため愛《あい》する妻《つま》と息子を失《うしな》う！

信《のぶ》長《なが》から子・信《のぶ》康《やす》の切《せっ》腹《ぷく》を命じられる

家康《いえやす》は今川義元《いまがわよしもと》の姪《めい》である築山《つきやま》殿《どの》と結婚《けっこん》し、長男・信康《のぶやす》をもうけた。信康《のぶやす》が9歳《さい》になると、家康《いえやす》は織《お》田《だ》家《け》と結《むす》び付《つ》きを強くするために織《お》田《だ》信長《のぶなが》の娘《むすめ》・徳姫《とくひめ》と信康《のぶやす》を結婚《けっこん》させた。

桶狭間《おけはざま》の戦《たたか》いの後、築山殿《つきやまどの》と家康《いえやす》との関係《かんけい》は気まずくなった。家康《いえやす》が今川家《いまがわけ》をほろぼし、敵《てき》であった信長《のぶなが》と同盟《どうめい》を結《むす》んでしまったためである。築山殿《つきやまどの》はさみしさをまぎらわすために、子・信康《のぶやす》をかわいがり、徳姫《とくひめ》にいじわるをするようになった。徳姫《とくひめ》は、そんな築山殿《つきやまどの》を快《こころよ》く思わなかった。

ある日、徳姫《とくひめ》は父・信長《のぶなが》に手紙を送った。その手紙は、信康《のぶやす》と築《つき》山殿《やまどの》が武田家《たけだけ》と手を組もうとしているという内容《ないよう》であった。手紙を読んだ信長《のぶなが》は、信康《のぶやす》と築山殿《つきやまどの》をき

徳川家《とくがわけ》と織田家《おだけ》の関係《かんけい》

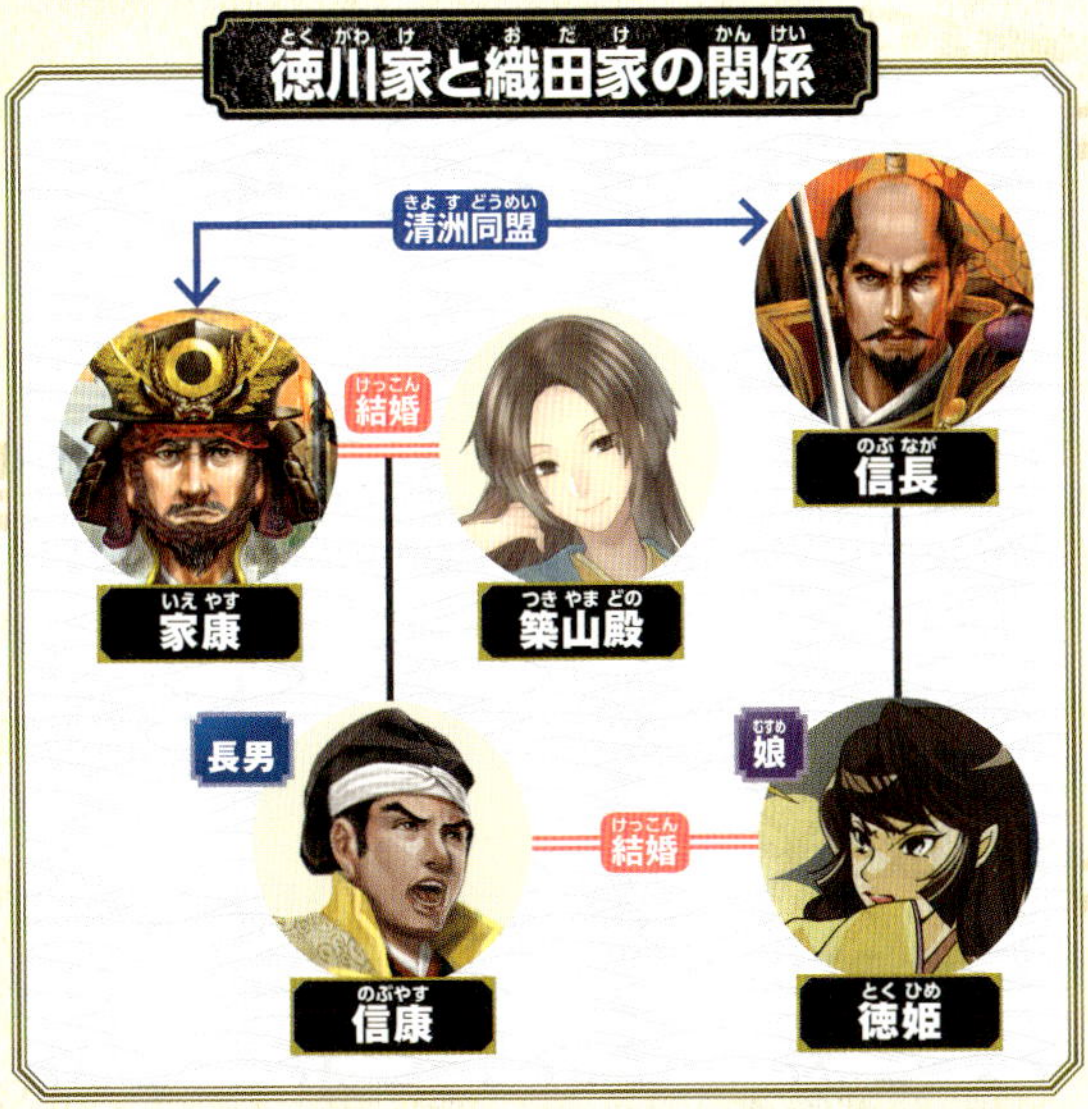

信康《のぶやす》をかわいがる築山殿《つきやまどの》と徳姫《とくひめ》

築山殿《つきやまどの》は、信康《のぶやす》を愛《あい》するあまり、信康《のぶやす》の妻《つま》である徳姫《とくひめ》にいじわるをしていた。徳姫《とくひめ》は築山殿《つきやまどの》をうらみ、織田家《おだけ》に嘘《うそ》の手紙を送ったという。

信康《のぶやす》に切腹《せっぷく》を命じる家康《いえやす》

家康《いえやす》は悲しみをこらえながら自分の子に切腹《せっぷく》を命じた。

びしく処分《しょぶん》するよう家康《いえやす》に命じた。

家康《いえやす》は、信康《のぶやす》と築山殿《つきやまどの》の無実《むじつ》を確信《かくしん》しながらも、信長《のぶなが》の命令《めいれい》にそむくことはできなかった。徳川家《とくがわけ》の存続《そんぞく》のため、家康《いえやす》は信康《のぶやす》に切腹《せっぷく》を命じ、築山殿《つきやまどの》を暗殺《あんさつ》した。

ウソ! ホント!?

築山殿《つきやまどの》は自分を殺《ころ》した武士《ぶし》をたたった?

築山殿《つきやまどの》は、自分を殺《ころ》した武士《ぶし》を死ぬ間際《まぎわ》に呪《のろ》ったという。その結果《けっか》築山殿《つきやまどの》を殺《ころ》した武士《ぶし》が、使った刀を池で洗《あら》うと、その池の水が枯《か》れてしまった。また、その武士《ぶし》の家では体が不自由な子どもがふたりも生まれたといわれている。

1581年 40歳《さい》

高《たか》天《てん》神《じん》城《じょう》の戦《たたか》い

合戦分析《かっせんぶんせき》データ

武田軍《たけだぐん》

戦力《せんりょく》
作戦《さくせん》
運《うん》

徳川軍《とくがわぐん》

合戦《かっせん》場所

遠江《とおとうみ》をめぐる武田軍《たけだぐん》との戦《たたか》いに決着

高天神城《たかてんじんじょう》（静岡県《しずおかけん》）はかつて家《いえ》康《やす》の城《しろ》であったが、7年前に武田《たけだ》勝《かつ》頼《より》に奪《うば》われたままであった。家《いえ》康《やす》は武田軍《たけだぐん》から城《しろ》を取りもどすため、高天神城《たかてんじんじょう》を取り囲《かこ》む形で6つの砦《とりで》を築《きず》いた。また、城《しろ》の周《まわ》りに堀《ほり》をつくらせて、兵糧《ひょうろう》攻《ぜ》めを開始した。高天神城《たかてんじんじょう》は急斜面《きゅうしゃめん》をもつ山につくられ、攻《せ》め落とすことが難《むずか》しかったためである。

武田軍《たけだぐん》は高天神城《たかてんじんじょう》に立てこもった。しかし、兵糧《ひょうろう》攻《ぜ》めによって食《しょく》料《りょう》や弾薬《だんやく》などの補給《ほきゅう》ができなくなり、餓《が》死《し》する者も出てきた。耐《た》え

勝	戦力《せんりょく》	約《やく》1万人

徳《とく》川《がわ》家《いえ》康《やす》

徳《とく》川《がわ》軍《ぐん》

VS

武《たけ》田《だ》軍《ぐん》

武《たけ》田《だ》勝《かつ》頼《より》

負	戦力《せんりょく》	約《やく》2万5000人

難《なん》攻《こう》不《ふ》落《らく》の高《たか》天《てん》神《じん》城《じょう》を兵《ひょう》糧《ろう》攻《ぜ》めで落とす！

高天神城《たかてんじんじょう》から出てくる武田軍《たけだぐん》をむかえうつ徳川軍《とくがわぐん》

高天神城《たかてんじんじょう》は、急斜面《きゅうしゃめん》な山の上を中心につくられ、守りの固《かた》い城《しろ》であった。遠江《とおとうみ》を支配《しはい》するのに重要《じゅうよう》な地にあり、武田軍《たけだぐん》と徳川軍《とくがわぐん》が城《しろ》をめぐって争《あらそ》った。

高《たか》天《てん》神《じん》城《じょう》の戦《たたか》いの流れ

1 高天神城《たかてんじんじょう》の周《まわ》りに砦《とりで》をつくる

家康《いえやす》は高天神城《たかてんじんじょう》の周《まわ》りを囲《かこ》むように6つの砦《とりで》をつくり、城《しろ》を孤立《こりつ》させた。

2 兵糧《ひょうろう》攻《ぜ》めをしかける

孤立《こりつ》し、米や弾薬《だんやく》の補給《ほきゅう》が断《た》たれた高天神城《たかてんじんじょう》では、食料《しょくりょう》がつき、餓死《がし》する者も出てきた。

3 城《しろ》から出てくる兵《へい》をむかえうつ

打つ手がなくなった武田軍《たけだぐん》は、一斉《いっせい》に城《しろ》から飛《と》び出し、活路を開こうとした。しかし、徳川軍《とくがわぐん》が待ちかまえていたため、返り討《う》ちにあい、敗北《はいぼく》した。

切れなくなった兵《へい》たちは、城《しろ》から一斉《いっせい》に飛《と》び出て、待ちかまえていた徳川軍《とくがわぐん》と激《はげ》しい戦《たたか》いをくり広げた。激闘《げきとう》の末《すえ》、武田軍《たけだぐん》の兵《へい》は全滅《ぜんめつ》し、高天神城《たかてんじんじょう》は落城《らくじょう》した。

この戦《たたか》いの翌年《よくとし》、勝頼《かつより》は自害《じがい》し、武田氏《たけだし》は滅亡《めつぼう》した。信玄《しんげん》の頃《ころ》から続《つづ》く、家康《いえやす》と武田軍《たけだぐん》との因縁《いんねん》がついに結着《けっちゃく》した。

1582年 41さい歳

伊賀《いが》越《ご》え

絶体絶命《ぜったいぜつめい》のピンチ！伊賀《いが》を越《こ》えて三河《みかわ》を目指す！

警戒《けいかい》しながら山道を進む家康《いえやす》一行
道案内《みちあんない》は、伊賀《いが》の地理に詳《くわ》しい服部半蔵《はっとりはんぞう》であった。半蔵《はんぞう》が集めた伊賀《いが》の忍者《にんじゃ》集団《しゅうだん》の護衛《ごえい》で山道を進んだという。

突然《とつぜん》の信長《のぶなが》の死 危険《きけん》を避《さ》けて三河《みかわ》へ帰還《きかん》

1582年、家康《いえやす》は同盟《どうめい》を結《むす》んでいる織田信長《おだのぶなが》に会いに安土城《あづちじょう》（滋賀県《しがけん》）へむかった。その帰り、堺《さかい》（大阪府《おおさかふ》）に立ち寄《よ》っていた。堺《さかい》に滞在《たいざい》中、ひとつの知らせが入った。信長《のぶなが》が本能寺《ほんのうじ》で、家臣《かしん》の明智光秀《あけちみつひで》に討《う》たれたというのである。家康《いえやす》は信長《のぶなが》の死に衝撃《しょうげき》を受けた。

このまま堺《さかい》に滞在《たいざい》していると落《お》ち武者狩《むしゃが》り（戦《たたか》いに負けた方の武将《ぶしょう》を探《さが》して殺害《さつがい》すること）にあう可能性《かのうせい》があると考えた家康《いえやす》はすぐに、大きな街道《かいどう》を避《さ》け、目立たない伊賀《いが》（現在《げんざい》の三重県《みえけん》）の山道を通り、本拠地《ほんきょち》である三河《みかわ》へ帰ることにした。

家康《いえやす》は、伊賀《いが》の地理に詳《くわ》しい家臣《かしん》・服部半蔵《はっとりはんぞう》に案内《あんない》させ、伊賀《いが》の忍者《にんじゃ》たちを集めて護衛《ごえい》をまかせた。また、京都《きょうと》の商人・茶屋四郎《ちゃやしろう》

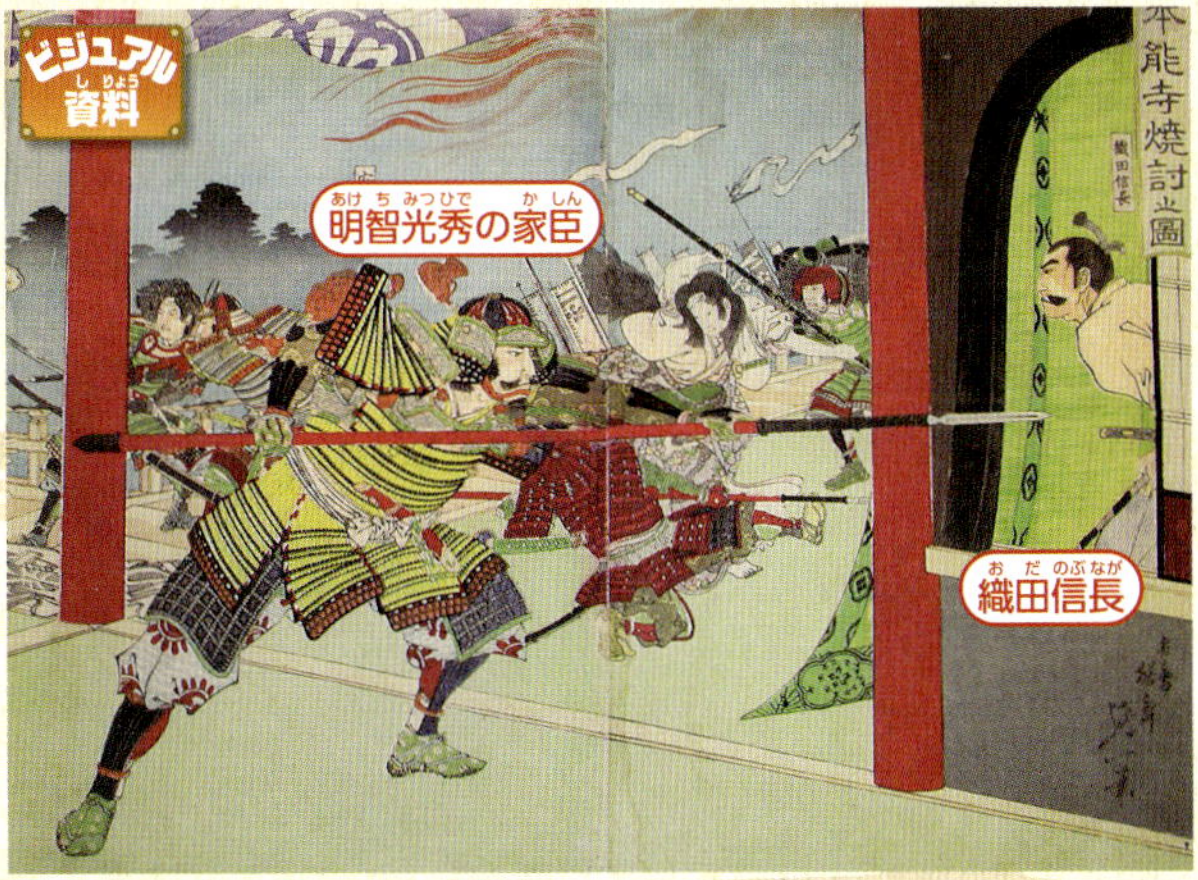
ビジュアル資料《しりょう》
本能寺焼討之圖
織田信長
明智光秀《あけちみつひで》の家臣《かしん》
織田信長《おだのぶなが》

本能寺《ほんのうじ》の変《へん》で討《う》たれる信長《のぶなが》

本能寺《ほんのうじ》（京都府《きょうとふ》）に滞在《たいざい》していた信長《のぶなが》は、家臣《かしん》の明智光秀《あけちみつひで》に裏切《うらぎ》られておそわれた。これにより、信長《のぶなが》は炎《ほのお》のなか、自害《じがい》したという。

伊賀越《いがこ》えのルート

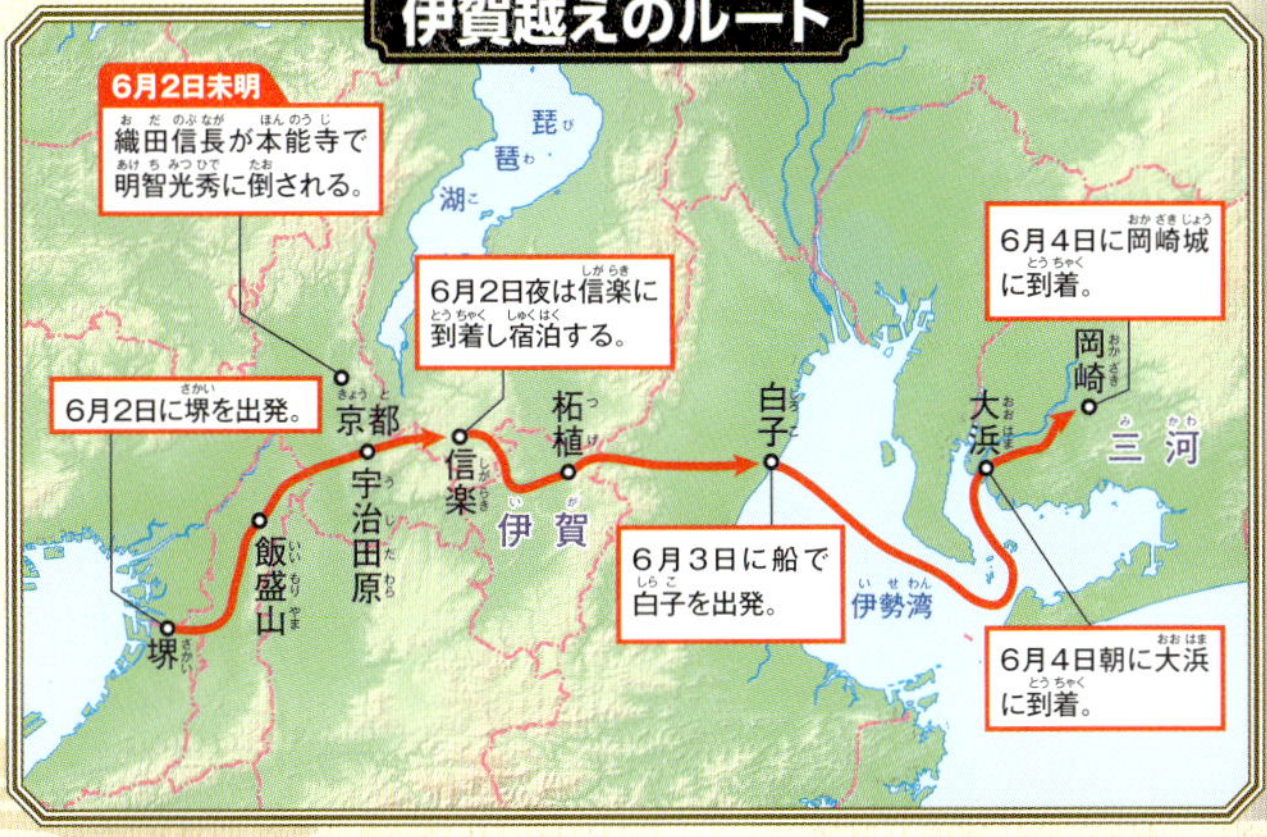
6月2日未明
織田信長《おだのぶなが》が本能寺《ほんのうじ》で明智光秀《あけちみつひで》に倒《たお》される。
6月2日に堺《さかい》を出発。
6月2日夜は信楽《しがらき》に到着《とうちゃく》し宿泊《しゅくはく》する。
6月3日に船で白子《しらこ》を出発。
6月4日朝に大浜《おおはま》に到着《とうちゃく》。
6月4日に岡崎城《おかざきじょう》に到着《とうちゃく》。
琵《び》琶《わ》湖《こ》
堺《さかい》
飯盛山《いいもりやま》
京都《きょうと》
宇治田原《うじたわら》
信楽《しがらき》
伊《い》賀《が》
柘植《つげ》
白子《しろこ》
伊勢湾《いせわん》
大浜《おおはま》
岡崎《おかざき》
三《み》河《かわ》

次郎《じろう》が、道中の村の権力者《けんりょくしゃ》にお金をにぎらせ、落《お》ち武者狩《むしゃが》りを防《ふせ》いだ。危険《きけん》な道中であったが、家康《いえやす》は家臣《かしん》の力を借《か》り、無事《ぶじ》に岡崎城《おかざきじょう》へもどった。

ウソ！ホント!?

家康《いえやす》は信長《のぶなが》とともに命を絶《た》とうとした!?

信長《のぶなが》の死を知った家康《いえやす》は、明智《あけち》光秀《みつひで》を倒《たお》しに京都《きょうと》へむかい、それができないのならば信長《のぶなが》とともに自害《じがい》すると主張した。家臣《かしん》たちはあわてて家康《いえやす》を止めた。家臣《かしん》たちの説得《せっとく》により家康《いえやす》は三河《みかわ》へ帰還《きかん》したという。

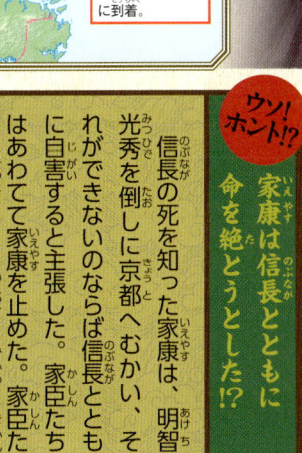

家康《いえやす》を支《ささ》えた忍者《にんじゃ》の秘密《ひみつ》！

服部半蔵《はっとりはんぞう》

伊賀《いが》の忍者集団《にんじゃしゅうだん》を率《ひき》いて家康《いえやす》に従《したが》った。服部半蔵《はっとりはんぞう》という名は服《はっ》部家《とりけ》の頭《かしら》が受け継《つ》ぐものであり、家康《いえやす》に仕えたのは二代目。

手裏剣《しゅりけん》

敵《てき》に投げて攻撃《こうげき》した。刃先《はさき》に毒《どく》をぬって使うこともあった。

忍術伝書《にんじゅつでんしょ》『萬川集海《まんせんしゅうかい》』

伊賀《いが》流と甲賀《こうが》流の忍《しの》びの技術《ぎじゅつ》をまとめたもの。江戸《えど》時代に書かれた。

家康《いえやす》が信頼《しんらい》した忍者《にんじゃ》たち

忍者《にんじゃ》は、敵地《てきち》に忍《しの》びこみ情《じょう》報収集《ほうしゅうしゅう》を行ったり、うその情《じょう》報《ほう》を流して混乱《こんらん》させたりする、今でいう「スパイ」のような仕事を行っていた。このため、敵地《てきち》で手に入れた情報《じょうほう》を依頼主《いらいぬし》に届《とど》けることが最《もっと》も大事な任務《にんむ》であり、敵《てき》におそわれたときも、戦《たたか》うよりもにげることを優先《ゆうせん》した。多くの武《ぶ》将《しょう》が忍者《にんじゃ》を雇《やと》っていたという。

伊賀越《いがご》えで忍者《にんじゃ》にたすけられた家康《いえやす》は、忍者《にんじゃ》の力を高く評価《ひょうか》し、服部半蔵《はっとりはんぞう》を忍者集団《にんじゃしゅうだん》のリーダーにして忍者《にんじゃ》を活用した。家康《いえやす》が江戸幕府《えどばくふ》を開いてからも、忍者《にんじゃ》たちは、情報《じょうほう》収集《しゅうしゅう》だけでなく大名屋敷《だいみょうやしき》の警《けい》備《び》なども行った。

忍者《にんじゃ》の仕事

伊賀越《いがご》えで活躍《かつやく》した
服部半蔵《はっとりはんぞう》
実は半蔵《はんぞう》の一族はすでに忍者《にんじゃ》を廃業《はいぎょう》していたといわれている。
三河
伊賀
忍者《にんじゃ》をやめて三河《みかわ》で働《はたら》くのじゃ。
しかし足軽《あしがる》として大活躍《だいかつやく》し
家康《いえやす》にみとめられ
150人の忍者《にんじゃ》の頭《かしら》へと返り咲《ざ》いたのである。

まきびし

地面にまいて、追っ手からにげるために使われた。

くない

武器《ぶき》として使うほか、壁《かべ》や地面に穴《あな》を掘《ほ》る道具として使われた。

手甲鉤《てっこうかぎ》

爪《つめ》で攻撃《こうげき》したり、刀を受けたりする道具。石垣《いしがき》などを登るときにも使われた。

鉤縄《かぎなわ》

高いところに鉤《かぎ》を投げて引っかけ、塀《へい》などを登るのに使われた。

忍者刀《にんじゃとう》

武士《ぶし》たちがもつ刀と違《ちが》い、反《そ》りがなくまっすぐで、切るのではなく突《つ》いて使われた。

ウソ!ホント!?

忍者《にんじゃ》は千年前から活躍《かつやく》していた!?

忍者《にんじゃ》は、戦国《せんごく》時代よりもっと前の時代から活躍《かつやく》していたという。飛鳥《あすか》時代の政治家、聖徳太《しょうとくたい》子《し》は「志能便《しのび》」と呼《よ》ばれるスパイを使って、朝廷《ちょうてい》の動きを探《さぐ》っていたという説《せつ》がある。聖徳太子《しょうとくたいし》が「志能便《しのび》」として朝廷《ちょうてい》に送ったスパイが、日本初《にほんはつ》の忍者《にんじゃ》だといわれている。

聖徳太子《しょうとくたいし》(574〜622)

超《ちょう》ビジュアル！
家《いえ》康《やす》新聞

第4号

発行所：三河《みかわ》ウィークリー

家康《いえやす》は多彩《たさい》な能力《のうりょく》をもっていた？

家康《いえやす》は武士《ぶし》としてどのような能力《のうりょく》を身につけていたのだろうか？

剣《けん》の腕《うで》は一流だった⁉

家康《いえやす》は剣術《けんじゅつ》の達人《たつじん》で、幼《おさな》い頃《ころ》から剣術《けんじゅつ》の鍛錬《たんれん》をかかさなかった。そのため、当時剣術《けんじゅつ》の大きな勢力《せいりょく》であった新陰流《しんかげりゅう》と一刀流という2つの流派の奥義《おうぎ》をすべて会《え》得《とく》したという。

鉄砲《てっぽう》の達人《たつじん》だった⁉

家康《いえやす》は鉄砲《てっぽう》の名手でもあった。家臣《かしん》がだれも当てることができなかった、200メートル先の的《まと》に命中させたという。また、城《しろ》の屋根の上にとまっていた3羽のとんびも、すべてうち落としたといわれている。

乗馬と水泳に力を入れていた⁉

家康《いえやす》は日頃《ひごろ》から運動を欠かさなかった。特《とく》に力を入れていたのは、乗馬と水泳であった。70歳《さい》近くになっても子どもたちと泳ぎ、体力をつけていたという。

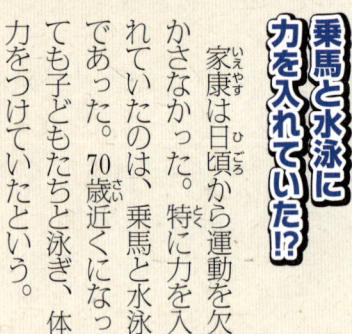

戦略《せんりゃく》を立てるほうが得意《とくい》だった？

家康《いえやす》は、戦《たたか》いでほとんど負けたことがなかった。これは、家康《いえやす》が戦略《せんりゃく》を立てるのが上手であったからだといわれている。たくみな戦《せん》略《りゃく》で、戦《たたか》わずして戦《いくさ》に勝つことが多かった。そのため戦場《せんじょう》では剣術《けんじゅつ》の腕前《うでまえ》を見せる機会《きかい》がなかったといわれている。

すべての家臣《かしん》の顔と名前を覚《おぼ》えていた!?

家康《いえやす》の記憶力《きおくりょく》は、並外《なみはず》れたものであった。昔からの家臣《かしん》はもちろん、新しい家《か》臣《しん》までも顔と名前をきちんと覚《おぼ》えていた。身分《みぶん》の低《ひく》い家臣《かしん》たちは、「自分たちの顔や名前まで家康様《いえやすさま》は覚《おぼ》えてくれているのか」と感動し、戦《いくさ》での士気《しき》があがったという。

だれよりも忍耐強《にんたいづよ》かった!?

さまざまな剣術《けんじゅつ》を学んだ家康《いえやす》。
しかしそれは戦《いくさ》のためではなかった。
あるとき、剣術《けんじゅつ》を教えてほしいといわれたが、
父上！剣術《けんじゅつ》を教えてください！
大将《たいしょう》とは、戦場《せんじょう》で直接戦《ちょくせつたたか》うものではない。
え…？
その言葉の通り、家康《いえやす》が人を斬《き》ったことはほとんどなかったという。
天下《てんか》を取《と》るのに相手を斬《き》る剣術《けんじゅつ》は不要《ふよう》なのじゃ。

長篠《ながしの》の戦《たたか》いの作戦《さくせん》にショックを受けた!?

家康《いえやす》は、長篠《ながしの》の戦《たたか》いの鉄砲《てっぽう》を使った作戦《さくせん》にとても衝撃《しょうげき》を受けた。それまで、戦《いくさ》は馬に乗って刀で戦《たたか》うことが常識《じょうしき》だと思っていたのだ。しかし、この戦《たたか》い以降《いこう》、最先端《さいせんたん》の武器《ぶき》や技術《ぎじゅつ》を取り入れはじめたといわれている。

人物図鑑《じんぶつずかん》

本多正信《ほんだまさのぶ》

一向一揆《いっこういっき》で敵対《てきたい》した家康《いえやす》の側近《そっきん》

本多正信《ほんだまさのぶ》は幼少《ようしょう》の頃《ころ》から家康《いえやす》に仕えていたが、熱心《ねっしん》な一向宗《いっこうしゅう》の信《しん》者《じゃ》だったため、三河一向一揆《みかわいっこういっき》では家《いえ》康《やす》に敵対《てきたい》した。一向一揆《いっこういっき》平定後、家《いえ》康《やす》と仲直《なかなお》りして家臣《かしん》としてもどることが許《ゆる》され、伊賀越《いがご》えでは家康《いえやす》とともに危機《きき》を乗り越《こ》えた。家康《いえやす》が江戸《えど》幕府《ばくふ》を開くと、幕府《ばくふ》の政治《せいじ》を取りしきる老中《ろうじゅう》として家康《いえやす》をたすけ、徳《とく》川家《がわけ》の繁栄《はんえい》に力を尽《つ》くした。

一向一揆《いっこういっき》の拠点《きょてん》となった本證寺《ほんしょうじ》

上宮寺《じょうぐうじ》・勝鬘寺《しょうまんじ》とともに、三河《みかわ》における一向宗《いっこうしゅう》の拠点《きょてん》であった（愛知県《あいちけん》）。

出身地《しゅっしんち》	三河《みかわ》（現在《げんざい》の愛知県《あいちけん》）
生年月日《せいねんがっぴ》	1538年（誕生日《たんじょうび》は不明《ふめい》）
死亡年月日《しぼうねんがっぴ》	1616年6月7日
享年《きょうねん》	79歳《さい》（病死）

肖像《しょうぞう》

榊原康政《さかきばらやすまさ》

徳川軍《とくがわぐん》を支《ささ》えた優秀《ゆうしゅう》な司令官《しれいかん》

榊原康政《さかきばらやすまさ》は、幼《おさな》い頃《ころ》から家康《いえやす》に仕えた武将《ぶしょう》のひとりで、戦《たたか》いの作戦《さくせん》を立てる才能《さいのう》に優《すぐ》れていた。三河《みかわ》一《いっ》向一揆《こういっき》で初陣《ういじん》を果《は》たした後、家康《いえやす》から「康」の字をもらった。姉川《あねがわ》の戦《たたか》いでは兵《へい》を率《ひき》いて朝倉軍《あさくらぐん》を奇襲《きしゅう》し、徳《とく》川軍《がわぐん》を勝利《しょうり》へ導《みちび》いた。このほか、家《いえ》康《やす》の優秀《ゆうしゅう》な家臣《かしん》として多くの戦《たたか》いで活躍《かつやく》した。家康《いえやす》が江戸《えど》に入ると、上《こう》野館林城《ずけたてばやしじょう》（群馬県《ぐんまけん》）をまかされた。

現在《げんざい》の姉川《あねがわ》

姉川《あねがわ》の戦《たたか》いでは、川をはさんで浅《あざ》井《い》・朝倉軍《あさくらぐん》と織《お》田《だ》・徳川軍《とくがわぐん》が布《ふ》陣《じん》した（滋賀県《しがけん》）。

出身地《しゅっしんち》	三河《みかわ》（現在《げんざい》の愛知県《あいちけん》）
生年月日《せいねんがっぴ》	1548年（誕生日《たんじょうび》は不明《ふめい》）
死亡年月日《しぼうねんがっぴ》	1606年5月14日
享年《きょうねん》	59歳《さい》（病死）

肖像《しょうぞう》

戦国最強《せんごくさいきょう》と恐《おそ》れられた「甲斐《かい》の虎《とら》」

武田信玄《たけだしんげん》

出身地《しゅっしんち》	甲斐《かい》（現在《げんざい》の山梨県《やまなしけん》）
生年月日《せいねんがっぴ》	1521年11月3日
死亡年月日《しぼうねんがっぴ》	1573年4月12日
享年《きょうねん》	53歳《さい》（病死）

肖像《しょうぞう》

武田《たけだ》信玄《しんげん》は、甲斐《かい》（現在《げんざい》の山梨県《やまなしけん》）の守護《しゅご》・武田《たけだ》信虎《のぶとら》の子として生まれた。21歳《さい》のとき、家臣《かしん》へひどい仕打ちを続《つづ》ける父を隣国《りんごく》の駿河《するが》に追放し、武田家《たけだけ》の当主となった。すぐに信濃《しなの》（現在《げんざい》の長野県《ながのけん》）を制圧《せいあつ》し、領地《りょうち》を広げていった。また、水害《すいがい》を防《ふせ》ぐために川に信玄《しんげん》堤《づつみ》と呼《よ》ばれる堤防《ていぼう》を築《きず》き、規律《きりつ》を保《たも》つための法律《ほうりつ》「甲州法度之次第《こうしゅうはっとのしだい》」を制定《せいてい》するなど、領地《りょうち》内の政治《せいじ》にも積極的《せっきょくてき》に取り組んだ。

領地拡大《りょうちかくだい》をめぐっては、越後《えちご》（現在《げんざい》の新潟県《にいがたけん》）の上杉謙信《うえすぎけんしん》と激《はげ》しい戦《たたか》いをくり広げた。天下統一《てんかとういつ》を目指し、京《きょう》都《と》にむかって進軍《しんぐん》する途中《とちゅう》、三方ケ《みかたが》原《はら》で家康《いえやす》と戦《たたか》い、大勝利《だいしょうり》をおさめた。しかしこの翌年《よくとし》、持病が悪化して病死した。

信玄《しんげん》を描《えが》いた絵画

信玄《しんげん》の赤い甲冑《かっちゅう》は、戦場《せんじょう》ではひときわ目立っていた。

川中島《かわなかじま》の戦《たたか》い

領地《りょうち》を拡大《かくだい》させようとする信玄《しんげん》は、上杉謙信《うえすぎけんしん》と川中島《かわなかじま》（長野県《ながのけん》）で何度も衝突《しょうとつ》した。

築山殿《つきやまどの》

息子《むすこ》を愛《あい》しすぎて殺害《さつがい》された家康《いえやす》の正室《せいしつ》

築山殿《つきやまどの》は今川義元《いまがわよしもと》の姪《めい》で、人質《ひとじち》として今川家《いまがわけ》に預《あず》けられていた家康《いえやす》と結婚《けっこん》し、信康《のぶやす》を生んだ。桶狭間《おけはざま》の戦《たたか》いで義元《よしもと》が戦死《せんし》し、家康《いえやす》が織田《おだ》信長《のぶなが》と同盟《どうめい》を結《むす》ぶと、夫婦《ふうふ》の関係《かんけい》は気まずくなった。息子・信康《のぶやす》を愛《あい》するあまり、信康《のぶやす》の妻《つま》・徳姫《とくひめ》との仲《なか》が悪くなった。このことが、信康《のぶやす》が切《せっ》腹《ぷく》を命じられるきっかけとなり、自らも暗殺《あんさつ》された。

月窟廟《がっくつびょう》

信康《のぶやす》に会いに行く途中《とちゅう》で殺《ころ》された築山殿《つきやまどの》がまつられている（愛《あい》知県《ちけん》）。

出身地《しゅっしんち》	駿河《するが》（現在《げんざい》の静岡県《しずおかけん》）
生年月日《せいねんがっぴ》	1542年頃《ごろ》（誕生日《たんじょうび》は不明《ふめい》）
死亡年月日《しぼうねんがっぴ》	1579年8月29日
享年《きょうねん》	38歳《さい》（暗殺《あんさつ》）

松平信康《まつだいらのぶやす》

早すぎる死をむかえた家康《いえやす》の長男

松平信康《まつだいらのぶやす》は、家康《いえやす》と築山殿《つきやまどの》の長男で、幼《おさな》い頃《ころ》は、家康《いえやす》と同じく義元《よしもと》の人質《ひとじち》として過《す》ごしていた。家康《いえやす》が清《きよ》洲《す》同盟《どうめい》を結《むす》ぶと、同盟《どうめい》を強化させる目的《もくてき》で、信長《のぶなが》の娘《むすめ》・徳姫《とくひめ》と結婚《けっこん》した。多くの合戦《かっせん》で活躍《かつやく》し、家康《いえやす》もおどろくほど有能《ゆうのう》な武将《ぶしょう》だったといわれている。しかし、築山殿《つきやまどの》とともに武田《たけだ》勝頼《かつより》と内通していると信長《のぶなが》に疑《うたが》いをかけられ、切腹《せっぷく》を命じられた。

二俣城跡《ふたまたじょうあと》

切腹《せっぷく》を命じられた信康《のぶやす》は、二俣《ふたまた》城《じょう》へ移《うつ》され、最《さい》期《ご》をとげた（静《しず》岡県《おかけん》）。

出身地《しゅっしんち》	駿河《するが》（現在《げんざい》の静岡県《しずおかけん》）
生年月日《せいねんがっぴ》	1559年3月6日
死亡年月日《しぼうねんがっぴ》	1579年9月15日
享年《きょうねん》	21歳《さい》（自害《じがい》）

偉大《いだい》な信玄《しんげん》を父とした悲運の武将《ぶしょう》

武田勝頼

たけだかつより

武田《たけだ》勝頼《かつより》は、戦国最強《せんごくさいきょう》といわれた父・信玄《しんげん》が病死したことにより、武田《たけだ》家《け》を継《つ》ぐことになった。すぐに家康《いえやす》や織田《おだ》信長《のぶなが》と対立したが、勝頼《かつより》は引き下がることなく、父以上《いじょう》の勢力拡大《せいりょくかくだい》を目指し、信玄《しんげん》でも落とせなかった高天《たかてん》神城《じんじょう》（静岡県《しずおかけん》）を攻略《こうりゃく》した。しかし、次第に家臣《かしん》の考えを無視《むし》するようになり、家臣《かしん》の反感を買うようになっていったという。長篠《ながしの》の戦《たたか》いで自慢《じまん》の騎馬隊《きばたい》を率《ひき》いて攻《せ》めこむが、織田《おだ》・徳《とく》川軍《がわぐん》に大敗《たいはい》し、家臣《かしん》から見放されるようになった。その後、高天神城《たかてんじんじょう》の戦《たたか》いで徳川軍《とくがわぐん》に攻《せ》められ、北条氏《ほうじょうし》をたよって関東《かんとう》へむかうが、一族の裏切《うらぎ》りにあい自害《じがい》した。

出身地《しゅっしんち》	甲斐《かい》（現在《げんざい》の山梨県《やまなしけん》）
生年月日《せいねんがっぴ》	1546年（誕生日《たんじょうび》は不明《ふめい》）
死亡年月日《しぼうねんがっぴ》	1582年3月11日
享年《きょうねん》	37歳《さい》（自害《じがい》）

肖像《しょうぞう》

武田勝頼《たけだかつより》の像《ぞう》

勝頼《かつより》が自害《じがい》した天目山《てんもくざん》のふもとに建《た》てられている（山梨県《やまなしけん》）。

信長《のぶなが》が築《きず》いた柵《さく》（復元《ふくげん》）

武田軍《たけだぐん》の馬が進めないように柵《さく》をつくり、木と木の間から鉄砲《てっぽう》で攻撃《こうげき》した（愛知県《あいちけん》）。

酒井忠次《さかいただつぐ》

人質《ひとじち》時代の家康《いえやす》を支《ささ》えた三河武士《みかわぶし》

酒井忠次《さかいただつぐ》は、家康《いえやす》が今川義元《いまがわよしもと》の人質《ひとじち》になるときに世話係として駿河《するが》(現在《げんざい》の静岡県《しずおかけん》)へつきそい、仕えていた。家康《いえやす》が三河《みかわ》へ帰った後も有力な家臣《かしん》として家康《いえやす》を支《ささ》えた。長篠《ながしの》の戦《たたか》いでは、武田軍《たけだぐん》の砦《とりで》へ奇襲攻撃《きしゅうこうげき》をしかけるなど、少人数で武田軍《たけだぐん》を攻《せ》め、家康《いえやす》の勝利《しょうり》を決定づけた。のちに「徳川四天王《とくがわしてんのう》」のひとりとして数えられた。

太鼓《たいこ》をたたく忠次《ただつぐ》

三方ケ原《みかたがはら》の戦《たたか》いの後、浜松城《はままつじょう》の櫓《やぐら》で太鼓《たいこ》をたたき、徳川軍《とくがわぐん》の士気《しき》をあげようとした。

出身地《しゅっしんち》	三河《みかわ》(現在《げんざい》の愛知県《あいちけん》)
生年月日《せいねんがっぴ》	1527年(誕生日《たんじょうび》は不明《ふめい》)
死亡年月日《しぼうねんがっぴ》	1596年10月28日
享年《きょうねん》	70歳《さい》(病死)

井伊直政《いいなおまさ》

赤い甲冑《かっちゅう》をまとった「井伊《いい》の赤鬼《あかおに》」

井伊直政《いいなおまさ》は15歳《さい》で家康《いえやす》に仕えた。常《つね》に先頭に立って戦《たたか》い、体中が傷《きず》だらけだったといわれるほど、勇敢《ゆうかん》な武将《ぶしょう》であった。滅亡《めつぼう》した武田氏《たけだし》の兵《へい》を多く家来にし、武具《ぶぐ》を赤一色でそろえた「赤備《あかぞな》え」と呼《よ》ばれる精鋭部隊《せいえいぶたい》の大将《たいしょう》として恐《おそ》れられた。この赤備《あかぞな》えを率《ひき》いて勇敢《ゆうかん》に戦《たたか》う姿《すがた》から「井伊《いい》の赤鬼《あかおに》」とも呼《よ》ばれた。

出身地《しゅっしんち》	遠江《とおとうみ》(現在《げんざい》の静岡県《しずおかけん》)
生年月日《せいねんがっぴ》	1561年2月19日
死亡年月日《しぼうねんがっぴ》	1602年2月1日
享年《きょうねん》	42歳《さい》(病死)

肖像《しょうぞう》

彦根城《ひこねじょう》

井伊家《いいけ》は、のちに家康《いえやす》から佐和山《さわやま》の領地《りょうち》を与《あた》えられ、彦根城《ひこねじょう》を築《きず》いた(滋賀県《しがけん》)。

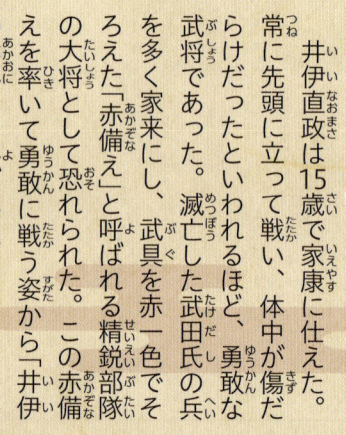

本多忠勝
ほんだただかつ

いくつもの戦場《せんじょう》で無傷《むきず》だった家康《いえやす》の猛将《もうしょう》

本多忠勝《ほんだただかつ》は、50回以上《いじょう》の戦《たたか》いで一度も怪我《けが》をしたことがなかったことから、戦国最強《せんごくさいきょう》の武将《ぶしょう》だったといわれている。家康《いえやす》が武田信玄《たけだしんげん》との戦《たたか》いにやぶれたときには、忠勝《ただかつ》は退《しりぞ》くことの大切さを説《と》き、自分からいちばん危険《きけん》な最後尾《さいこうび》を引き受け、敵《てき》の攻撃《こうげき》を防《ふせ》いだ。本能寺《ほんのうじ》の変《へん》では、道中での危険《きけん》を恐《おそ》れる家康《いえやす》を説《と》き伏《ふ》せ、無事《ぶじ》に伊賀越《いがご》えを成功《せいこう》させた。

出身地《しゅっしんち》	三河《みかわ》(現在《げんざい》の愛知県《あいちけん》)
生年月日《せいねんがっぴ》	1548年(誕生日《たんじょうび》は不明《ふめい》)
死亡年月日《しぼうねんがっぴ》	1610年10月18日
享年《きょうねん》	63歳《さい》(病死)

肖像《しょうぞう》

槍《やり》で戦《たたか》う忠勝《ただかつ》

戦場《せんじょう》では、名《めい》槍《そう》である「蜻蛉《とんぼ》切《ぎり》」で勇敢《ゆうかん》に戦《たたか》っていた。

服部半蔵
はっとりはんぞう

忍者集団《にんじゃしゅうだん》を率《ひき》いて伊賀越《いがご》えで活躍《かつやく》

服部半蔵《はっとりはんぞう》の父・保長《やすなが》は、忍者《にんじゃ》の里として知られる伊賀《いが》(現在《げんざい》の三重県《みえけん》)の忍者《にんじゃ》の一族であったといわれている。保長《やすなが》の死後、服部家《はっとりけ》を継《つ》いだ半蔵《はんぞう》は、伊賀忍者《いがにんじゃ》を率《ひき》いて家康《いえやす》に仕え、いくつもの戦《たたか》いで活躍《かつやく》した。本能寺《ほんのうじ》の変《へん》が起きたとき、伊賀《いが》出身であったことから、伊賀越《いがご》えの案内役《あんないやく》をつとめ、伊賀忍者《いがにんじゃ》に道中の警護《けいご》をまかせた。

出身地《しゅっしんち》	三河《みかわ》(現在《げんざい》の愛知県《あいちけん》)
生年月日《せいねんがっぴ》	1542年(誕生日《たんじょうび》は不明《ふめい》)
死亡年月日《しぼうねんがっぴ》	1596年11月4日
享年《きょうねん》	55歳《さい》(病死)

半蔵門《はんぞうもん》

家康《いえやす》が江戸城《えどじょう》に入ったとき、半蔵《はんぞう》の屋敷《やしき》があったことから名付《なづ》けられたといわれている(東京都《とうきょうと》)。

戦国《せんごく》おもしろコラム

戦《せん》国《ごく》最《さい》強《きょう》の武《ぶ》器《き》・鉄《てっ》砲《ぽう》の秘《ひ》密《みつ》

ヨーロッパから伝《つた》わり、合戦《かっせん》では鉄砲《てっぽう》（火縄銃《ひなわじゅう》）が活躍《かつやく》するようになった。

火縄銃《ひなわじゅう》のしくみ

よく用いられた火縄銃《ひなわじゅう》は全長約《やく》120センチメートル、重さは3～5キログラムであった。弾《たま》を約《やく》500メートルも飛《と》ばすことができた。

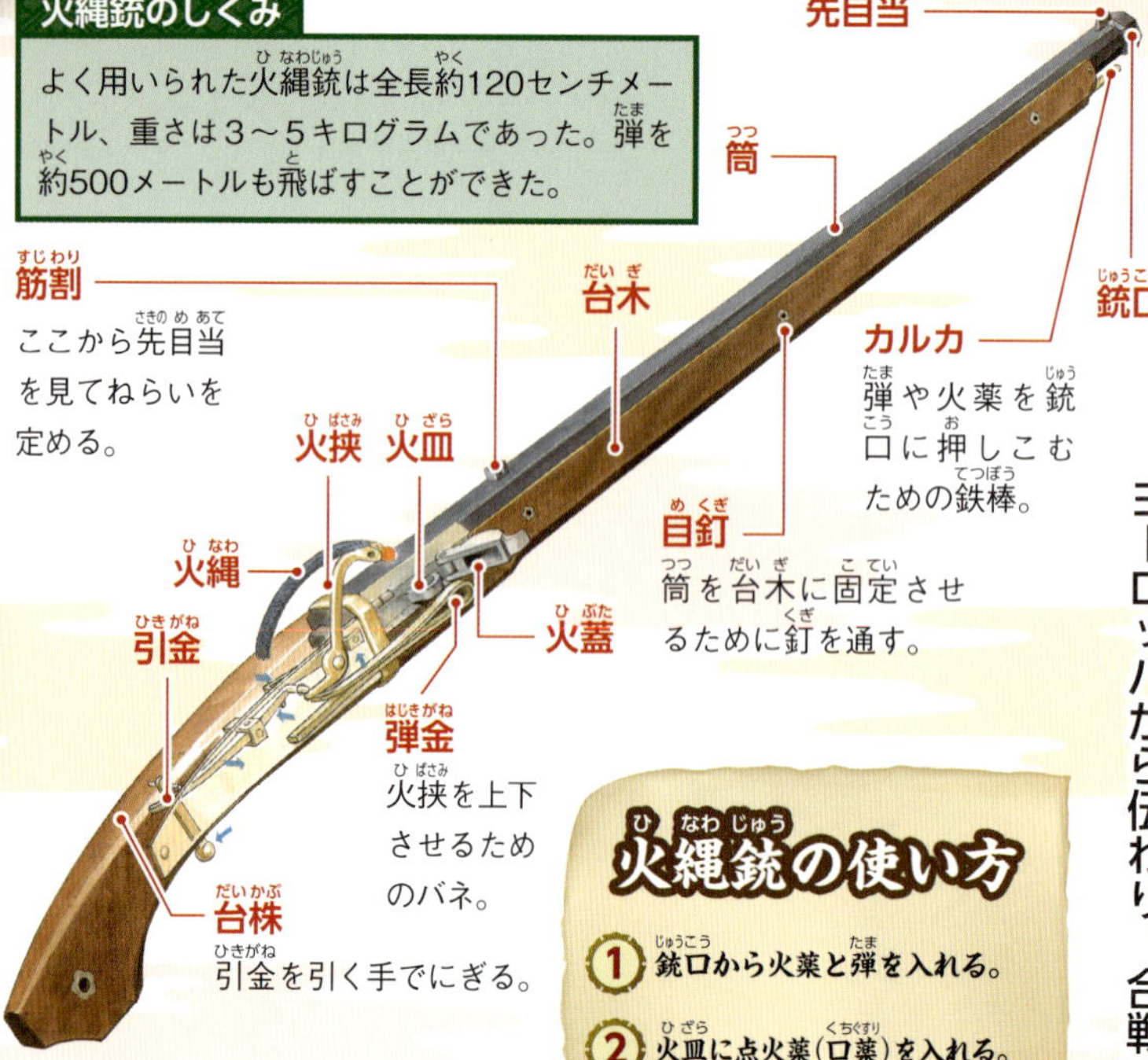

先目当《さきのめあて》
筒《つつ》
台木《だいぎ》
銃口《じゅうこう》
カルカ
弾《たま》や火薬を銃《じゅう》口《こう》に押《お》しこむための鉄棒《てつぼう》。
筋割《すじわり》
ここから先目当《さきのめあて》を見てねらいを定める。
火挟《ひばさみ》
火皿《ひざら》
火縄《ひなわ》
引金《ひきがね》
目釘《めくぎ》
筒《つつ》を台木《だいぎ》に固定《こてい》させるために釘《くぎ》を通す。
火蓋《ひぶた》
弾金《はじきがね》
火挟《ひばさみ》を上下させるためのバネ。
台株《だいかぶ》
引金《ひきがね》を引く手でにぎる。

火縄銃《ひなわじゅう》の使い方

1. 銃口《じゅうこう》から火薬と弾《たま》を入れる。
2. 火皿《ひざら》に点火薬（口薬《くちぐすり》）を入れる。
3. 引金《ひきがね》を引く。
4. 火挟《ひばさみ》が火皿《ひざら》の点火薬に落ちていく。
5. 筒《つつ》の中の火薬に火がついて、弾《たま》が発射《はっしゃ》される。

鉄砲《てっぽう》のかまえ方

右手で引金《ひきがね》をにぎり、左手で銃《じゅう》を支《ささ》える。右目から先目当《さきのめあて》を通して標的《ひょうてき》にねらいを定める。

中西立太画

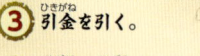

3章 天《てん》下《か》をつかむ

1584年
うーむ 秀吉《ひでよし》め… 動きませんなぁ
むこうも同じように思うておろう
家康《いえやす》は尾張国《おわりのくに》（現在《げんざい》の愛知県《あいちけん》）・小牧《こまき》で羽柴秀吉《はしばひでよし》の軍《ぐん》とむき合っていた。
本多正信《ほんだまさのぶ》
羽柴秀吉《はしばひでよし》は織田信長《おだのぶなが》の家臣《かしん》で低《ひく》い身分から大名にまで成《な》り上がった人物であった。
家康《いえやす》め… 動かんな〜〜
イラ イラ
羽柴《はしば》（豊臣《とよとみ》）秀吉《ひでよし》

本能寺《ほんのうじ》の変《へん》の後いち早く明智光秀《あけちみつひで》をやぶって信長《のぶなが》の仇《かたき》を討《う》ち
そのことから織田家《おだけ》の後継《あとつ》ぎを決めるときも大きな決定権《けっていけん》をもった秀吉《ひでよし》は
わずか3歳《さい》だった信長《のぶなが》の孫《まご》を立てて自ら実権《じっけん》をにぎった。
次男のわしが後継《あとつ》ぎのはずだったのに…!
家康殿《いえやすどの》力を貸《か》してくれ!!!
秀吉《ひでよし》のやつを討《う》ちほろぼすのじゃ!!!
織田信雄《おだのぶかつ》
とはいえ秀吉《ひでよし》は名高き戦上手《いくさじょうず》…
はたしてわしに勝てるだろうか…
殿《との》!何を弱気になっております!
本多忠勝《ほんだただかつ》
秀吉《ひでよし》なんぞ殿《との》の敵《てき》ではございませぬ!
井伊直政《いいなおまさ》
弱気はいかん…
わしにはたのもしい家臣《かしん》らがついておる

殿《との》！秀吉《ひでよし》の軍《ぐん》が動き出しました！
うむ！
おおーーっ！
出るぞ！秀吉《ひでよし》をこらしめてやるのだ！
7万もの秀吉《ひでよし》の大軍《たいぐん》に対し、家康《いえやす》・信雄《のぶかつ》の軍《ぐん》は3万5000しかいなかったが家康《いえやす》は有利《ゆうり》に戦《いくさ》を進めた。
なんだと!!!
スキをつくはずがかえってこちらの有力な武将《ぶしょう》を失《うしな》うとは何をしておるのだ!!!
イライラ
イラ
うろうろ
うろ
いやしかし家康《いえやす》め…敵《てき》ながらあっぱれよ
石田三成《いしだみつなり》

三成《みつなり》！
はっ！
すぐに信雄《のぶかつ》へ使者を送れ！戦《いくさ》はやめじゃ！
家康《いえやす》め…必《かなら》ず頭を下げさせてやる…
わしの天下《てんか》の邪魔《じゃま》はさせん!!!
何っ！信雄殿《のぶかつどの》が秀吉《ひでよし》と和議《わぎ》を!?
こちらが勝っているのにか!?
信雄《のぶかつ》が秀吉《ひでよし》と和議《わぎ》を結《むす》んだことにより家康《いえやす》は戦《たたか》う理由がなくなり戦《いくさ》は終わった。
浜松城《はままつじょう》
殿《との》──っ!!!
秀吉《ひでよし》の妹君が到着《とうちゃく》されました!!!
本当に来たか…！

1586年
秀吉《ひでよし》は築山殿《つきやまどの》を亡《な》くしてから正室《せいしつ》のいなかった家康《いえやす》のもとへ妹の朝日姫《あさひひめ》を嫁《とつ》がせてきた。
何としても家康《いえやす》を敵《てき》に回したくない秀吉《ひでよし》の策略《さくりゃく》だった。
朝日姫《あさひひめ》
秀吉《ひでよし》め何とかして殿《との》を配下にしたいようですな
戦《いくさ》までしたのだ！この家康《いえやす》そう簡単《かんたん》には従《したが》わんぞ！
殿《との》——っ!!!
ドタタタ
今度は秀吉《ひでよし》の母が!!!
なにっ!!?
母ちゃん…！
朝日《あさひ》や!!!
……

まさか自分の母まで送ってくるとは…
秀吉殿《ひでよしどの》の器《うつわ》
見上げたものじゃ
決めたぞ正信《まさのぶ》
わしは秀吉《ひでよし》に会いに行く
秀吉《ひでよし》めの家来になるというのですか!?
それはちがうぞ
わしは
天下《てんか》の家来になるのじゃ
大坂城《おおさかじょう》（大阪府《おおさかふ》）

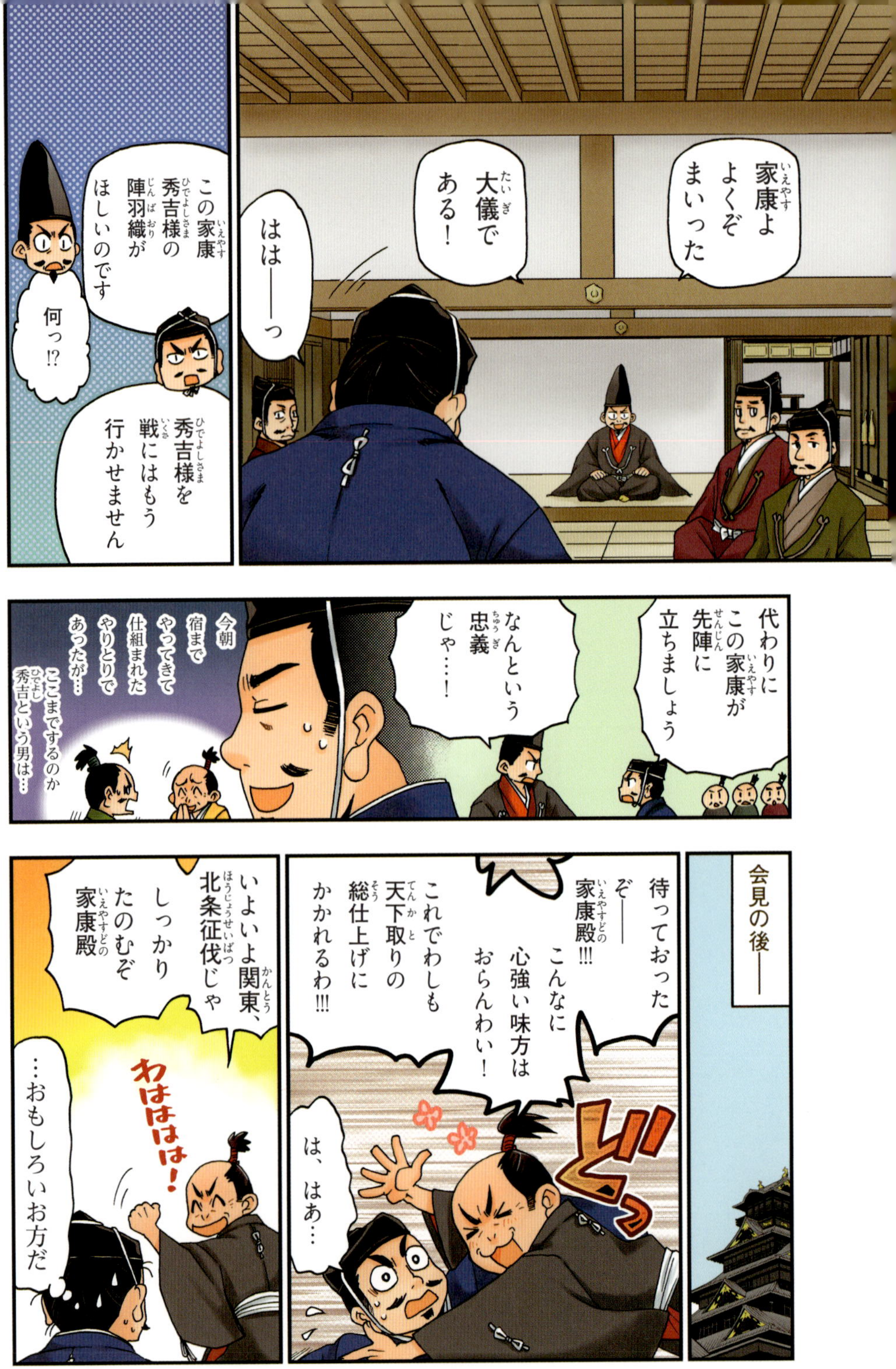
家康《いえやす》よ よくぞ まいった
大儀《たいぎ》である！
はは――っ
この家康《いえやす》 秀吉様《ひでよしさま》の 陣羽織《じんばおり》が ほしいのです
何っ⁉
秀吉様《ひでよしさま》を 戦《いくさ》にはもう 行かせませせん
代わりに この家康《いえやす》が 先陣《せんじん》に 立ちましょう
なんという 忠義《ちゅうぎ》じゃ…！
今朝 宿まで やってきて 仕組まれた やりとりで あったが…
ここまでするのか 秀吉《ひでよし》という男は…
会見の後――
待っておったぞ― 家康殿《いえやすどの》!!! こんなに 心強い味方は おらんわい！
これでわしも 天下取《てんかと》りの 総《そう》仕上げに かかれるわ!!!
どっ
は、はあ…
いよいよ関東《かんとう》、北条征伐《ほうじょうせいばつ》じゃ しっかり たのむぞ 家康殿《いえやすどの》
わはははは！
…おもしろいお方だ

1590年
秀吉《ひでよし》は小田原城《おだわらじょう》を大軍《たいぐん》で囲《かこ》み北条氏《ほうじょうし》をほろぼした。
その後、東北《とうほく》の大名も従《したが》え
ついに天下統一《てんかとういつ》が完成《かんせい》したのである。
信長様《のぶながさま》にもできなかった天下統一《てんかとういつ》を秀吉様《ひでよしさま》がなしとげた…
これで乱世《らんせ》は終わったのだろうか…
よっ 家康殿《いえやすどの》！
秀吉様《ひでよしさま》！
こたびの活躍《かつやく》大儀《たいぎ》であった
北条氏《ほうじょうし》のおさめておったこの関東《かんとう》を家康殿《いえやすどの》にまかせよう
ありがとうございます
ごそごそ
じょー……
ぎょっ
立《た》ち小便《しょうべん》!?
だが…

家康殿《いえやすどの》がおさめていた領地《りょうち》…これはいただこう
国替《くにが》えじゃ
にやり
!!!
悪い話ではないと思うがの…どうじゃ？
…つっしんでお受けいたします…！
よろしくたのんだぞ！
江戸《えど》（現在《げんざい》の東京都《とうきょうと》）
これはひどい…
荒《あ》れ放題じゃ
秀吉《ひでよし》め…殿《との》を大坂《おおさか》からただ遠ざけたいだけではないのか!?

殿《との》、本当にこんな荒《あ》れ地に移《うつ》るのですか…？
もちろんじゃ正信《まさのぶ》
こたびの国替《くにが》え、家康《いえやす》はしてやられた、と秀吉《ひでよし》にだれもが思うかもしれぬ
だが…
わしはそうは思わぬ 今はまだ開けていないが江戸《えど》の土地は広い
それによい港がある これからは港がないと町は豊《ゆた》かにはならん
急がずともよいのだ
しっかりと腰《こし》をすえて
この江戸《えど》を大坂《おおさか》にも負けぬ立派な城下町《じょうかまち》に育てればよいのだ

1592年
秀吉《ひでよし》は明《みん》（現在《げんざい》の中国《ちゅうごく》）を
征服《せいふく》しようと考え
宇喜多秀家《うきたひでいえ》を
総大将《そうだいしょう》とする
朝鮮出兵《ちょうせんしゅっぺい》を開始した。
宇喜多秀家《うきたひでいえ》
しかし、朝鮮軍《ちょうせんぐん》の
反撃《はんげき》にあい
苦しい戦《たたか》いが
続《つづ》いていた…。
一方、日本
名護屋城《なごやじょう》
（佐賀県《さがけん》）の
秀吉《ひでよし》たちは…
皆《みな》の衆《しゅう》
戦《いくさ》の疲《つか》れを
いやすんじゃ～
わはははははは
ほれ！
瓜《うり》をめされよ～
瓜《うり》をめされよ～

わははは…
こそっ…
………
朝鮮《ちょうせん》にわたった兵《へい》たちは苦戦《くせん》していると聞く…
そんなときに秀吉様《ひでよしさま》はどういうおつもりなのじゃ…
結局《けっきょく》この朝鮮出兵《ちょうせんしゅっぺい》は失敗《しっぱい》に終わった。
この戦《いくさ》によって2万人以上《いじょう》の兵士《へいし》が戦死《せんし》したといわれている。
は〜…
ん？
あの者…
死んだ信康《のぶやす》にそっくりじゃ…

これでよかったのだろうか…
信康《のぶやす》だけではない
死んでいった多くの者たちが望《のぞ》んだ天下《てんか》は
こういうことなのだろうか……
ピタ
殿《との》?
いかがなされました?

決めたぞ
わしは…
天下《てんか》を取る……!
えっ
ざわ
ざわ
殿《との》?
ざわ
急にいかがなされたのじゃ…
殿《との》…
信康《のぶやす》…
皆《みな》の者、見ていてくれ…
わしが平和な世にしてみせる……!

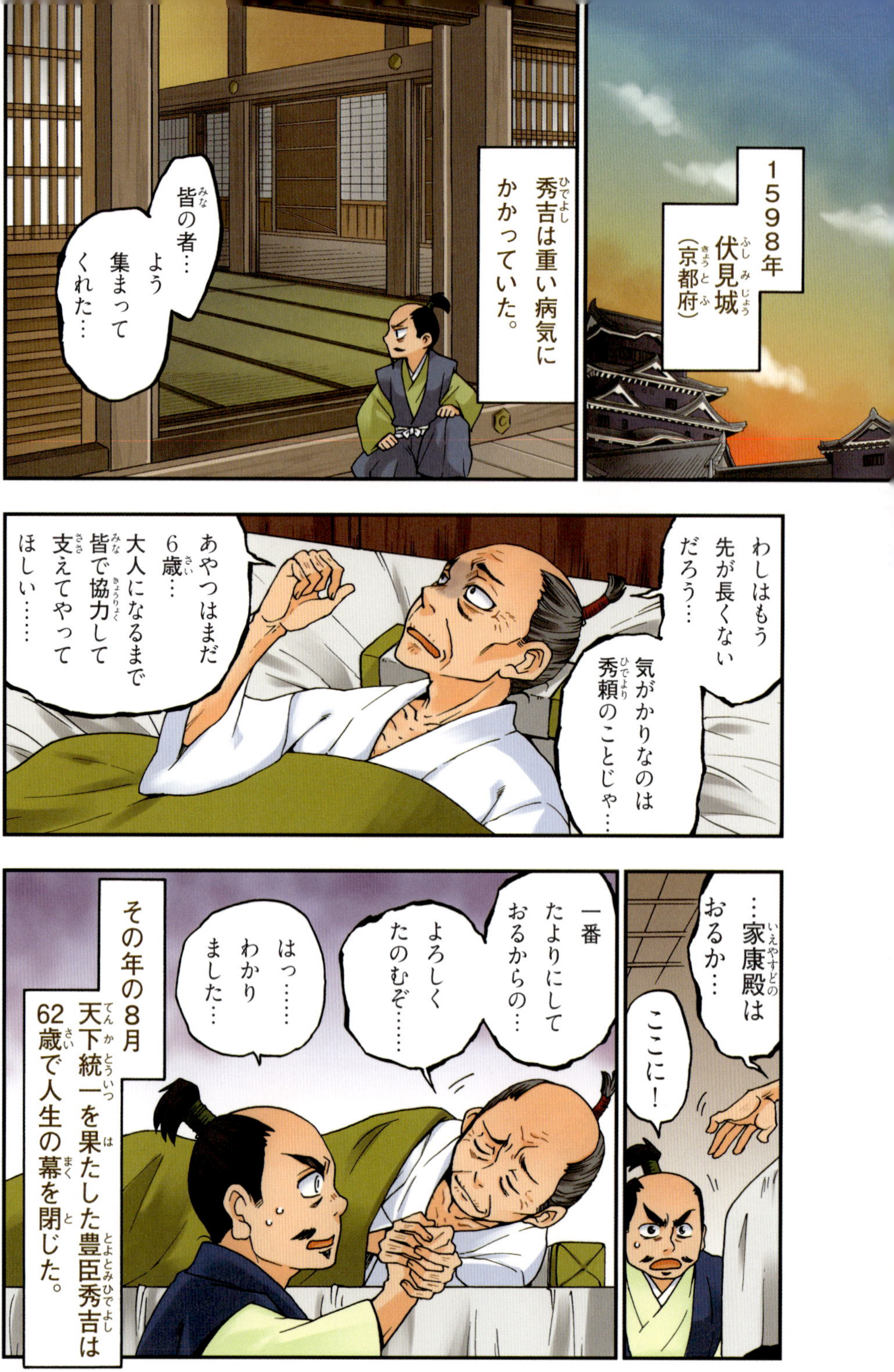
1598年
伏見城《ふしみじょう》
(京都府《きょうとふ》)
秀吉《ひでよし》は重い病気にかかっていた。
皆《みな》の者… よう集まってくれた…
わしはもう先が長くないだろう…
気がかりなのは秀頼《ひでより》のことじゃ…
あやつはまだ6歳《さい》… 大人になるまで皆《みな》で協力《きょうりょく》して支《ささ》えてやってほしい……
…家康殿《いえやすどの》はおるか…
ここに!
一番たよりにしておるからの…
よろしくたのむぞ……
はっ…… わかりました…
その年の8月
天下統一《てんかとういつ》を果《は》たした豊臣秀吉《とよとみひでよし》は62歳《さい》で人生の幕《まく》を閉《と》じた。

ドクン
秀頼様《ひでよりさま》はまだ政治《せいじ》ができる歳《とし》ではない…
おそらく世の中はまた荒《あ》れはじめる…
そうなる前にわしが…
ドクン
ドクン
スッ
殿《との》…ついに好機《こうき》がめぐって来ましたな…
はっ
正信《まさのぶ》…
しかし、そう簡単《かんたん》ではない
天下《てんか》はまだ豊臣《とよとみ》のものだ
むやみに戦《いくさ》をしかけては
世間がわしを認《みと》めんだろう

毛利輝元《もうりてるもと》
宇喜多秀家《うきたひでいえ》
徳川家康《とくがわいえやす》
前田利家《まえだとしいえ》
上杉景勝《うえすぎかげかつ》
秀吉《ひでよし》の死後の政治《せいじ》は家康《いえやす》ら有力大名からなる「五大老《ごたいろう》」と石田三成《いしだみつなり》を中心とした秀吉《ひでよし》の重臣《じゅうしん》たちからなる「五奉行《ごぶぎょう》」によって行われた。
しかし次第に家康《いえやす》がすべての実権《じっけん》をにぎるようになっていった。
長束正家《なつかまさいえ》
前田玄以《まえだげんい》
石田三成《いしだみつなり》
浅野長政《あさのながまさ》
増田長盛《ましたながもり》
家康《いえやす》め……
秀吉様《ひでよしさま》が亡《な》くなってからますます勢《いきお》いを増《ま》している…
こうなれば家康《いえやす》を討《う》つしかない…
家康《いえやす》のことをよく思わない大名たちに声をかけるのだ
石田三成《いしだみつなり》は豊臣家《とよとみけ》に忠誠《ちゅうせい》をちかう人物であった。

伏《ふし》見《み》城《じょう》
三成《みつなり》がいる限《かぎ》り
わしの天下《てんか》はない…
どうやって三成《みつなり》の力をおさえるべきか…
殿《との》―――っ！
だだだだ
正信《まさのぶ》
＊会津《あいづ》の上杉景勝《うえすぎかげかつ》が戦《いくさ》の準備《じゅんび》をしているとのことです！
上杉《うえすぎ》が…!?
これしかない…！
よし！上杉《うえすぎ》を攻《せ》めるぞ！
皆《みな》を集めよ！
ははっ！
ダッ

＊会津《あいづ》…現在《げんざい》の福島県《ふくしまけん》。

上杉《うえすぎ》を征伐《せいばつ》するため
わしが会津《あいづ》へ行けば
必《かなら》ず三成《みつなり》がこの
伏見城《ふしみじょう》を攻《せ》めてくる
そのときこそ
堂々《どうどう》と三成《みつなり》を
討《う》つのだ！
はっ！
元忠《もとただ》
はっ
鳥居元忠《とりいもとただ》は家康《いえやす》が
まだ幼《おさな》い頃《ころ》から仕えていた
家臣《かしん》のひとりで
はい
鳥居元忠《とりいもとただ》
家康《いえやす》が留守《るす》の間
伏見城《ふしみじょう》を守るように
まかされていた。
今夜は少し
話そう
三成《みつなり》は大軍《たいぐん》で
攻《せ》めてくるだろう…
だがすまん
こんな少ない兵《へい》しか
のこして行けぬ…
おそらく…
守りきることは
できまい…

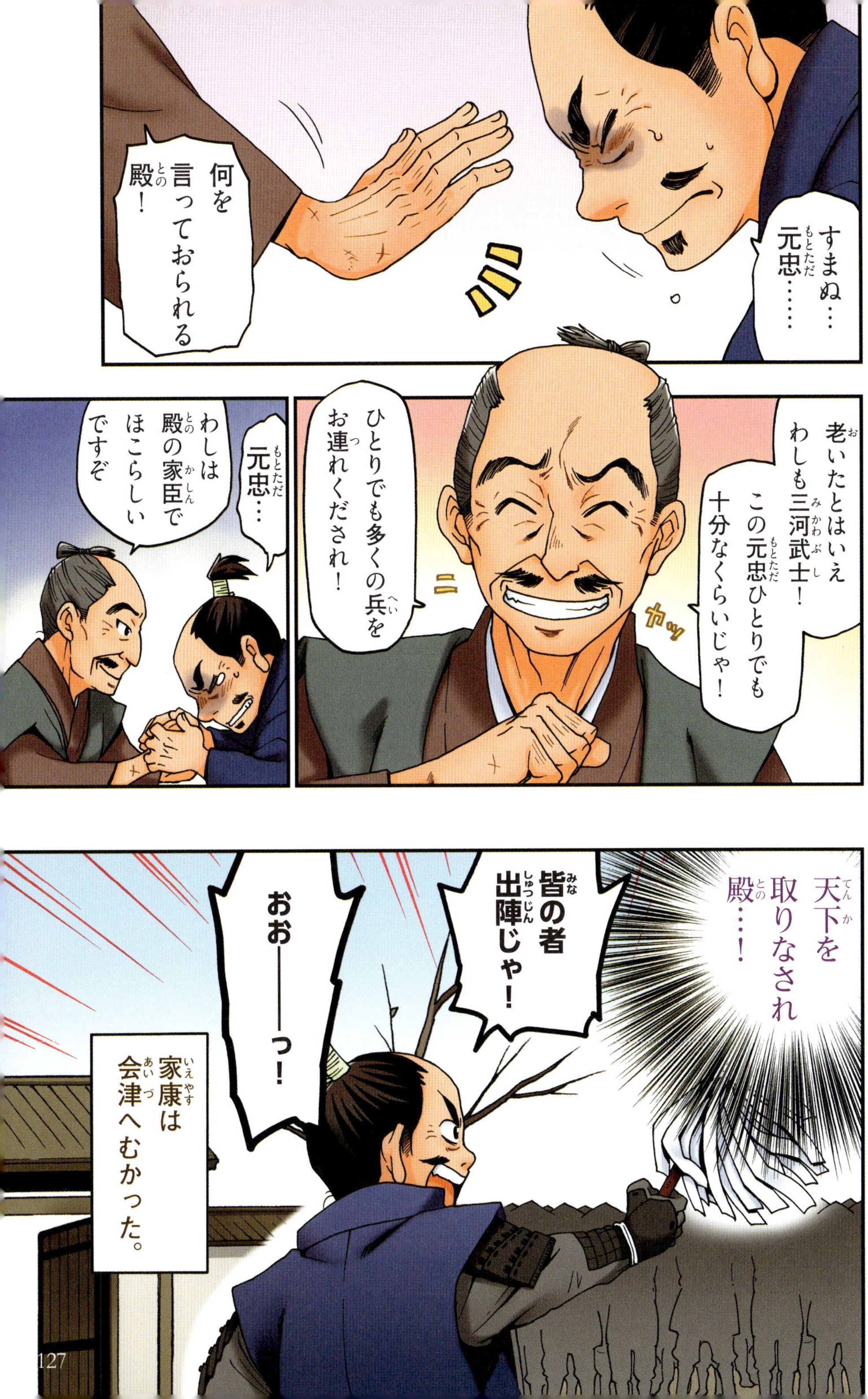
すまぬ…元忠《もとただ》……
何を言っておられる殿《との》！
老《お》いたとはいえわしも三河武士《みかわぶし》！この元忠《もとただ》ひとりでも十分なくらいじゃ！
カッ
ニ
ひとりでも多くの兵《へい》をお連《つ》れくだされ！
元忠《もとただ》…
わしは殿《との》の家臣《かしん》でほこらしいですぞ
天下《てんか》を取りなされ殿《との》…！
皆《みな》の者出陣《しゅつじん》じゃ！
おお――っ！
家康《いえやす》は会津《あいづ》へむかった。

家康《いえやす》が会津《あいづ》へむかっただと?

よし! 伏見城《ふしみじょう》を攻《せ》めるぞ!

家康《いえやす》が考えたとおり三成《みつなり》は兵《へい》をあげた。

それは… まことか?

厭離穢土欣求浄土
はっ! 毛利輝元《もうりてるもと》を総大将《そうだいしょう》に近畿《きんき》・中国《ちゅうごく》・九州《きゅうしゅう》の諸大名《しょだいみょう》がぞくぞくと集まっている様子!

よし! すぐに引き返すのだ!!!

これは大戦《おおいくさ》になるぞ…!

井伊直政《いいなおまさ》
加藤嘉明《かとうよしあき》
黒田長政《くろだながまさ》
福島正則《ふくしままさのり》
細川忠興《ほそかわただおき》
こうして1600年9月15日
徳川家康《とくがわいえやす》率《ひき》いる約《やく》7万の東軍《とうぐん》と石田三成《いしだみつなり》ら約《やく》8万の西軍《せいぐん》は美濃《みの》(現在《げんざい》の岐阜県《ぎふけん》)の関ケ原《せきがはら》で決戦《けっせん》のときをむかえた。
小西行長《こにしゆきなが》
大谷吉継《おおたによしつぐ》
小早川秀秋《こばやかわひであき》
島津義弘《しまづよしひろ》
宇喜多秀家《うきたひでいえ》
全軍《ぜんぐん》、準備《じゅんび》は整ったようだな…
東軍《とうぐん》・徳川家康《とくがわいえやす》
午前8時——
西軍《せいぐん》・石田三成《いしだみつなり》

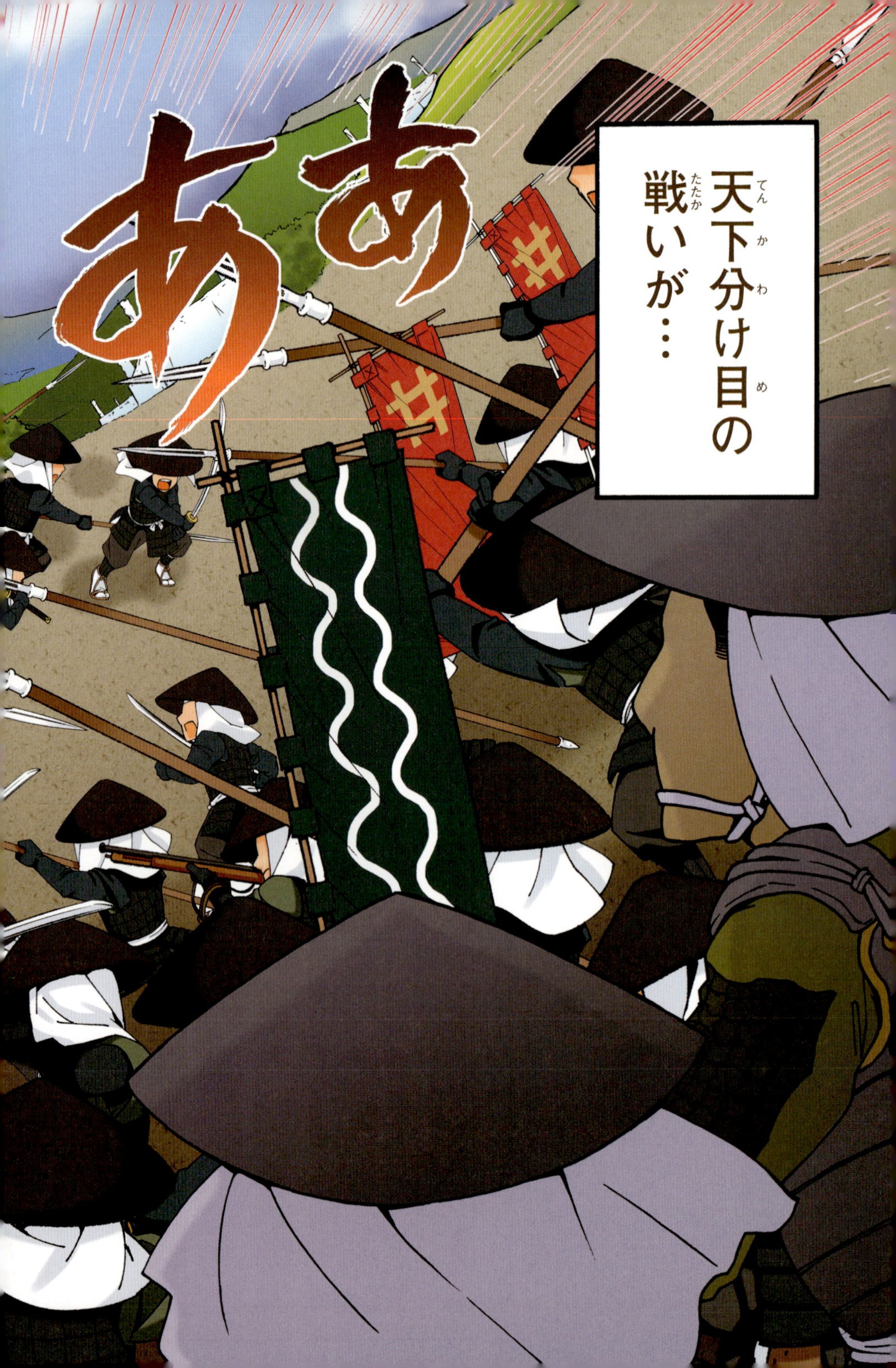
天下《てんか》分《わ》け目《め》の戦《たたか》いが…
ああ

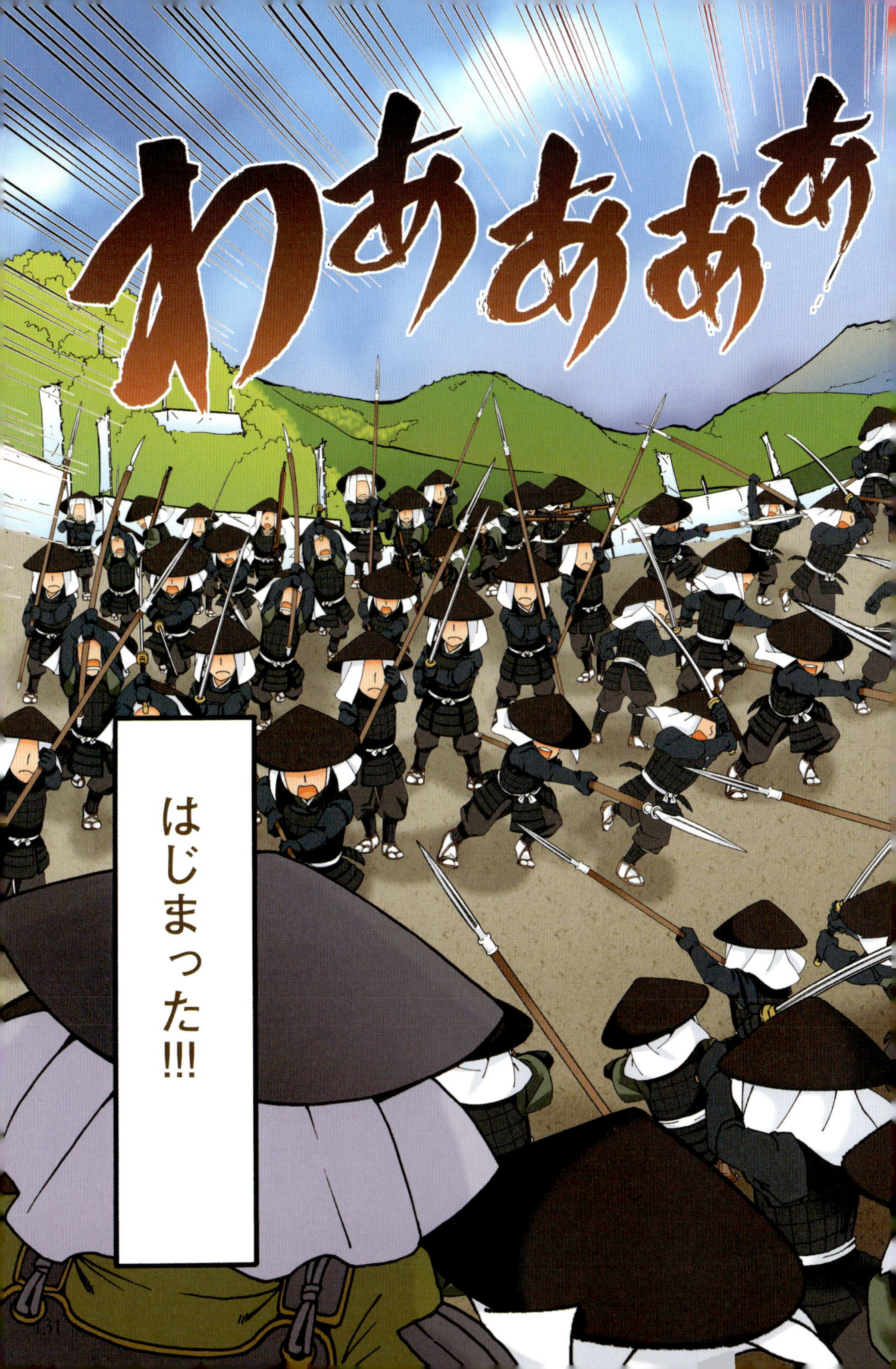
わああああ
はじまった!!!

戦《たたか》いは正午を過《す》ぎても互角《ごかく》で東軍《とうぐん》と西軍《せいぐん》のどちらが勝つかはわからなかった。
しかし、小早川秀秋《こばやかわひであき》が東軍《とうぐん》を後押《あとお》しする動きを見せ、一気に東軍《とうぐん》が優勢《ゆうせい》となる。
申し上げます！
大谷吉継様《おおたによしつぐさま》お討《う》ち死に！
なんだと！
小西行長隊《こにしゆきながたい》宇喜多秀家隊《うきたひでいえたい》退却《たいきゃく》——っ!!!
西軍《せいぐん》は総《そう》くずれし
ぬううう…!!!
天《てん》下《か》分《わ》け目《め》の戦《たたか》いは東軍《とうぐん》の勝利《しょうり》となった。

終わった…
これで終わったのだ…
皆《みな》の者
ついに家康《いえやす》は天下《てんか》を取ったぞ…!!!

1584年
43歳《さい》

小《こ》牧《まき》・長《なが》久《く》手《て》の戦《たたか》い

合戦分析《かっせんぶんせき》データ

豊《とよ》臣《とみ》軍《ぐん》
戦力《せんりょく》
作戦《さくせん》
運《うん》
織《お》田《だ》・徳《とく》川《がわ》軍《ぐん》

合戦《かっせん》場所

勝　戦力《せんりょく》　約《やく》3万5000人

徳川家康《とくがわいえやす》

織田信雄《おだのぶかつ》

織《お》田《だ》・徳《とく》川《がわ》軍《ぐん》

VS

豊《とよ》臣《とみ》軍《ぐん》

豊臣秀吉《とよとみひでよし》

負　戦力《せんりょく》　約《やく》7万人

織《お》田《だ》信《のぶ》雄《かつ》と手を組み秀《ひで》吉《よし》を苦しめる

信長《のぶなが》の死後、後継者《こうけいしゃ》として勢《せい》力《りょく》を広げたのは信長《のぶなが》の家臣《かしん》・豊《とよ》臣秀吉《とみひでよし》であった。秀吉《ひでよし》は、信長《のぶなが》を討《う》った明智光秀《あけちみつひで》をやぶり、権力《けんりょく》をにぎった。家康《いえやす》は、秀吉《ひでよし》が力をもつことに不満《ふまん》を感じていた。家《いえ》康《やす》は信長《のぶなが》の次男・信雄《のぶかつ》と手を組み、秀吉《ひでよし》を攻撃《こうげき》した。

織田《おだ》・徳川軍《とくがわぐん》は小牧山城《こまきやまじょう》（愛知《あいち》県《けん》）を本拠地《ほんきょち》とし、羽黒《はぐろ》（愛知県《あいちけん》）で攻《せ》めてきた豊臣軍《とよとみぐん》を打ちやぶった。初戦《しょせん》で敗北《はいぼく》した豊臣軍《とよとみぐん》は、別《べつ》働隊《どうたい》をつくり、長久手《ながくて》（愛知県《あいちけん》）にいる徳川軍《とくがわぐん》に攻撃《こうげき》をしかけた。し

勢力《せいりょく》を伸《の》ばす秀吉《ひでよし》に圧倒的《あっとうてき》な強さを見せつける！

羽黒《はぐろ》の戦《たたか》い

羽黒《はぐろ》へ攻《せ》めこんできた豊臣軍《とよとみぐん》の森長可《もりながよし》を徳川軍《とくがわぐん》の酒井忠次《さかいただつぐ》が返り討《う》ちにした。

かし、この情報《じょうほう》を事前に察知《さっち》していた家康《いえやす》は、逆《ぎゃく》に豊臣軍《とよとみぐん》に奇襲《きしゅう》攻撃《こうげき》をしかけて返り討《う》ちにした。家康《いえやす》は豊臣軍《とよとみぐん》を圧倒《あっとう》し続《つづ》けた。

これ以上《いじょう》の戦《たたか》いは不利《ふり》だと考えた秀吉《ひでよし》は信雄《のぶかつ》に仲直《なかなお》りを提案《ていあん》した。信雄《のぶかつ》がこれを受け入れたため、家康《いえやす》は戦《たたか》う理由を失《うしな》い、仕方なく引き上げた。

小牧《こまき》・長久手《ながくて》の戦《たたか》いでの家康《いえやす》

1 信雄《のぶかつ》と手を組む

信長《のぶなが》の死後、秀吉《ひでよし》が勢力《せいりょく》を広げることを快《こころよ》く思っていない織田信雄《おだのぶかつ》と協力《きょうりょく》し、秀吉《ひでよし》に対抗《たいこう》しようとした。

2 長久手《ながくて》の戦《たたか》い

羽黒《はぐろ》の戦《たたか》いで敗北《はいぼく》した豊臣軍《とよとみぐん》は、別働隊《べつどうたい》をつくって攻《せ》めこんだ。しかし、徳川軍《とくがわぐん》は奇襲攻撃《きしゅうこうげき》をしかけ、返り討《う》ちにした。

3 信雄《のぶかつ》が秀吉《ひでよし》と仲直《なかなお》りをしたため、戦《たたか》う理由を失《うしな》う

協力《きょうりょく》していた信雄《のぶかつ》が秀吉《ひでよし》と仲直《なかなお》りしてしまったため、家康《いえやす》は戦《たたか》う理由を失《うしな》い、兵《へい》を引き上げた。

1585年 44歳《さい》

上《うえ》田《だ》合《かっ》戦《せん》（第一次）

因縁《いんねん》のはじまり はむかう真田家《さなだけ》に苦戦《くせん》！

神川《かんがわ》
堤防《ていぼう》

合戦分析《かっせんぶんせき》データ
徳川軍《とくがわぐん》
真田軍《さなだぐん》
戦力《せんりょく》
作戦《さくせん》
運《うん》

合戦《かっせん》場所
長野県《ながのけん》
上田城《うえだじょう》

勝 戦力《せんりょく》 約《やく》2000人

真田昌幸《さなだまさゆき》

真田軍《さなだぐん》 VS 徳川軍《とくがわぐん》

鳥居元忠《とりいもとただ》

負 戦力《せんりょく》 約《やく》7000人

上田《うえだ》へ兵《へい》を送るも真田昌幸《さなだまさゆき》の策《さく》にはまる

信長《のぶなが》の死後、家康《いえやす》は信濃《しなの》（現在《げんざい》の長野県《ながのけん》）をおさめる真田昌幸《さなだまさゆき》と手を結《むす》んでいた。昌幸《まさゆき》は家康《いえやす》に従《したが》うことになった。またこの頃《ころ》、家康《いえやす》は関東《かんとう》の北条氏《ほうじょうし》とも同盟《どうめい》を結《むす》んだ。家康《いえやす》は、北条氏《ほうじょうし》との友好《ゆうこう》の証《あかし》に、真田家《さなだけ》の領地《りょうち》である沼田《ぬまた》（群《ぐん》馬《ま》県《けん》）を差《さ》し出そうとした。これに怒《おこ》った昌幸《まさゆき》は、家康《いえやす》と対立した。家康《いえやす》ははむかう真田家《さなだけ》をほろぼそうと、鳥居元忠《とりいもとただ》を総大将《そうだいしょう》にして兵《へい》を送りこんだ。

徳川軍《とくがわぐん》と戦《たたか》った真田軍《さなだぐん》はすぐにやぶれ上田城《うえだじょう》へにげこんだ。徳川《とくがわ》

上田合戦《うえだかっせん》（第一次）の流れ

1 領地《りょうち》をめぐって真田家《さなだけ》と対立する

家康《いえやす》が北条氏《ほうじょうし》に真田家《さなだけ》の領地《りょうち》を差《さ》し出そうとしたことで、真田昌幸《さなだまさゆき》と対立した。家康《いえやす》ははむかう真田家《さなだけ》をほろぼそうと上田《うえだ》へ攻《せ》めこんだ。

2 徳川軍《とくがわぐん》が上田城《うえだじょう》へ突入《とつにゅう》する

徳川軍《とくがわぐん》はにげた兵《へい》を追いかけて上田城《うえだじょう》に攻《せ》めこむが、城内《じょうない》には真田軍《さなだぐん》が待ちかまえており、返り討《う》ちにあった。

3 真田軍《さなだぐん》が神川《かんがわ》の堤防《ていぼう》を決壊《けっかい》させる

真田軍《さなだぐん》は、退却《たいきゃく》する徳川軍《とくがわぐん》が神川《かんがわ》にさしかかったとき、せき止めていた水を一気に流し、徳川軍《とくがわぐん》を攻撃《こうげさ》した。徳川軍《とくがわぐん》の多くの兵《へい》がおぼれ死んだ。

神川《かんがわ》の堤防《ていぼう》を決壊《けっかい》させる真田軍《さなだぐん》

せき止めていた神川《かんがわ》の水を一気に流し、退却《たいきゃく》する徳川軍《とくがわぐん》に攻撃《こうげき》した。

軍《ぐん》が追いかけて城《しろ》へ突入《とつにゅう》すると、城内《じょうない》にかくれていた兵《へい》が鉄砲《てっぽう》や材《ざい》木《もく》で攻撃《こうげき》してきた。昌幸《まさゆき》の策略《さくりゃく》だったのだ。混乱《こんらん》した徳川軍《とくがわぐん》は退却《たいきゃく》した。しかし、徳川軍《とくがわぐん》が川をわたる途中《とちゅう》、真田軍《さなだぐん》が堤防《ていぼう》を壊《こわ》し、水を一気に流して攻撃《こうげき》してきた。徳川《とくがわ》軍《ぐん》は、多くの戦死者《せんししゃ》を出し、兵力《へいりょく》で劣《おと》る真田軍《さなだぐん》に敗北《はいぼく》してしまった。

1586年 45歳《さい》

朝《あさ》日《ひ》姫《ひめ》を妻《つま》にむかえる

秀《ひで》吉《よし》の妹・朝《あさ》日《ひ》姫《ひめ》との政《せい》略《りゃく》結《けっ》婚《こん》!

浜松城《はままつじょう》へ到着《とうちゃく》した朝日姫《あさひひめ》

朝日姫《あさひひめ》は秀吉《ひでよし》の居城《きょじょう》・大坂城《おおさかじょう》から京都《きょうと》を通り、浜松城《はままつじょう》までやって来た。浜松城《はままつじょう》では盛大《せいだい》な結婚式《けっこんしき》が行われたという。

秀《ひで》吉《よし》の提《てい》案《あん》で朝《あさ》日《ひ》姫《ひめ》と結《けっ》婚《こん》する

小牧《こまき》・長久手《ながくて》の戦《たたか》いの後、家《いえ》康《やす》は北条氏《ほうじょうし》との結《むす》び付《つ》きを強め、勢力《せいりょく》を広げていた。家康《いえやす》を敵《てき》にまわしたくないと考えた豊臣秀吉《とよとみひでよし》は自分のいる大坂城《おおさかじょう》へ来るように家《いえ》康《やす》に何度も求《もと》めた。大坂城《おおさかじょう》に行くということは、秀吉《ひでよし》に服従《ふくじゅう》することを意味していた。家康《いえやす》は秀吉《ひでよし》の要求《ようきゅう》を拒《こば》み続《つづ》けていた。

そこで、秀吉《ひでよし》は家康《いえやす》に自分の妹・朝日姫《あさひひめ》と結婚《けっこん》するように提案《ていあん》した。家康《いえやす》は築山殿《つきやまどの》が亡《な》くなってからは、正室《せいしつ》がいなかった。朝日《あさひ》姫《ひめ》も別の男性とすでに結婚《けっこん》していたが、夫《おっと》と無理《むり》やり離婚《りこん》させられた。2人の結婚《けっこん》は徳川家《とくがわけ》と豊臣《とよとみ》家《け》の結《むす》び付《つ》きを強めるための政略《せいりゃく》結婚《けっこん》であった。

家康《いえやす》は、この強引な結婚《けっこん》を拒《こば》むことはできなかった。これを拒《こば》め

ば秀吉《ひでよし》とふたたび戦《たたか》いになると考えたからだ。無駄《むだ》な争《あらそ》いを避《さ》けるため、家康《いえやす》は朝日姫《あさひひめ》と結婚《けっこん》することにした。朝日姫《あさひひめ》は家康《いえやす》よりひとつ年下の44歳《さい》だった。10代で結婚《けっこん》することが多い当時の感覚《かんかく》では、年配同士《ねんぱいどうし》での結婚《けっこん》となった。

朝日姫《あさひひめ》(1543〜1590)

豊臣秀吉《とよとみひでよし》の妹。秀吉《ひでよし》の家臣《かしん》・佐治日向守《さじひゅうがのかみ》と結《けっ》婚《こん》していたが、無理《むり》やり離婚《りこん》させられ、家康《いえやす》の２人目の正室《せいしつ》となった。駿河御前《するがごぜん》とも呼《よ》ばれる。(➡P171)

家康《いえやす》と豊臣家《とよとみけ》の関係《かんけい》

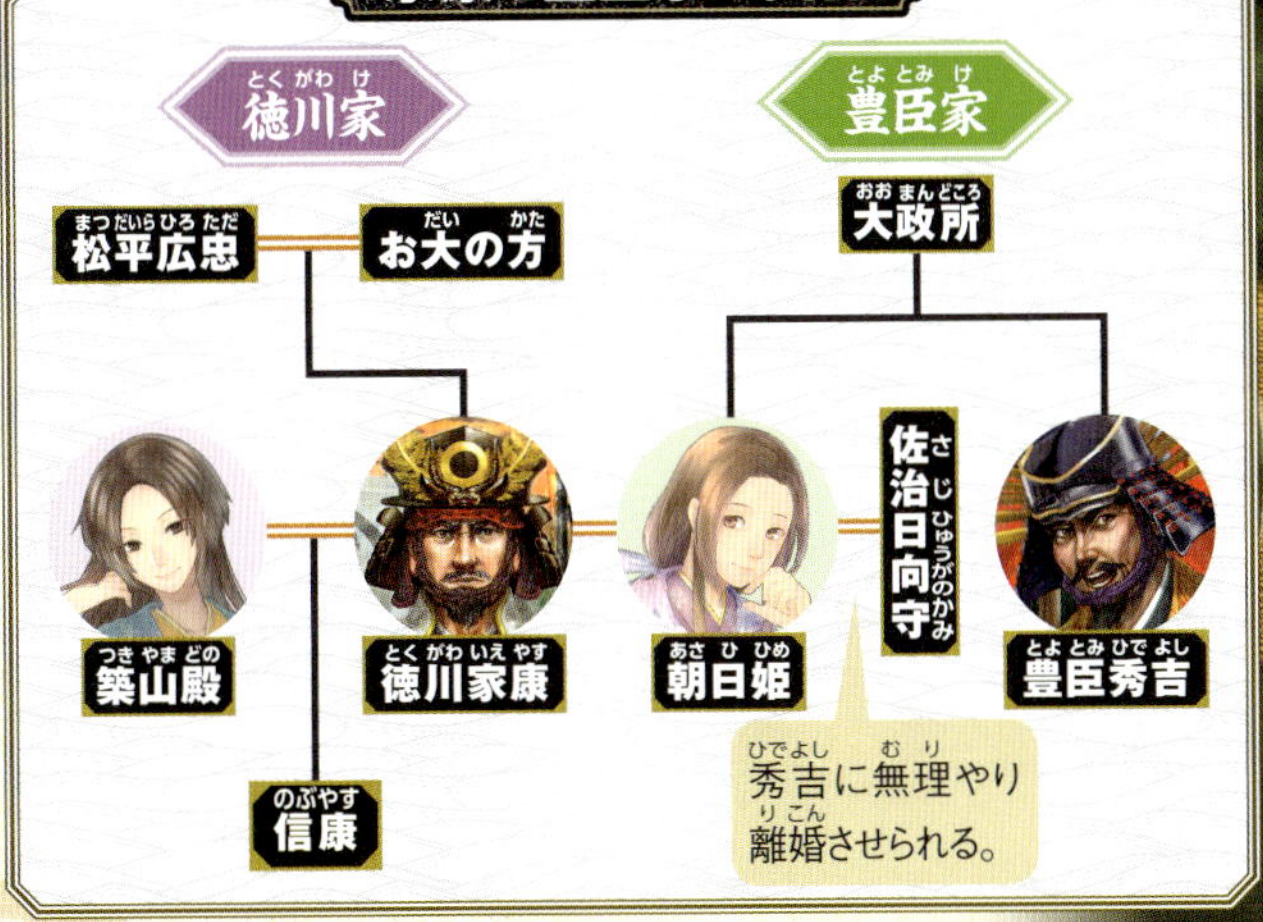

徳川家《とくがわけ》
豊臣家《とよとみけ》
松平広忠《まつだいらひろただ》
お大《だい》の方《かた》
大政所《おおまんどころ》
築山殿《つきやまどの》
徳川家康《とくがわいえやす》
朝日姫《あさひひめ》
佐治日向守《さじひゅうがのかみ》
豊臣秀吉《とよとみひでよし》
信康《のぶやす》
秀吉《ひでよし》に無理《むり》やり離婚《りこん》させられる。

なるほどエピソード

秀吉《ひでよし》は妹だけでなく、母親も人質《ひとじち》にした

朝日姫《あさひひめ》と結婚《けっこん》した家康《いえやす》であったが、それでも秀吉《ひでよし》のいる大坂城《おおさかじょう》へ行こうとはしなかった。秀吉《ひでよし》は次に実の母・大政所《おおまんどころ》を家康《いえやす》のもとに送った。岡崎《おかざき》にやって来た大政《おおまん》所《どころ》は、朝日姫《あさひひめ》と抱《だ》き合ってともに涙《なみだ》を流した。これを見た家康《いえやす》は、秀吉《ひでよし》に会いに行ったという。

超《ちょう》ビジュアル！

家《いえ》康《やす》新聞

第5号

発行所：

江戸《えど》ウィークリー

家康《いえやす》は愛妻家《あいさいか》だった!?

家康《いえやす》は正室《せいしつ》や側室《そくしつ》とどのような関係《かんけい》だったのか!?

朝日姫《あさひひめ》との仲《なか》は良好《りょうこう》!?

家康《いえやす》は、豊臣秀吉《とよとみひでよし》の策略《さくりゃく》で、朝日姫《あさひひめ》と強引に結婚《けっこん》させられた。それでも家康《いえやす》は朝日姫《あさひひめ》に優《やさ》しく接《せっ》し、仲良《なかよ》く過《す》ごしていたが、朝日姫《あさひひめ》は2年後、家康《いえやす》のもとを去った。

家康《いえやす》の側室《そくしつ》は何人!?

戦国《せんごく》時代、ひとりの夫《おっと》が多くの妻《つま》をもつことが多かった。家康《いえやす》にも正室《せいしつ》のほかに20人ほど側室《そくしつ》がいた。若《わか》い女性《じょせい》や未亡人《みぼうじん》、敵方《てきがた》の家臣《かしん》の娘《むすめ》など、側室《そくしつ》の女性《じょせい》の経歴《けいれき》もさまざまであったが、家康《いえやす》はみんなに優《やさ》しかったといわれている。

美人は好《す》きではない!?

家康《いえやす》の側室《そくしつ》には美人が少なかった。これは、美人はプライドが高く、黙《だま》って自分に従《したが》ってくれないと考えていたからだという。家康《いえやす》は、自分をしたってくれる女性《じょせい》なら、外見や身分は気にしなかったという。

召使《めしつか》いから側室《そくしつ》になった女性《じょせい》もいた⁉

家康《いえやす》の側室《そくしつ》に「茶阿《さあ》の方《かた》」という女性《じょせい》がいた。もとは未亡人《みぼうじん》で身分は低《ひく》く、殺《ころ》された夫《おっと》の復讐《ふくしゅう》のために旅をしていた。その途中《とちゅう》で家康《いえやす》と出会い、召使《めしつか》いとして仕えるようになった。しっかり者で教養《きょうよう》もあったので、家康《いえやす》が気に入り、側室《そくしつ》にしたという。

朝日姫氏《あさひひめし》に 独占《どくせん》インタビュー

質問《しつもん》 どうして家康《いえやす》のもとを去《さ》ったのですか？

政略結婚《せいりゃくけっこん》でしたが、家康様《いえやすさま》は私《わたし》に優《やさ》しくしてくれました。しかし、家康様《いえやすさま》と結婚《けっこん》するために前の夫《おっと》と別《わか》れさせられ、家族も友達もいない見知らぬ土地で過《す》ごすことが耐《た》えられませんでした。だから私《わたし》は…母が病気になったことを理由に、家康《いえやす》様《さま》のもとを去り、京都《きょうと》へ帰ったのです。

朝日姫氏《あさひひめし》

家康《いえやす》の女性《じょせい》の好《この》みは？

家康《いえやす》は子を授《さず》かることをとても大切にした。
世継《よつ》ぎは何よりも大事にせんと。
それは側室選《そくしつえら》びにも大きな影響《えいきょう》を与《あた》え…
うーん。
「出産経験《しゅっさんけいけん》がある女性《じょせい》」を条件《じょうけん》にしたほどだった。
子どもがいるそなたにする！
しかし、時どき自分の子がわからなくなることもあったとか。
父上ー。
そなたは…？

政治《せいじ》でも側室《そくしつ》をたよりにしていた⁉

家康《いえやす》は側室《そくしつ》のひとりであった阿茶《あちゃ》の局《つぼね》を政治《せいじ》の面でもたよりにしていた。阿《あ》茶《ちゃ》の局《つぼね》は敵《てき》との交渉《こうしょう》をまかされたほどで、家康《いえやす》の死後も出家せずに子の秀忠《ひでただ》や孫《まご》の家光《いえみつ》に仕えたという。

1586年
45歳《さい》

大坂《おおさか》城《じょう》で秀《ひで》吉《よし》と会う

秀《ひで》吉《よし》の陣《じん》羽《ば》織《おり》をもらい忠《ちゅう》誠《せい》の証《あかし》を見せる！

秀吉《ひでよし》の陣羽織《じんばおり》をほしがる家康《いえやす》
家康《いえやす》が秀吉《ひでよし》の陣羽織《じんばおり》をほしがったことに、周《まわ》りにいた武将《ぶしょう》はおどろいたという。

ついに大坂城《おおさかじょう》へ 秀吉《ひでよし》の天下統一《てんかとういつ》に協力《きょうりょく》

朝日姫《あさひひめ》と結婚《けっこん》した家康《いえやす》は、ついに秀吉《ひでよし》に会いに大坂城《おおさかじょう》へ行くことを決めた。家臣《かしん》の中には反対する者も多かったが、朝日姫《あさひひめ》だけでなく、秀吉《ひでよし》の母・大政所《おおまんどころ》も家康《いえやす》のもとに送られてきたため、これ以上《いじょう》拒《こば》み続《つづ》けると戦《たたか》いになってしまうと考え、秀吉《ひでよし》に会いに行くことを決断《けつだん》した。

1586年、家康《いえやす》は大坂城《おおさかじょう》を訪《おとず》れ、多くの諸大名《しょだいみょう》が注目するなか秀吉《ひでよし》と面会した。秀吉《ひでよし》のほうが高い官職《かんしょく》についていたため、家康《いえやす》が秀吉《ひでよし》に頭を下げてあいさつをする形となった。これを周《まわ》りで見ていた諸大名《しょだいみょう》は「家康《いえやす》が秀吉《ひでよし》の配下に入った」と感じたといわれている。

家康《いえやす》はこのとき、秀吉《ひでよし》の陣羽織《じんばおり》をほしがったといわれている。武《ぶ》

現在《げんざい》の大阪城《おおさかじょう》

豊臣家《とよとみけ》の居城《きょじょう》として、秀吉《ひでよし》が築城《ちくじょう》した。江戸《えど》時代に火事で燃《も》えてしまい、現在《げんざい》は昭和《しょうわ》時代に再建《さいけん》されたものがのこっている。

豊臣秀吉《とよとみひでよし》(1537〜1598)

織田信長《おだのぶなが》の家臣《かしん》のひとり。信長《のぶなが》の仇《かたき》である明智光秀《あけちみつひで》を倒《たお》したことで、家臣《かしん》の中で強い権力《けんりょく》をもつようになった。信長《のぶなが》の遺志《いし》を継《つ》ぎ、天下統一《てんかとういつ》を進《すす》めていた。(➡P168)

将《しょう》にとって大切な陣羽織《じんばおり》をほしがるということは、「あなたの代わりに陣羽織《じんばおり》を身につけて自分が戦場《せんじょう》で戦《たたか》います」という意思を表していた。家康《いえやす》は秀吉《ひでよし》の天下統一《てんかとういつ》に協力《きょうりょく》する覚悟《かくご》を固《かた》めたのだ。

ウソ!ホント!?

陣羽織《じんばおり》をほしがるようにたのまれていた?

大坂城《おおさかじょう》で面会をする日の朝、家《いえ》康《やす》は秀吉《ひでよし》の弟・豊臣秀長《とよとみひでなが》に朝食にまねかれた。その席《せき》で秀長《ひでなが》から「秀《ひで》吉《よし》の陣羽織《じんばおり》をほしがるように」とたのまれた。家康《いえやす》は、一度は断《ことわ》ったが、秀長《ひでなが》に説得《せっとく》され、しぶしぶ承《しょう》知《ち》したという。

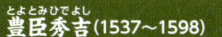

1590年
49歳《さい》

小《お》田《だ》原《わら》城《じょう》の戦《たたか》い

家康《いえやす》が先鋒隊《せんぽうたい》として出陣《しゅつじん》
秀吉《ひでよし》の天下統一《てんかとういつ》に貢献《こうけん》!

秀吉《ひでよし》がいる石垣山城《いしがきやまじょう》
小田原城《おだわらじょう》

家康《いえやす》の本陣《ほんじん》から見た小田原城《おだわらじょう》
秀吉《ひでよし》は北条氏《ほうじょうし》が籠城《ろうじょう》する小田原城《おだわらじょう》を大軍《たいぐん》で取り囲《かこ》んだ。家康《いえやす》は東に陣《じん》を構《かま》えていた。

合戦《かっせん》場所

神奈川県《かながわけん》
小田原城《おだわらじょう》

勝 戦力《せんりょく》 約《やく》20万人

豊臣秀吉《とよとみひでよし》

豊臣軍《とよとみぐん》

VS

北条軍《ほうじょうぐん》

北条氏政《ほうじょううじまさ》

負 戦力《せんりょく》 約《やく》5万6000人

秀吉《ひでよし》とともに小田原城《おだわらじょう》を大軍《たいぐん》で取り囲《かこ》む

大坂城《おおさかじょう》で面会した後、家康《いえやす》は秀吉《ひでよし》の天下統一《てんかとういつ》に協力《きょうりょく》することになった。秀吉《ひでよし》は四国《しこく》・九州《きゅうしゅう》を平定し、次は北条氏《ほうじょうし》がおさめる関東《かんとう》の平定に乗り出そうとしていた。

関東《かんとう》をおさめる北条氏《ほうじょうし》は、秀吉《ひでよし》への抵抗《ていこう》を続《つづ》けていた。家康《いえやす》は北《ほう》条氏《じょうし》と同盟《どうめい》を結《むす》んでいたため、秀《ひで》吉《よし》に従《したが》うように北条氏《ほうじょうし》を説得《せっとく》した。しかし北条氏《ほうじょうし》はこれに応《おう》じなかったため、秀吉《ひでよし》は激怒《げきど》した。秀吉《ひでよし》は、全国の大名に北条氏《ほうじょうし》を倒《たお》すため出陣《しゅつじん》するように命じた。

家康《いえやす》は、先鋒隊《せんぽうたい》として、兵《へい》を率《ひき》

小田原城《おだわらじょう》の戦《たたか》いの流《なが》れ

1 徳川軍《とくがわぐん》が駿府城《すんぷじょう》から出陣《しゅつじん》する

豊臣軍《とよとみぐん》の先鋒隊《せんぽうたい》として先に出陣《しゅつじん》し、後から来る秀吉《ひでよし》と合流した。

2 小田原城《おだわらじょう》を大軍《たいぐん》で包囲《ほうい》する

全国から諸大名《しょだいみょう》がかけつけ、北条氏《ほうじょうし》が立てこもる小田原城《おだわらじょう》を20万人の大軍《たいぐん》で取り囲《かこ》んだ。たちうちできなかった北条氏《ほうじょうし》は降伏《こうふく》した。

3 東北《とうほく》の大名を従《したが》えた秀吉《ひでよし》が全国を統一《とういつ》する

戦《たたか》いの後、伊達政宗《だてまさむね》など東北《とうほく》の大名を従《したが》えることに成功《せいこう》し、秀吉《ひでよし》が天下統一《てんかとういつ》をなしとげることになった。

ビジュアル資料《しりょう》

降伏《こうふく》する北条氏《ほうじょうし》

強大な力をもつ秀吉《ひでよし》に勝てないと悟《さと》った北条軍《ほうじょうぐん》は、城《しろ》から出て降伏《こうふく》した。

合戦分析《かっせんぶんせき》データ

いて北条氏《ほうじょうし》の本拠地《ほんきょち》である小田原城《おだわらじょう》（神奈川県《かながわけん》）にせまった。後からやって来た秀吉《ひでよし》の軍《ぐん》とも合流し、総勢《そうぜい》20万人の大軍《たいぐん》で小田原城《おだわらじょう》を取り囲《かこ》んだ。北条氏《ほうじょうし》は城《しろ》に立てこもるが、次第に追いつめられ、秀吉《ひでよし》に降伏《こうふく》した。この後、秀吉《ひでよし》は東北《とうほく》の大名を従《したが》えることに成功《せいこう》し、天下統一《てんかとういつ》をなしとげた。

1590年 49歳《さい》

江《え》戸《ど》城《じょう》に入る

江戸《えど》の海をながめる家康《いえやす》
家康《いえやす》が入った頃《ころ》、江戸城《えどじょう》のすぐ後ろには海岸が広がっていた。

関東《かんとう》をまかされ江《え》戸《ど》を本《ほん》拠《きょ》地《ち》とする

小《お》田《だ》原城《わらじょう》の戦《たたか》いで先鋒《せんぽう》として活《かつ》躍《やく》した家康《いえやす》は、北条氏《ほうじょうし》がおさめていた関東《かんとう》の領地《りょうち》を秀吉《ひでよし》から与《あた》えられた。家康《いえやす》は関東《かんとう》の相模《さがみ》、伊豆《いず》、武蔵《むさし》、下総《しもうさ》など石高《こくだか》がおよそ250万石におよぶ領地《りょうち》を新しく手に入れた。これにより家康《いえやす》は慣《な》れ親しんだ三河《みかわ》や駿河《するが》の地から関《かん》東《とう》へ移《うつ》ることになった。

家康《いえやす》は、関東《かんとう》をおさめるために江《え》戸《ど》城《じょう》を拠点《きょてん》とした。小《お》田《だ》原城《わらじょう》の戦《たたか》いの最中《さいちゅう》に秀吉《ひでよし》が提案《ていあん》したといわれている。江《え》戸《ど》城《じょう》は太《おお》田《た》道《どう》灌《かん》という武将《ぶしょう》が築《きず》いた小さな城《しろ》で、家康《いえやす》が江《え》戸《ど》城《じょう》に入った当初《とうしょ》は、屋根が板や茅《かや》（屋根に使われる草のこと）でつくられた粗末《そまつ》な館だったといわれている。また、城《しろ》のすぐ後ろまで海が広がっており、飲み水として使う水にも海水

秀吉《ひでよし》の提案《ていあん》により辺境《へんきょう》の地・江戸《えど》へ

家康《いえやす》が入った頃《ころ》の江戸《えど》の様子 小さな農村があるだけの質素《しっそ》な場所で城《しろ》の東側《ひがしがわ》には海がせまっていた。

太田《おおた》道灌《どうかん》(1432〜1486)

相模《さがみ》(現在《げんざい》の神奈川県《かながわけん》)に勢力《せいりょく》を伸《の》ばし、江戸城《えどじょう》を築《きず》いた。江戸城築城《えどじょうちくじょう》500年を記念《きねん》して、江戸城《えどじょう》にむいて立っている銅像《どうぞう》がつくられた(東京都《とうきょうと》)。

関連地図《かんれんちず》

が混《ま》じっていた。江戸城《えどじょう》に入った家康《いえやす》は、すぐに城《しろ》の修理《しゅうり》と上水の工事をはじめた。やがて、江戸城《えどじょう》の東に広がる海も埋《う》め立てた。

家康《いえやす》はこの江戸城《えどじょう》から新しい政治《せいじ》をはじめようとしていた。

ウソ!ホント!?

家康《いえやす》は小田原城《おたわらじょう》を本拠地《ほんきょち》にしようとした?!

当初《とうしょ》、家康《いえやす》は小田原城《おだわらじょう》を本拠地《ほんきょち》にしようとした。小田原城《おだわらじょう》は戦《たたか》いでの損傷《そんしょう》が少なく、便利《べんり》な土地にあったためである。しかし、秀吉《ひでよし》は家康《いえやす》に江戸城《えどじょう》に入るようにすすめた。苦戦《くせん》した小田原城《おだわらじょう》に家康《いえやす》が入ることを恐《おそ》れたためだという。

1592年
51歳《さい》

文《ぶん》禄《ろく》の役《えき》

出港《しゅっこう》する安宅船《あたけぶね》
朝鮮出兵《ちょうせんしゅっぺい》の
拠点《きょてん》・名護屋城《なごやじょう》
家康《いえやす》や、出兵《しゅっぺい》を命じた秀《ひで》吉《よし》は朝鮮《ちょうせん》へ行かずに名護《なご》屋城《やじょう》に滞在《たいざい》した。
徳川家康《とくがわいえやす》の陣《じん》
名護屋城《なごやじょう》
関連地図《かんれんちず》
名護屋城《なごやじょう》
佐賀県《さがけん》

朝鮮《ちょうせん》には出兵《しゅっぺい》せず名護屋城《なごやじょう》を守備《しゅび》

1592年、家康《いえやす》は兵《へい》を率《ひき》いて九州《きゅうしゅう》へむかった。天下統一《てんかとういつ》を果《は》たした秀吉《ひでよし》から、全国の大名は朝鮮《ちょうせん》へ出兵《しゅっぺい》するように命じられたからだ。日本を支配《しはい》下においた秀吉《ひでよし》の次の目標《もくひょう》は明《みん》(現在《げんざい》の中国《ちゅうごく》)を征服《せいふく》することであった。そのためにまずは朝鮮《ちょうせん》を攻《せ》めるというのだ。

家康《いえやす》は朝鮮出兵《ちょうせんしゅっぺい》の拠点《きょてん》である名《な》護屋城《ごやじょう》(佐賀県《さがけん》)へ到着《とうちゃく》した。しかし、朝鮮《ちょうせん》へ行くことを拒《こば》み、名《な》護《ご》屋城《やじょう》の守備《しゅび》をまかされた。自分の兵力《へいりょく》を温存《おんぞん》するためといわれている。秀吉《ひでよし》は代わりに九州《きゅうしゅう》地方や四《し》

分 戦力《せんりょく》 約《やく》15万人

宇喜多秀家《うきたひでいえ》

豊臣軍《とよとみぐん》

VS

明《みん》・朝鮮軍《ちょうせんぐん》

李舜臣《りしゅんしん》

分 戦力《せんりょく》 約《やく》25万人

家康《いえやす》は名護屋城《なごやじょう》から出港《しゅっこう》する船を見送る

文禄《ぶんろく》の役《えき》で戦《たたか》う兵士《へいし》

朝鮮《ちょうせん》に派遣《はけん》された豊臣軍《とよとみぐん》を描《えが》いた絵画。兵《へい》たちは、なれない土地で明《みん》・朝鮮軍《ちょうせんぐん》に苦しめられた。

瓜畑遊《うりはたあそ》びをする秀吉《ひでよし》

瓜畑遊《うりはたあそ》びとは、当時の仮装大会《かそうたいかい》のこと。秀吉《ひでよし》は瓜売《うりう》り、家康《いえやす》はかごやざるを売る商人に仮装《かそう》したといわれている。

国《こく》地方の大名を朝鮮《ちょうせん》へ送りこんだ。

家康《いえやす》とともに名護屋城《なごやじょう》にのこっていた秀吉《ひでよし》は、朝鮮《ちょうせん》に出兵《しゅっぺい》した大名たちが苦戦《くせん》する間、瓜畑遊《うりはたあそ》びや茶《ちゃ》の湯《ゆ》を楽しんだといわれている。

戦《たたか》いは、豊臣軍《とよとみぐん》と朝鮮《ちょうせん》との間で仲直《なかなお》りをしたことで終結《しゅうけつ》した。

なるほどエピソード

箱根《はこね》の関所《せきしょ》を守るために朝鮮《ちょうせん》へ行かなかった!?

名護屋城《なごやじょう》まで出陣《しゅつじん》した家康《いえやす》のもとに、秀吉《ひでよし》の使者が訪《おとず》れた。家康《いえやす》に朝鮮《ちょうせん》へ行くようにという秀吉《ひでよし》の命令《めいれい》であった。しかし家康《いえやす》は「私《わたし》は日本にいて、箱根《はこね》の関所《せきしょ》を守らなければならない」といって、朝鮮《ちょうせん》へ行くことを拒《こば》んだという。

現在《げんざい》の箱根《はこね》

箱根《はこね》は江戸《えど》を守るための重要《じゅうよう》な場所であった（神奈川県《かながわけん》）。

1598年

57歳《さい》

秀吉《ひでよし》から遺言《ゆいごん》をたくされる

突《とつ》然《ぜん》病に倒《たお》れた秀吉《ひでよし》
家《いえ》康《やす》は五大老《ごたいろう》に任命《にんめい》される！

秀吉《ひでよし》がのこした遺言《ゆいごん》 家《いえ》康《やす》は五大老《ごたいろう》のひとりに

1598年、秀吉《ひでよし》は醍醐寺《だいごじ》（京《きょう》都《と》府《ふ》）で盛大《せいだい》な花見を開いた。家《いえ》康《やす》もこれにまねかれ、きれいな桜《さくら》や華《はな》やかな宴《うたげ》を楽しんだという。この花見の後、秀吉《ひでよし》は病気がちになり、ついには寝《ね》たきりの状態《じょうたい》となってしまった。

この頃《ころ》、家康《いえやす》は、秀吉《ひでよし》から五大《ごたい》老《ろう》という役職《やくしょく》に任命《にんめい》された。ほかにも前田利家《まえだとしいえ》、毛利輝元《もうりてるもと》、上杉《うえすぎ》景勝《かげかつ》などが任命《にんめい》された。秀吉《ひでよし》にとって一番心配なのは、まだ幼《おさな》い息子・秀頼《ひでより》の今後であった。秀《ひで》頼《より》は秀吉《ひでよし》の後を継《つ》ぎ、天下《てんか》をおさめる人物である。秀吉《ひでよし》は五大老《ごたいろう》に、秀頼《ひでより》を支《ささ》えるようにたのんだ。また、秀頼《ひでより》が成長《せいちょう》するまでは、五大老《ごたいろう》が話し合って政治《せいじ》の方《ほう》針《しん》を決めるようにと伝《つた》えた。

こうして、秀吉《ひでよし》はこの世を去っ

発見《はっけん》!

現在《げんざい》の伏見城《ふしみじょう》

秀吉《ひでよし》が隠居《いんきょ》する目的《もくてき》で京都《きょうと》の伏見《ふしみ》に築《きず》いた城《しろ》。
現在《げんざい》は模擬天守《もぎてんしゅ》がつくられている(京都府《きょうとふ》)。

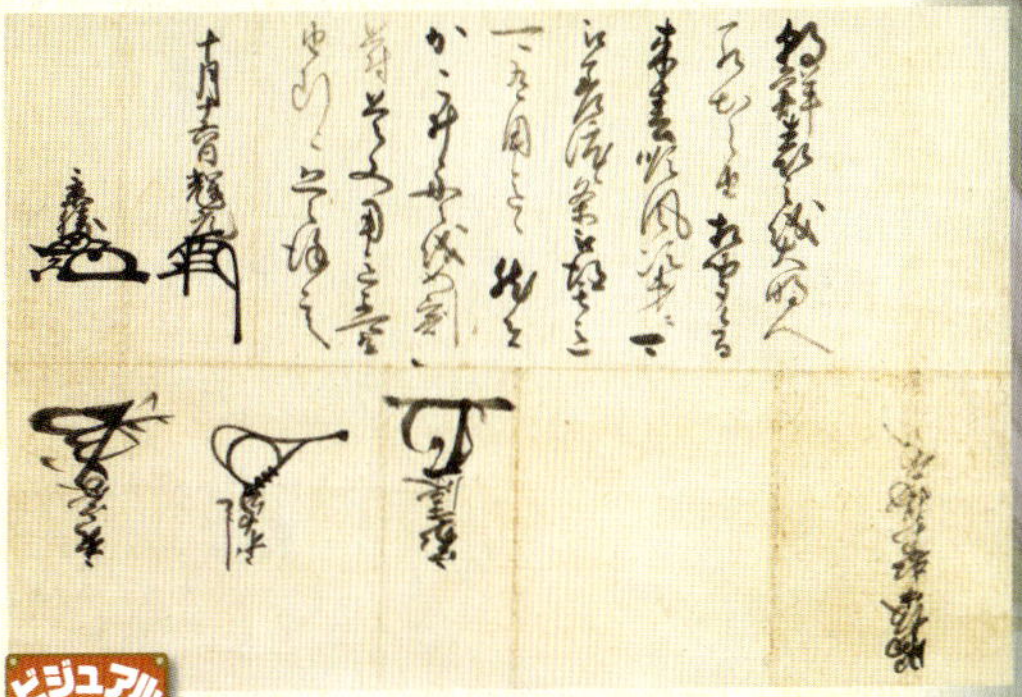

ビジュアル資料《しりょう》

五大老《ごたいろう》による連署状《れんしょじょう》

五大老《ごたいろう》全員の名前が書かれた連署状《れんしょじょう》は、政治面《せいじめん》で大きな効力《こうりょく》をもっていた。秀吉《ひでよし》の死後、五大老《ごたいろう》の主導権《しゅどうけん》をにぎった家康《いえやす》は、積極的《せっきょくてき》に連署状《れんしょじょう》を出して政治《せいじ》を行った。

秀吉《ひでよし》の枕元《まくらもと》に呼《よ》ばれた家康《いえやす》

五大老《ごたいろう》に任命《にんめい》されていた家康《いえやす》や前田《まえだ》利家《としいえ》らは、秀吉《ひでよし》亡《な》き後に秀吉《ひでよし》の子・秀頼《ひでより》の後見人《こうけんにん》になるようにたのまれた。

た。秀吉《ひでよし》の死後、家康《いえやす》はすぐに政《せい》治《じ》を引き継《つ》いだ。五大老《ごたいろう》は話し合いによって政治《せいじ》を決めていくことになっていたが、実権《じっけん》をにぎっていたのは家康《いえやす》であった。家康《いえやす》はこの頃《ころ》から、自分が天下《てんか》を取ることを考えるようになった。

ウソ!ホント!?

家康《いえやす》は各地《かくち》の大名に取り入ろうとした?!

秀吉《ひでよし》の遺言《ゆいごん》をたくされた家康《いえやす》は、四国《しこく》の長宗我部元親《ちょうそかべもとちか》や九州《きゅうしゅう》の島津義久《しまづよしひさ》など各地《かくち》の有力な武将《ぶしょう》と面会した。五大老《ごたいろう》としてではなく、個人的《こじんてき》に会いに行った。秀吉《ひでよし》亡《な》き後、自分が天下《てんか》を取るための根回しだったといわれている。

秀吉《ひでよし》死後の政治体制《せいじたいせい》

秀吉《ひでよし》は家康《いえやす》を五大老《ごたいろう》に任命《にんめい》
五奉行《ごぶぎょう》に実際《じっさい》の政治《せいじ》をまかせる

死期が近いことを悟《さと》った秀吉《ひでよし》は、自分の死後も豊臣政権《とよとみせいけん》が保《たも》てるよう、五大老《ごたいろう》、五奉行《ごぶぎょう》からなる政治体制《せいじたいせい》をつくった。五大老《ごたいろう》は家康《いえやす》をはじめとした有力な大名たちで構成《こうせい》され、五奉行《ごぶぎょう》は秀吉《ひでよし》の配下の家臣《かしん》たちで構成《こうせい》された。これにより秀吉《ひでよし》は、大きな力をもっていた家康《いえやす》を、前田《まえだ》利家《としいえ》や宇喜多秀家《うきたひでいえ》などほかの武将《ぶしょう》の力によっておさえつつ、実際《じっさい》の政治《せいじ》は豊臣家《とよとみけ》を中心に五奉行《ごぶぎょう》が行うようにした。しかし、秀吉《ひでよし》の死後、家康《いえやす》はすぐに天下取《てんかと》りへと動き出し、ほかの武将《ぶしょう》と対立した。

ウソ!ホント!?

家康《いえやす》は秀吉《ひでよし》が嫌《きら》いだった?

本能寺《ほんのうじ》の変《へん》の頃《ころ》までは、家康《いえやす》と秀吉《ひでよし》は友好的《ゆうこうてき》な関係《かんけい》であった。しかし、秀吉《ひでよし》が織田信長《おだのぶなが》の後継者《こうけいしゃ》として名乗りをあげると、「秀吉《ひでよし》は人の道に背《そむ》いている」と各地《かくち》の大名に手紙を書くほど家康《いえやす》は秀吉《ひでよし》に反感をもったという。

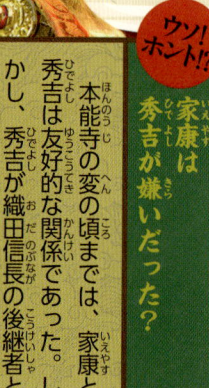

五大老《ごたいろう》

有力な大名たちで構成《こうせい》され、政治《せいじ》についてどのように行うかを話し合いによって決めていた。

前《まえ》田《だ》利《とし》家《いえ》

毛《もう》利《り》輝《てる》元《もと》

上《うえ》杉《すぎ》景《かげ》勝《かつ》

宇《う》喜《き》多《た》秀《ひで》家《いえ》

五《ご》奉《ぶ》行《ぎょう》

秀吉《ひでよし》の直接《ちょくせつ》の家臣《かしん》たちで構成《こうせい》され、五大《ごたい》老《ろう》のもとで実際《じっさい》に政《せい》治《じ》の運営《うんえい》を行った。

前《まえ》田《だ》玄《げん》以《い》

浅《あさ》野《の》長《なが》政《まさ》

増《まし》田《た》長《なが》盛《もり》

長《な》束《つか》正《まさ》家《いえ》

家康《いえやす》は健康《けんこう》マニアだった？

健康《けんこう》に人一倍気をつかっていた家康《いえやす》。なぜこだわっていたのか？

超《ちょう》ビジュアル！

家《いえ》康《やす》新聞

第6号

発行所：江戸《えど》ウィークリー

健《けん》康《こう》のためにお酒はひかえめ!?

織田信長《おだのぶなが》など、お酒が好《す》きな戦国大名《せんごくだいみょう》が多かった。しかし、家康《いえやす》は健康《けんこう》にとても気をつかっていて、お酒は少ししか飲まないと決めていたという。

家康《いえやす》は医者が嫌《きら》い!?

家康《いえやす》は健康《けんこう》には人一倍気をつかっていたが、実は医者が嫌《きら》いだった。59歳《さい》のときに高熱《こうねつ》におそわれたが、家康《いえやす》は医者にはたよらず、自分でつくった薬で治《なお》したという。その後も、医者の薬は信用《しんよう》せず、見向きもしなかったという。

自分で薬草園までつくった！

薬の調合に興味《きょうみ》をもった家康《いえやす》は、城《しろ》の近くに薬草園をつくった。そこで百種類《ひゃくしゅるい》以上《いじょう》の薬草を育てていたようだ。症状《しょうじょう》にあわせて自分で薬草を調合し、家臣《かしん》たちにも飲ませていた。

季節《きせつ》外《はず》れの食べ物は食べない！

ある日、家康《いえやす》は信長《のぶなが》から桃《もも》をもらった。しかし桃《もも》を食べる季節《きせつ》ではなかったので、家康《いえやす》は食べようとしなかったらしい。理由は、季《き》節《せつ》外《はず》れのくだものである桃《もも》を食べたことで、もしかしたらお腹《なか》を壊《こわ》してしまうかもしれないと思ったからだという。

×

長生きすることで天下《てんか》統《とう》一《いつ》をねらっていた⁉

家康《いえやす》が健康《けんこう》に気をつかっていたのは、天下《てんか》統一《とういつ》をなしとげようと考えていたからだといわれている。信長《のぶなが》や秀吉《ひでよし》など、天下取《てんかと》りに邪《じゃ》魔《ま》な存在《そんざい》がいなくなるまで、長く健康《けんこう》に生きることが必要《ひつよう》であった。こうして、家康《いえやす》は着実に天下《てんか》統一《とういつ》の道を進んだ。

家康《いえやす》の薬
家康《いえやす》は自分でつくった薬を…
ゴリ
ゴリ
家臣《かしん》にも飲ませていたらしい。
さぁ飲め。
主君の命令《めいれい》にさからえない家臣《かしん》は仕方なく飲み――
ええい！
逆《ぎゃく》に体調が悪くなったこともあったとか。
殿《との》には内緒《ないしょ》じゃぞ。
ハハハ…

75歳《さい》まで生きたのはすごい！

戦国《せんごく》時代、日本人の平均《へいきん》寿命《じゅみょう》は40歳《さい》くらいであった。そのようななかで、家《いえ》康《やす》が75歳《さい》まで生きたのは、やはり健康《けんこう》に気をつかっていたおかげかもしれない。ちなみに、家康《いえやす》の子や孫《まご》たちは、50歳《さい》くらいで亡《な》くなっている。

1600年
59歳《さい》

石田三成《いしだみつなり》と敵対《てきたい》する

五奉行《ごぶぎょう》のひとり・石田三成《いしだみつなり》との対立が激化《げきか》!

家康《いえやす》の行動を問いつめる石田三成《いしだみつなり》
秀吉《ひでよし》の家臣《かしん》であった三成《みつなり》は、秀吉《ひでよし》の遺志《いし》に背《そむ》く家康《いえやす》の行動に激怒《げきど》した。

秀吉《ひでよし》の忠実《ちゅうじつ》な家臣《かしん》三成《みつなり》との関係《かんけい》が悪化

秀吉《ひでよし》に代わって、着実に勢力《せいりょく》を伸《の》ばす家康《いえやす》であったが、家康《いえやす》に反発する人物がいた。秀吉《ひでよし》の家《か》臣《しん》・石田三成《いしだみつなり》であった。三成《みつなり》は、政治《せいじ》を実際《じっさい》に行う五奉行《ごぶぎょう》のひとりに任命《にんめい》され、豊臣家《とよとみけ》を支《ささ》えていた。秀吉《ひでよし》の遺志《いし》に背《そむ》く家康《いえやす》に、三《みつ》成《なり》は不満《ふまん》をもっていた。

そのようなか、会津《あいづ》(現在《げんざい》の福島県《ふくしまけん》)をおさめる上杉景勝《うえすぎかげかつ》が自分の領地《りょうち》に神指城《こうざしじょう》を築《きず》きはじめたという知らせが入る。家康《いえやす》は景《かげ》勝《かつ》が豊臣家《とよとみけ》と戦《たたか》うつもりでいると理由をつけて、全国の大名に会《あい》津《づ》を征伐《せいばつ》するように命じた。一方、三成《みつなり》は、家康《いえやす》が伏見城《ふしみじょう》(京都《きょうと》府《ふ》)から会津《あいづ》にむかったことを知ると、佐和山城《さわやまじょう》(滋賀県《しがけん》)から挙兵《きょへい》し、手薄《てうす》になった伏見城《ふしみじょう》を攻撃《こうげき》した。しかし、実はこれこそが家康《いえやす》

石田三成《いしだみつなり》と敵対《てきたい》する流れ

1 石田三成《いしだみつなり》と対立する

秀吉亡《ひでよしな》き後の天下《てんか》をねらう家康《いえやす》と、豊臣家《とよとみけ》の天下《てんか》を守ろうとする三成《みつなり》は、多くの大名をまきこみ対立した。

2 会津征伐《あいづせいばつ》

家康《いえやす》は、上杉景勝《うえすぎかげかつ》が神指城《こうざしじょう》を築《きず》いたことをきっかけに、滞在《たいざい》していた伏見城《ふしみじょう》から出陣《しゅつじん》した。

3 三成《みつなり》が挙兵《きょへい》する

家康《いえやす》が会津《あいづ》にむかうと、伏見城《ふしみじょう》が手薄《てうす》になった隙《すき》に、三成《みつなり》が佐和山城《さわやまじょう》から挙兵《きょへい》し、城《しろ》を包囲《ほうい》した。

のねらいであった。家康《いえやす》は豊臣家《とよとみけ》の城《しろ》であった伏見城《ふしみじょう》を落とした三《みつ》成《なり》を倒《たお》すという、正当な理由を得《え》たのだった。

家康《いえやす》は、会津征伐《あいづせいばつ》を中止し、三《みつ》成《なり》との戦《たたか》いに備《そな》えた。秀吉《ひでよし》亡《な》き後の天下《てんか》をめぐって、全国の大名をまきこむ大きな戦《いくさ》がはじまろうとしていた。

1600年
59歳《さい》

上《うえ》田《だ》合《かっ》戦《せん》（第二次）

関《せき》ケ《が》原《はら》へむかう徳《とく》川《がわ》軍《ぐん》に ふたたび真《さな》田《だ》が立ちはだかる！

真《さな》田《だ》幸《ゆき》村《むら》
真《さな》田《だ》昌《まさ》幸《ゆき》

指《し》揮《き》をとる真《さな》田《だ》昌《まさ》幸《ゆき》と真《さな》田《だ》幸《ゆき》村《むら》
上《うえ》田《だ》城《じょう》で指《し》揮《き》をとる昌《まさ》幸《ゆき》に、城《じょう》内《ない》に攻《せ》めこんだ徳《とく》川《がわ》軍《ぐん》は返り討《う》ちにされた。

合《かっ》戦《せん》分《ぶん》析《せき》データ

徳《とく》川《がわ》軍《ぐん》
真《さな》田《だ》軍《ぐん》
戦《せん》力《りょく》
作《さく》戦《せん》
運《うん》

合《かっ》戦《せん》場所

長《なが》野《の》県《けん》
上《うえ》田《だ》城《じょう》

勝　戦《せん》力《りょく》　約《やく》3500人

真《さな》田《だ》昌《まさ》幸《ゆき》
真《さな》田《だ》幸《ゆき》村《むら》

真《さな》田《だ》軍《ぐん》 VS 徳《とく》川《がわ》軍《ぐん》

徳《とく》川《がわ》秀《ひで》忠《ただ》

負　戦《せん》力《りょく》　約《やく》3万8000人

決《けっ》戦《せん》の地は関《せき》ケ《が》原《はら》 秀《ひで》忠《ただ》は戦《せん》地《ち》へむかうが…

石《いし》田《だ》三《みつ》成《なり》は、豊《とよ》臣《とみ》家《け》を守ろうと考えている武《ぶ》将《しょう》を集めた。一方家《いえ》康《やす》のもとには三《みつ》成《なり》に反発する武《ぶ》将《しょう》が集まった。三《みつ》成《なり》が率《ひき》いる兵《へい》は西《せい》軍《ぐん》、家《いえ》康《やす》が率《ひき》いる兵《へい》は東《とう》軍《ぐん》と呼《よ》ばれた。

家《いえ》康《やす》の子・秀《ひで》忠《ただ》が率《ひき》いる徳《とく》川《がわ》軍《ぐん》は、中《なか》山《せん》道《どう》を通って関《せき》ケ《が》原《はら》にむかっていた。その道中に上《うえ》田《だ》城《じょう》があったため、秀《ひで》忠《ただ》は真《さな》田《だ》昌《まさ》幸《ゆき》に降《こう》伏《ふく》するように求《もと》めた。信《しな》濃《の》（現《げん》在《ざい》の長《なが》野《の》県《けん》）をおさめる昌《まさ》幸《ゆき》は、西《せい》軍《ぐん》についていたのだ。これに反発した昌《まさ》幸《ゆき》は、上《うえ》田《だ》城《じょう》に徳《とく》川《がわ》軍《ぐん》

をおびきよせ、城内《じょうない》で返り討《う》ちにした。徳川軍《とくがわぐん》は大敗《たいはい》し、足止めされた秀忠《ひでただ》は関ケ原《せきがはら》での開戦《かいせん》に間に合わなかった。徳川軍《とくがわぐん》はふたたび真田軍《さなだぐん》にやぶれてしまった。

徳川秀忠《とくがわひでただ》(1579〜1632)

家康《いえやす》の三男。秀吉《ひでよし》の「秀」の字を与《あた》えられて名付《なづ》けられた。中山道《なかせんどう》を通って関ケ原《せきがはら》へむかっていたが、途中《とちゅう》で真田軍《さなだぐん》にはばまれた。(➡P223)

現在《げんざい》の上田城《うえだじょう》

真田家《さなだけ》の居城《きょじょう》であった城《しろ》で、上田合戦《うえだかっせん》(第一次)(➡P136)でも戦場《せんじょう》となった。関ケ原《せきがはら》の戦《たたか》いの後に取り壊《こわ》されたため、現在《げんざい》は江戸《えど》時代に再建《さいけん》されたものがのこっている(長野県《ながのけん》)。

ビジュアル資料《しりょう》

話し合う昌幸《まさゆき》と幸村《ゆきむら》

兄・信之《のぶゆき》が徳川軍《とくがわぐん》についていたため、幸村《ゆきむら》は真田家《さなだけ》の存続《そんぞく》のため三成《みつなり》が率《ひき》いる西軍《せいぐん》につくことを決めたという。

ウソ!ホント!?

真田《さなだ》親子を処刑《しょけい》できずにくやしがった?

関ケ原《せきがはら》の戦《たたか》いの後、家康《いえやす》と秀忠《ひでただ》は、二度も敗北《はいぼく》させられた昌幸《まさゆき》と幸村《ゆきむら》を処刑《しょけい》するように提案《ていあん》した。しかし、幸村《ゆきむら》の兄・信之《のぶゆき》が命だけはたすけるように強くたのんだため、九度山《くどやま》(和歌山県《わかやまけん》)へ隠居《いんきょ》することになった。家康《いえやす》と秀忠《ひでただ》はたいそうくやしがったという。

1600年
59歳《さい》

関《せき》ケ《が》原《はら》の戦《たたか》い

石田三成《いしだみつなり》
小西行長《こにしゆきなが》
島津義弘《しまづよしひろ》
島左近《しまさこん》
黒田長政《くろだながまさ》
加藤嘉明《かとうよしあき》
細川忠興《ほそかわただおき》

約《やく》15万の兵《へい》が集まる関《せき》ケ《が》原《はら》
東軍《とうぐん》7万人、西軍《せいぐん》8万人の兵《へい》が関《せき》ケ《が》原《はら》に集結《しゅうけつ》した。

天《てん》下《か》分《わ》け目《め》の戦《たたか》いが幕《まく》を開ける！

合戦分析《かっせんぶんせき》データ

石田《いしだ》軍《ぐん》（西《せい》軍《ぐん》）		徳川《とくがわ》軍《ぐん》（東《とう》軍《ぐん》）
	戦力《せんりょく》	
	作戦《さくせん》	
	運《うん》	

家康《いえやす》と三成《みつなり》がついに関《せき》ケ《が》原《はら》の地で激突《げきとつ》

家康《いえやす》に宣戦布告《せんせんふこく》した三成《みつなり》は、関《せき》ケ《が》原《はら》（岐阜県《ぎふけん》）に陣《じん》を構《かま》えた。三成《みつなり》の呼《よ》びかけに応《おう》じて、秀吉《ひでよし》にゆかりのある武将《ぶしょう》を中心に約《やく》8万人の兵《へい》が西軍《せいぐん》に集まった。これに対し、家康《いえやす》は、井伊直政《いいなおまさ》、福島正則《ふくしままさのり》、黒田長政《くろだながまさ》ら約《やく》7万人を東軍《とうぐん》として集めた。兵力《へいりょく》ではほぼ互角《ごかく》であった。

決戦《けっせん》当日、前夜から降《ふ》っていた雨が上がり、霧《きり》が立ちこめていた。午前8時頃《ごろ》、家康《いえやす》の家臣《かしん》・井伊直政《いいなおまさ》が発砲《はっぽう》したことで、ついに戦《たたか》いの火ぶたが切られた。

勝 戦力《せんりょく》 約《やく》7万人

徳川家康《とくがわいえやす》

徳川《とくがわ》軍《ぐん》（東《とう》軍《ぐん》）

VS

石田《いしだ》軍《ぐん》（西《せい》軍《ぐん》）

石田三成《いしだみつなり》

負 戦力《せんりょく》 約《やく》8万人

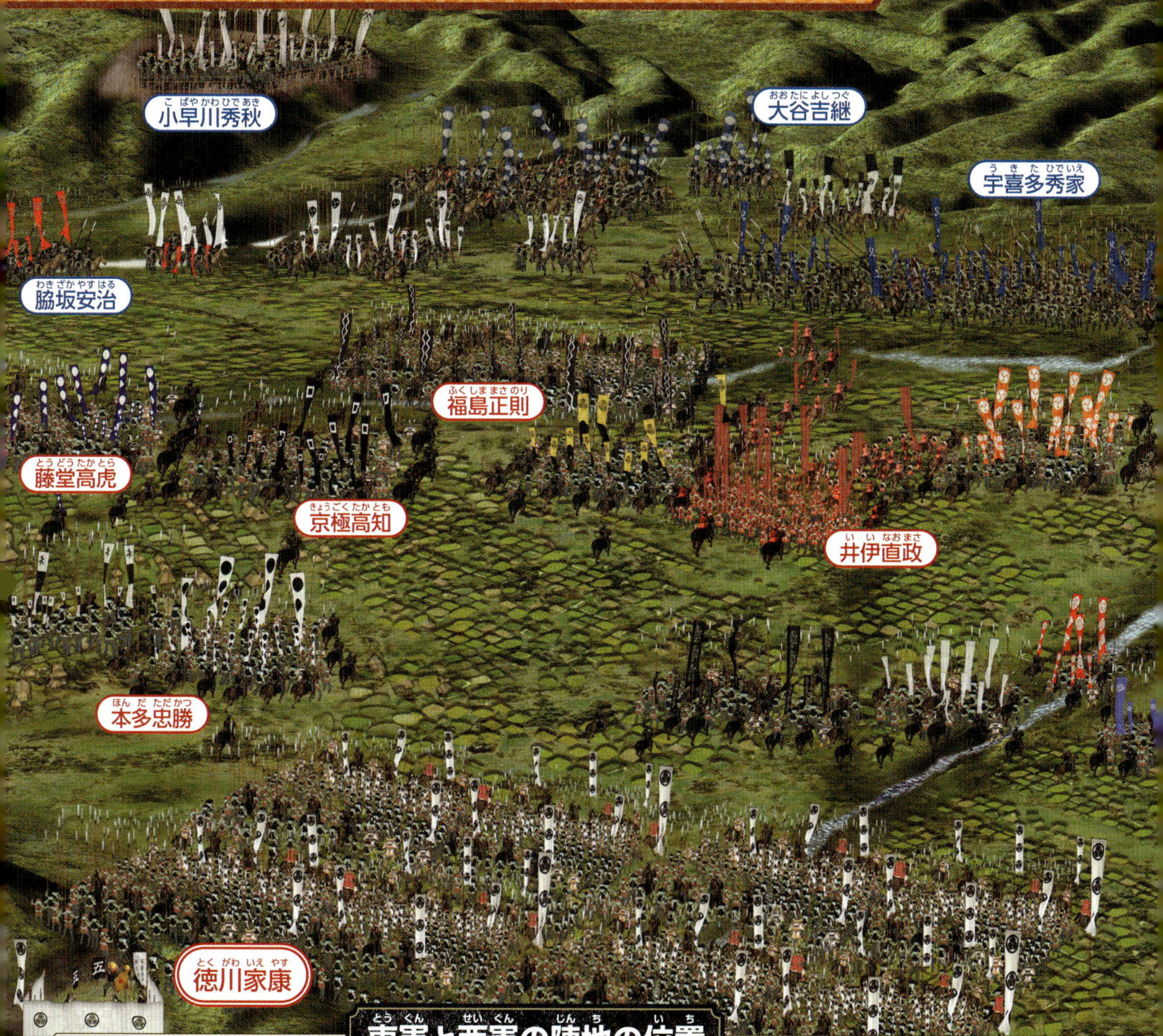
小早川秀秋《こばやかわひであき》
大谷吉継《おおたによしつぐ》
宇喜多秀家《うきたひでいえ》
脇坂安治《わきざかやすはる》
福島正則《ふくしままさのり》
藤堂高虎《とうどうたかとら》
京極高知《きょうごくたかとも》
井伊直政《いいなおまさ》
本多忠勝《ほんだただかつ》
徳川家康《とくがわいえやす》

東軍《とうぐん》と西軍《せいぐん》の陣地《じんち》の位置《いち》

西軍《せいぐん》 東軍《とうぐん》
島津義弘《しまづよしひろ》
黒田長政《くろだながまさ》
石田三成《いしだみつなり》
細川忠興《ほそかわただおき》
織田有楽斎《おだうらくさい》
小西行長《こにしゆきなが》
宇喜多秀家《うきたひでいえ》
井伊直政《いいなおまさ》
徳川家康《とくがわいえやす》
本多忠勝《ほんだただかつ》
藤堂高虎《とうどうたかとら》
京極高知《きょうごくたかとも》
福島正則《ふくしままさのり》
小早川秀秋《こばやかわひであき》
松尾山《まつおやま》
有馬則頼《ありまのりより》
山内一豊《やまうちかずとよ》
浅野幸長《あさのよしなが》
池田輝政《いけだてるまさ》
吉川広家《きっかわひろいえ》
長束正家《なつかまさいえ》
南宮山《なんぐうさん》
安国寺恵瓊《あんこくじえけい》
毛利秀元《もうりひでもと》
長宗我部盛親《ちょうそかべもりちか》

東《とう》軍《ぐん》の大《だい》勝《しょう》利《り》に家《いえ》康《やす》が勝ちどきを上げる！

開戦《かいせん》の合図とともに、すぐに両軍《りょうぐん》が入り乱《みだ》れ、激《はげ》しい戦闘《せんとう》が各地《かくち》でくり広げられた。家康《いえやす》は、三成《みつなり》自身が先頭で指揮《しき》をとる西軍《せいぐん》の勢いに開始から押《お》されていたが、何とかねばっていた。

正午が過《す》ぎた頃《ころ》、西軍《せいぐん》の小早川《こばやかわ》秀秋《ひであき》の軍《ぐん》が突然《とつぜん》、味方であるはずの大谷吉継《おおたによしつぐ》の軍《ぐん》におそいかかった。戦《たたか》いの最中《さいちゅう》に西軍《せいぐん》を裏切《うらぎ》ったのである。実は、戦《たたか》いがはじまる前に、家康《いえやす》が秀秋《ひであき》など数人の武将《ぶしょう》に裏切《うらぎ》るように約束《やくそく》させていた。秀秋《ひであき》の裏切《うらぎ》りをきっかけに、西軍《せいぐん》を裏切《うらぎ》る武将《ぶしょう》が続出《ぞくしゅつ》した。

味方であった者からの攻撃《こうげき》に混《こん》乱《らん》した西軍《せいぐん》はくずれはじめた。家《いえ》康《やす》はさらに追《お》い討《う》ちをかけた。午後2時には、西軍《せいぐん》の多くの兵《へい》が敗《はい》走《そう》しはじめ、そこに三成《みつなり》の姿《すがた》もあった。午後3時頃《ごろ》には、戦場《せんじょう》に西軍《せいぐん》の兵《へい》はひとりもいなくなったという。

関《せき》ケ《が》原《はら》の戦《たたか》いの流れ

1 鉄砲《てっぽう》の合図で開戦《かいせん》する

東軍《とうぐん》の井伊直政《いいなおまさ》が西軍《せいぐん》にむけて鉄砲《てっぽう》をうったことで、激《はげ》しい戦《たたか》いがはじまった。

2 小早川秀秋《こばやかわひであき》が裏切《うらぎ》る

西軍《せいぐん》の小早川秀秋《こばやかわひであき》は、事前に家康《いえやす》から裏切《うらぎ》るようにもちかけられており、戦《たたか》いの最中《さいちゅう》で西軍《せいぐん》に攻撃《こうげき》をしかけた。

3 西軍《せいぐん》が敗北《はいぼく》する

秀秋《ひであき》の裏切《うらぎ》りをきっかけに、西軍《せいぐん》はくずれはじめ、敗《はい》走《そう》した。戦《たたか》いは家康《いえやす》が率《ひき》いる東軍《とうぐん》の勝利《しょうり》に終わった。

勝ちどきを上げる家康《いえやす》

戦《たたか》いに勝利《しょうり》した家康《いえやす》は、事実上天下《てんか》を手に入れた。

三成《みつなり》は山中ににげこんだところを徳川軍《とくがわぐん》の兵《へい》にとらえられた。天《てん》下《か》分《わ》け目《め》の戦《たたか》いはわずか6時間ほどで決着がついた。家康《いえやす》の率《ひき》いる東軍《とうぐん》の勝利《しょうり》であった。

戦《たたか》いに勝利《しょうり》した家康《いえやす》は、事実上、天下《てんか》を手に入れることになった。このとき家康《いえやす》は59歳《さい》。ようやくたどりついた天下《てんか》であった。

知っておどろき!
家康《いえやす》!

天《てん》下《か》分《わ》け目《め》の合戦《かっせん》!関《せき》ケ《が》原《はら》の戦《たたか》い!

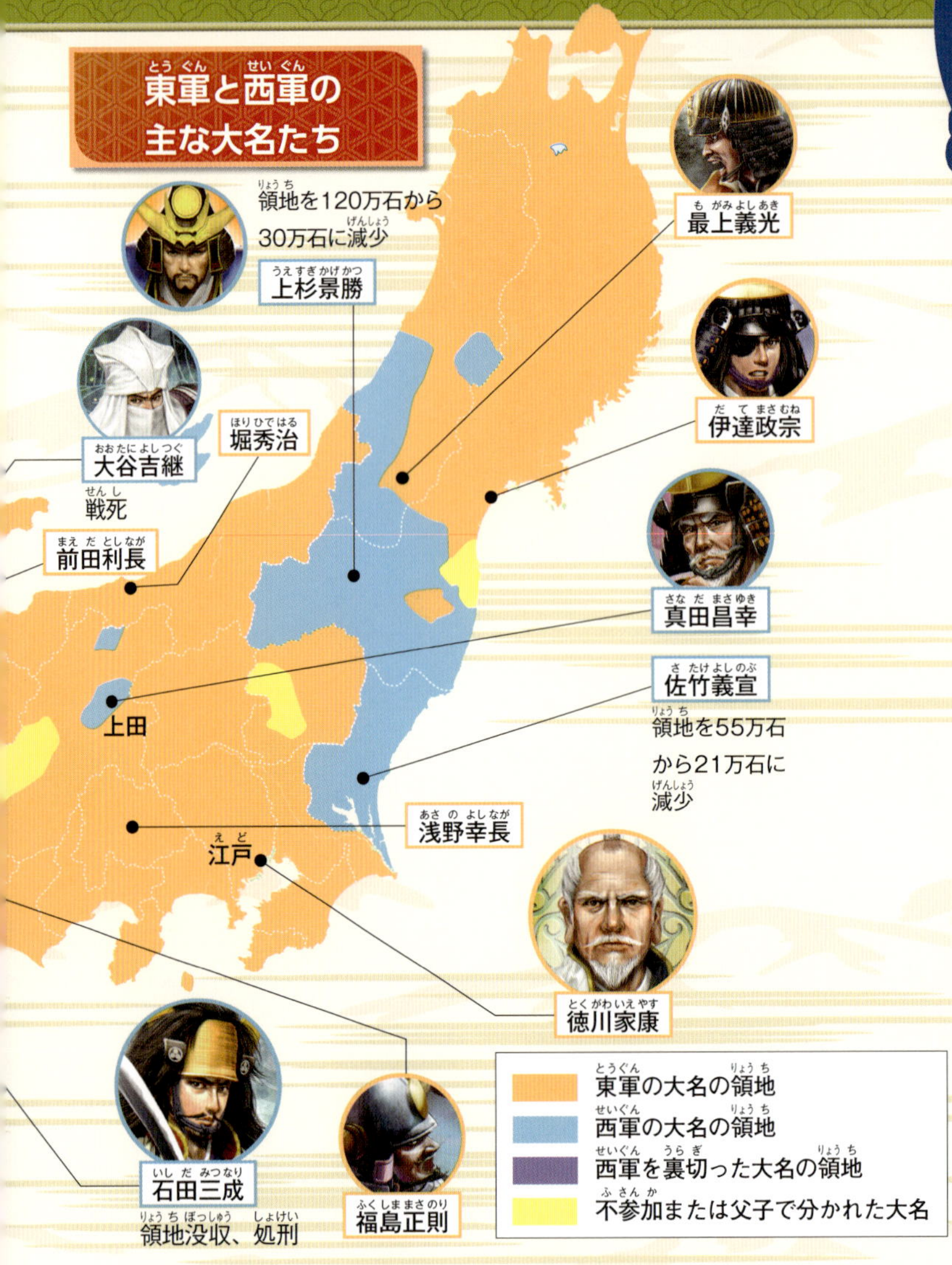
東軍《とうぐん》と西軍《せいぐん》の主な大名たち
領地《りょうち》を120万石から30万石に減少《げんしょう》
上杉景勝《うえすぎかげかつ》
最上義光《もがみよしあき》
伊達政宗《だてまさむね》
堀秀治《ほりひではる》
大谷吉継《おおたによしつぐ》
戦死《せんし》
前田利長《まえだとしなが》
真田昌幸《さなだまさゆき》
上田
佐竹義宣《さたけよしのぶ》
領地《りょうち》を55万石から21万石に減少《げんしょう》
浅野幸長《あさのよしなが》
江戸《えど》
徳川家康《とくがわいえやす》
石田三成《いしだみつなり》
領地没収《りょうちぼっしゅう》、処刑《しょけい》
福島正則《ふくしままさのり》
東軍《とうぐん》の大名の領地《りょうち》
西軍《せいぐん》の大名の領地《りょうち》
西軍《せいぐん》を裏切《うらぎ》った大名の領地《りょうち》
不参加《ふさんか》または父子で分かれた大名

日本中の大名が東軍《とうぐん》と西軍《せいぐん》に分かれて参加《さんか》した

1600年、家康《いえやす》が会津征伐《あいづせいばつ》にむかった知らせを聞いた石田《いしだ》三成《みつなり》は、中国《ちゅうごく》地方をおさめる毛《もう》利《り》輝元《てるもと》を総大将《そうだいしょう》にして挙兵《きょへい》した。このほか、大谷吉継《おおたによしつぐ》や島津《しまづ》義弘《よしひろ》など西日本を領地《りょうち》とする武《ぶ》将《しょう》が三成《みつなり》の味方についた。対する家康《いえやす》は、各地《かくち》の武将《ぶしょう》を集めて、三成《みつなり》の率《ひき》いる西軍《せいぐん》と家康《いえやす》の率《ひき》いる東軍《とうぐん》のどちら側《がわ》につくかをその場で決めさせた。三成《みつなり》を嫌《きら》っていた加藤清正《かとうきよまさ》や福島正則《ふくしままさのり》などは家康《いえやす》の味方についた。

9月15日、東軍《とうぐん》と西軍《せいぐん》は関《せき》ケ《が》原《はら》(岐阜県《ぎふけん》)で激突《げきとつ》し、東軍《とうぐん》の勝《しょう》利《り》で決着がついた。三成《みつなり》は処刑《しょけい》

関《せき》ケ《が》原《はら》で分けられた譜《ふ》代《だい》大《だい》名《みょう》と外《と》様《ざま》大《だい》名《みょう》

関《せき》ケ《が》原《はら》の戦《たたか》いに勝利《しょうり》した家《いえ》康《やす》は江戸《えど》幕府《ばくふ》を開くと、大名たちを親藩《しんぱん》(徳川《とくがわ》家の親戚《しんせき》の大名)、譜代大名《ふだいだいみょう》(関《せき》ケ《が》原《はら》の戦《たたか》い以前《いぜん》から徳川《とくがわ》家に従《したが》っていた大名)、外様大名《とざまだいみょう》(関《せき》ケ《が》原《はら》の戦《たたか》い以後《いご》に徳川《とくがわ》家に従《したが》った大名)に分け、外様大名《とざまだいみょう》を江戸《えど》や重要《じゅうよう》な都市から離《はな》れた場所に移《うつ》した。

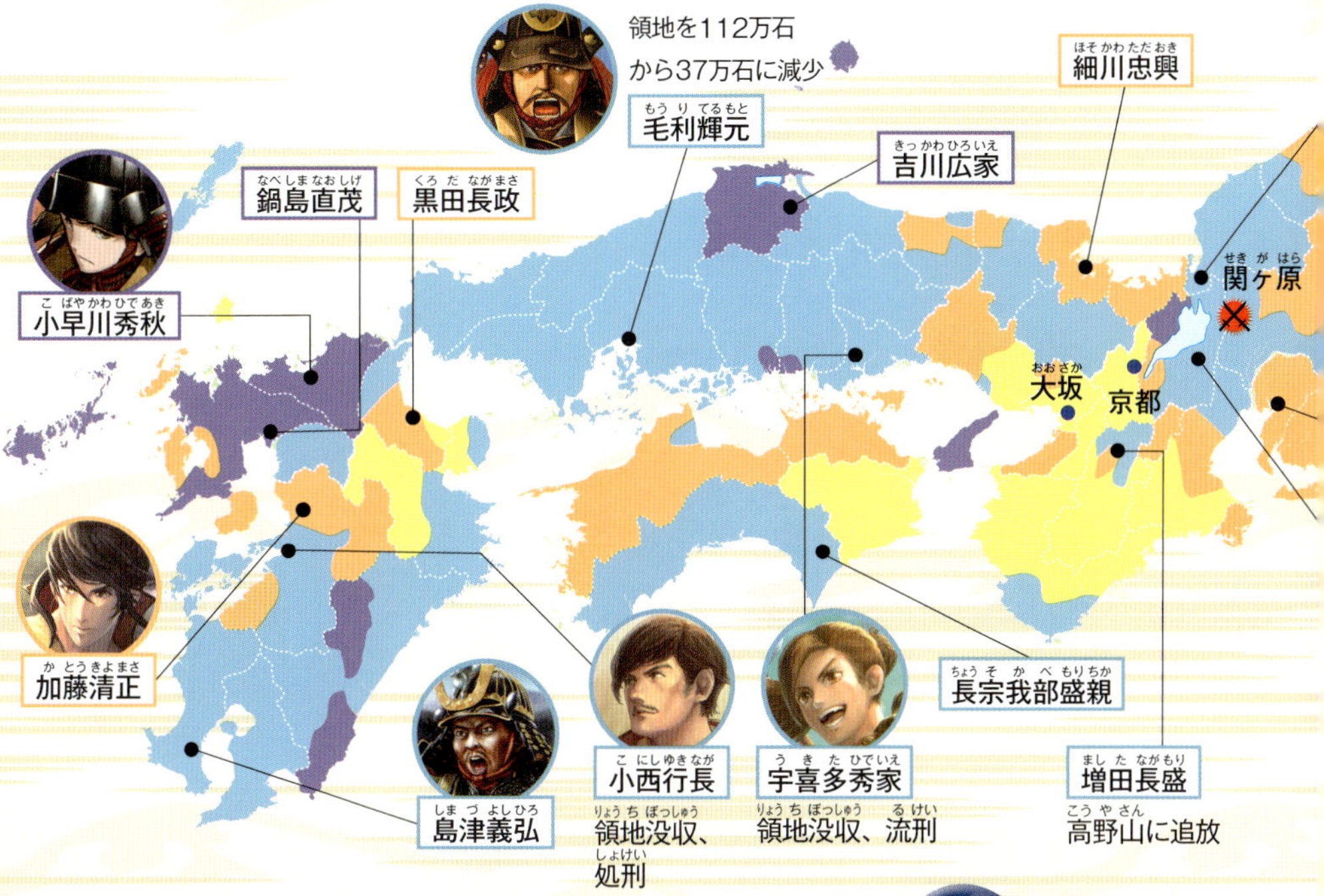
領地を112万石
から37万石に減少
毛利輝元《もうりてるもと》
細川忠興《ほそかわただおき》
吉川広家《きっかわひろいえ》
鍋島直茂《なべしまなおしげ》
黒田長政《くろだながまさ》
小早川秀秋《こばやかわひであき》
関《せき》ケ《が》原《はら》
大坂《おおさか》
京都
加藤清正《かとうきよまさ》
長宗我部盛親《ちょうそかべもりちか》
小西行長《こにしゆきなが》
領地《りょうち》没収《ぼっしゅう》、処刑《しょけい》
宇喜多秀家《うきたひでいえ》
領地《りょうち》没収《ぼっしゅう》、流刑《るけい》
増田長盛《ましたながもり》
高野山《こうやさん》に追放
島津義弘《しまづよしひろ》

され、西軍《せいぐん》についた大名たちも、領地《りょうち》を没収《ぼっしゅう》されたり、領地《りょうち》を大幅《おおはば》に減《へ》らされたりした。

なるほどエピソード

戦《たたか》いは東北《とうほく》地方でも行われていた!

関《せき》ケ《が》原《はら》から離《はな》れた東北《とうほく》地方では上杉軍《うえすぎぐん》(西軍《せいぐん》)と最上軍《もがみぐん》(東軍《とうぐん》)が戦《たたか》っていた。上杉軍《うえすぎぐん》は最上軍《もがみぐん》の長谷堂城《はせどうじょう》を包囲《ほうい》していたが、西軍敗北《せいぐんはいぼく》の知らせが入ると退却《たいきゃく》をはじめた。すると、今度は最《も》上軍《がみぐん》が激しい追撃《ついげき》をはじめ、上《うえ》杉軍《すぎぐん》は多くの兵《へい》を失《うしな》った。

長谷堂城《はせどうじょう》での戦《たたか》いは「東の関《せき》ケ《が》原《はら》」ともいわれている(山形県《やまがたけん》)。

超《ちょう》ビジュアル！

家康《いえやす》新聞

第7号

発行所：
江戸《えど》ウィークリー

家康《いえやす》はどうして関ケ原《せきがはら》の戦《たたか》いに勝てたのか!?

関ケ原《せきがはら》の戦《たたか》いでは、裏切《うらぎ》りや予想外のできごとが多かったが、その真相は…!?

手紙を送って味方を増《ふ》やした!?

戦《たたか》いの前に、家康《いえやす》は各地《かくち》の大名に「わたしの味方につけばほうびを与《あた》えます」という手紙を送り続《つづ》けた。これで味方した大名が多かったという。

側室《そくしつ》も一緒《いっしょ》に戦《たたか》った!?

家康《いえやす》の側室《そくしつ》のひとりであるお梶《かじ》の方《かた》は、何と関ケ原《せきがはら》の戦《たたか》いに参加《さんか》したという。甲冑《かっちゅう》を着て馬に乗り、武将《ぶしょう》と戦《たたか》ったその姿《すがた》は勇《いさ》ましかった。関ケ原《せきがはら》の戦《たたか》いで勝《しょう》利《り》したとき、家康《いえやす》はお梶《かじ》の方の名前を「お勝《かつ》」に変《か》えたという。

西軍《せいぐん》の半分以上《いじょう》は裏切《うらぎ》り者だった!?

西軍《せいぐん》の兵《へい》は、家康《いえやす》の東軍《とうぐん》より多かった。しかし、その半分以上《いじょう》は家康《いえやす》と裏《うら》で手を組んでいるか、戦《たたか》いに参《さん》加《か》しなかった。戦《たたか》いが進むほど、西軍《せいぐん》の人数は減《へ》り、不利《ふり》になった。

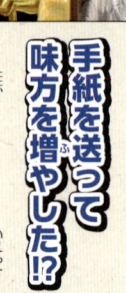

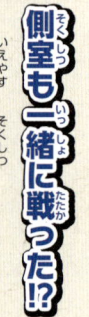

西軍《せいぐん》の大将《たいしょう》は戦《たたか》いに参加《さんか》せず！

実は西軍《せいぐん》の大将《たいしょう》は、石田《いしだ》三成《みつなり》ではなく毛利輝元《もうりてるもと》であった。しかし、輝元《てるもと》は三《みつ》成《なり》たちにたのまれ、仕方なく大将《たいしょう》になっていたので、関ケ原《せきがはら》の戦《たたか》いに参加《さんか》せず、大坂城《おおさかじょう》にとどまった。もし輝元《てるもと》が参加《さんか》していれば、勝負は変《か》わっていたかもしれない。

小早川秀秋氏《こばやかわひであきし》に 独占《どくせん》インタビュー

質問《しつもん》 どうして突然《とつぜん》西軍《せいぐん》を裏切《うらぎ》ったのですか？

家康殿《いえやすどの》から「こっちの味方になれ！」と言われ、戦《たたか》いの最中《さいちゅう》で裏《うら》切《ぎ》ることを決めていました。しかし、いざ戦《たたか》いがはじまるとこわくなって動けませんでした。すると、家康殿《いえやすどの》が私《わたし》の陣《じん》に鉄砲《てっぽう》をうってせかしてきて…。「どうにでもなれ」という思いで、西軍《せいぐん》を攻撃《こうげき》しました。

小早川秀秋氏《こばやかわひであきし》

井伊直政《いいなおまさ》のぬけがけ

関ケ原《せきがはら》の戦《たたか》いでの先陣《せんじん》は福島正則《ふくしままさのり》と決《き》まっていた。
ありがたき幸せ。拙者《せっしゃ》におまかせください。
ところが正則《まさのり》の軍に井伊直政《いいなおまさ》が現《あらわ》れ――
福島殿《ふくしまどの》の先陣《せんじん》、拝見《はいけん》させていただきたい！
う、うむ…
先に西軍《せいぐん》に攻撃《こうげき》をしかけてしまったという。
うてー！
え!?
なぜ直政《なおまさ》が先走ったのか、理由は今でも謎《なぞ》である…。
わたしも手柄《てがら》を立てたかったんです。
エヘヘ

三成《みつなり》は木こりの姿《すがた》でにげていた!?

関ケ原《せきがはら》の戦《たたか》いでやぶれた三成《みつなり》は、敵《てき》につかまらないように木こりの姿《すがた》をしてにげていた。三成《みつなり》は山中で村人にたすけられ、かくまわれていた。しかし、すぐに追手に見つかってしまった。そのときの三成《みつなり》は、ボロボロの布《ぬの》をまとい、体調も悪く、無残《むざん》な姿《すがた》であった。

人物図鑑《じんぶつずかん》

信長《のぶなが》の後を継《つ》ぎ天下統一《てんかとういつ》をなしとげた英傑《えいけつ》

豊臣秀吉《とよとみひでよし》

出身地《しゅっしんち》	尾張《おわり》（現在《げんざい》の愛知県《あいちけん》）
生年月日《せいねんがっぴ》	1537年（誕生日《たんじょうび》は不明《ふめい》）
死亡年月日《しぼうねんがっぴ》	1598年8月18日
享年《きょうねん》	62歳《さい》（病死）

肖像《しょうぞう》

豊臣秀吉《とよとみひでよし》は、織田《おだ》信長《のぶなが》の家臣《かしん》のひとりであった。貧《まず》しい百姓《ひゃくしょう》の家に生まれ、信長《のぶなが》に仕えることで出世した。

本能寺《ほんのうじ》の変《へん》が起きたとき、秀吉《ひでよし》は中国《ちゅうごく》地方の毛利氏《もうりし》と戦《たたか》っていた。信長《のぶなが》が討《う》たれたという知らせを聞くと、すぐに京都《きょうと》へ引き返し、山崎《やまざき》の戦《たたか》いで明智光秀《あけちみつひで》を倒《たお》した。これにより、信長《のぶなが》の後継者《こうけいしゃ》として強い力をもつようになった。

小牧《こまき》・長久手《ながくて》の戦《たたか》いでは、織田《おだ》信雄《のぶかつ》と手を組んだ家康《いえやす》と戦《たたか》うが、勝てる見込《みこ》みがないと考え、信雄《のぶかつ》に和睦《わぼく》をもちかけた。その後、家康《いえやす》を配下におき、１５９０年には天下統一《てんかとういつ》を果《は》たした。中国《ちゅうごく》の征服《せいふく》を目指し、二度にわたって朝鮮出兵《ちょうせんしゅっぺい》を行うが、その途中《とちゅう》で病に倒《たお》れ、家康《いえやす》や前田利家《まえだとしいえ》に子・秀頼《ひでより》のことをたのみながら病死した。

秀吉《ひでよし》の中国大返《ちゅうごくおおがえ》し

信長《のぶなが》が討《う》たれたことを聞いた秀吉《ひでよし》は、中国《ちゅうごく》地方から京都《きょうと》までの約《やく》200kmを１週間足らずでかけぬけたという。

秀吉《ひでよし》と信長《のぶなが》

秀吉《ひでよし》は信長《のぶなが》に仕え、百姓《ひゃくしょう》から武士《ぶし》へと出世した。

秀吉《ひでよし》を倒《たお》すため、家康《いえやす》と手を組んだ信長《のぶなが》の息子

織田信雄《おだのぶかつ》

出身地《しゅっしんち》	尾張《おわり》（現在《げんざい》の愛知県《あいちけん》）
生年月日《せいねんがっぴ》	1558年（誕生日《たんじょうび》は不明《ふめい》）
死亡年月日《しぼうねんがっぴ》	1630年4月30日
享年《きょうねん》	73歳《さい》（病死）

肖像《しょうぞう》

織田信雄《おだのぶかつ》は、織田信長《おだのぶなが》の次男として生まれた。父親ゆずりの気が強い性格《せいかく》であったが、周《まわ》りに流されやすい性格《せいかく》で、家臣《かしん》からしたわれていなかったという。本能寺《ほんのうじ》の変《へん》で父・信長《のぶなが》と兄・信忠《のぶただ》が死亡《しぼう》したため、織田家《おだけ》の後継《あとつ》ぎ候補《こうほ》のひとりとなった。しかし、織田《おだ》家《け》の後継《あとつ》ぎを決める清洲会議《きよすかいぎ》で豊臣秀吉《とよとみひでよし》が推薦《すいせん》する甥《おい》の三法師《さんぼうし》が後継《あとつ》ぎとなったため、秀吉《ひでよし》に不満《ふまん》をもつようになった。そこで、信長《のぶなが》と同盟《どうめい》を結《むす》んでいた家康《いえやす》と手を組み、小牧《こまき》・長久手《ながくて》の戦《たたか》いで秀吉《ひでよし》に戦《たたか》いを挑《いど》んだ。徳川軍《とくがわぐん》の活躍《かつやく》で戦《たたか》いを有利《ゆうり》に進めたが、秀吉《ひでよし》が提案《ていあん》した仲直《なかなお》りを家康《いえやす》に相談せずに受け入れた。その後、秀吉《ひでよし》に従《したが》うようになったが、領地《りょうち》をめぐって秀吉《ひでよし》に反発したため、秀吉《ひでよし》の怒《いか》りを買い、領地《りょうち》を取り上げられた。

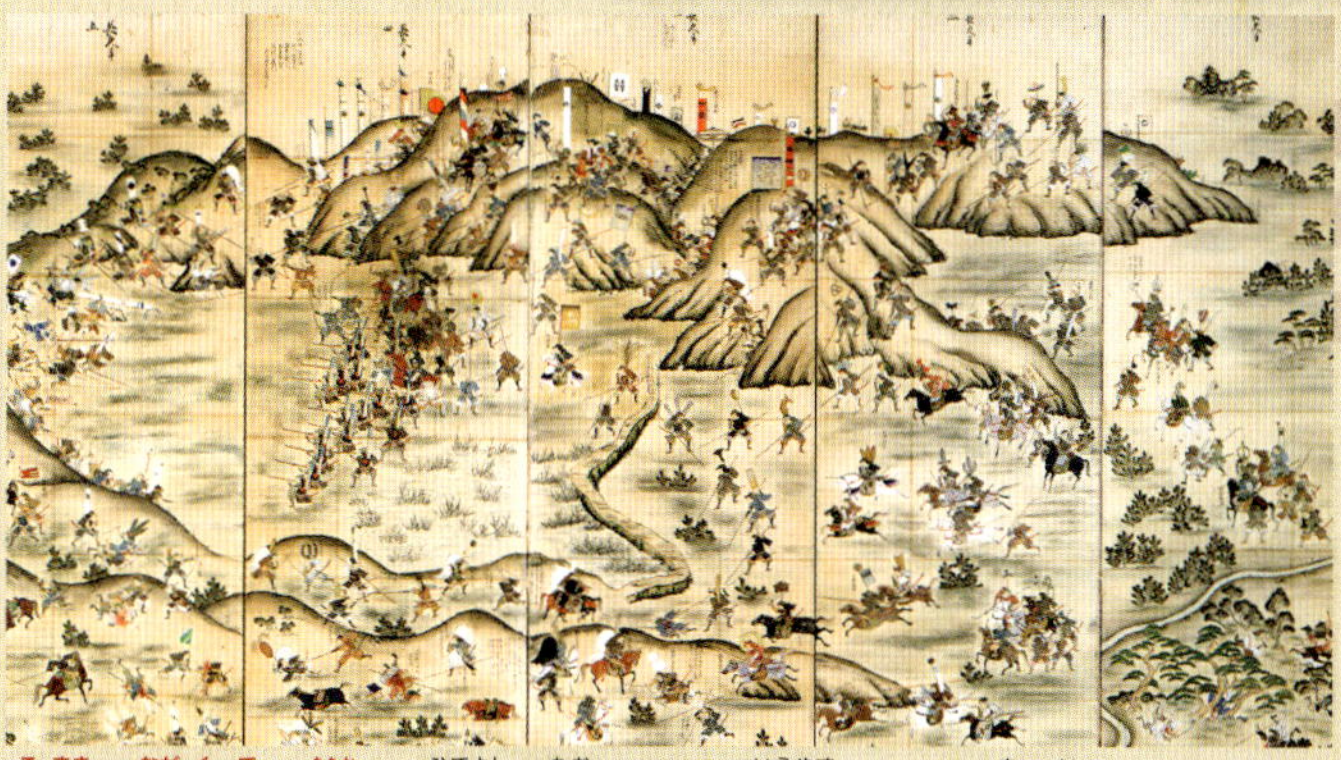

小牧《こまき》・長久手《ながくて》の戦《たたか》い 秀吉《ひでよし》を倒《たお》すため、家康《いえやす》とともに挙兵《きょへい》するが、多くの功績《こうせき》をあげたのは家康《いえやす》の家臣《かしん》たちだった。

真田昌幸《さなだまさゆき》

策略《さくりゃく》をもって徳川軍《とくがわぐん》を撃退《げきたい》した信濃《しなの》の智将《ちしょう》

真田昌幸《さなだまさゆき》は、信濃《しなの》(現在《げんざい》の長野県《ながのけん》)にある上田城《うえだじょう》の城主《じょうしゅ》。はじめは甲斐《かい》(現在《げんざい》の山梨県《やまなしけん》)の武田信玄《たけだしんげん》とその子・勝頼《かつより》に仕えていたが、信玄《しんげん》の死後は家康《いえやす》の配下に入った。その後、北条氏《ほうじょうし》と同盟《どうめい》を結《むす》んだ家康《いえやす》と、領地《りょうち》をめぐって対立してしまうが、上田城《うえだじょう》に攻《せ》めてきた7000もの徳川軍《とくがわぐん》を、わずか2000人の軍勢《ぐんぜい》で退《しりぞ》けた。

関ケ原《せきがはら》の戦《たたか》いの直前には、息子の幸《ゆき》村《むら》とともに少数の兵《へい》で上田城《うえだじょう》に立てこもり、家康《いえやす》の子・秀忠《ひでただ》の3万8000の大軍《たいぐん》が進めないように邪魔《じゃま》をした。二度にわたって徳川軍《とくがわぐん》を撃退《げきたい》したことから、家康《いえやす》は昌幸《まさゆき》をたいへん恐《おそ》れていたといわれている。

関ケ原《せきがはら》の戦《たたか》いの後は、紀伊《きい》(現在《げんざい》の和《わ》歌《か》山県《やまけん》)の九度山《くどやま》に蟄居《ちっきょ》(家にこもって外へ出ないこと)を命じられた。

出身地《しゅっしんち》	信濃《しなの》(現在《げんざい》の長野県《ながのけん》)
生年月日《せいねんがっぴ》	1547年(誕生日《たんじょうび》は不明《ふめい》)
死亡年月日《しぼうねんがっぴ》	1611年6月4日
享年《きょうねん》	65歳《さい》(病死)

肖像《しょうぞう》

現在《げんざい》の神川合戦《かんがわかっせん》の地

神川《かんがわ》は長野県上田市《ながのけんうえだし》を南北に流れる河川《かせん》。昌幸《まさゆき》は川の水を利用《りよう》して徳川軍《とくがわぐん》を撃退《げきたい》した。

上田合戦《うえだかっせん》を描《えが》いた絵

子・幸村《ゆきむら》とともに上田城《うえだじょう》から兵《へい》を指揮《しき》していた。

朝日姫《あさひひめ》

政略結婚《せいりゃくけっこん》に利用《りよう》された秀吉《ひでよし》の妹

朝日姫《あさひひめ》は、豊臣秀吉《とよとみひでよし》の妹であり、秀吉《ひでよし》の家臣《かしん》・佐治日向守《さじひゅうがのかみ》と結婚《けっこん》し、仲睦《なかむつ》まじく過《す》ごしていた。しかし、家康《いえやす》との関係《かんけい》を強めようとする秀吉《ひでよし》に、無理《むり》やり離婚《りこん》させられ、家康《いえやす》の2番目の妻《つま》となった。家康《いえやす》の居城《きょじょう》である駿府城《すんぷじょう》に嫁《とつ》いでくるが、病気の母・大政所《おおまんどころ》のお見舞《みま》いのためにすぐに京都《きょうと》へもどってしまい、そのまま駿府城《すんぷじょう》に帰ることなく病死した。

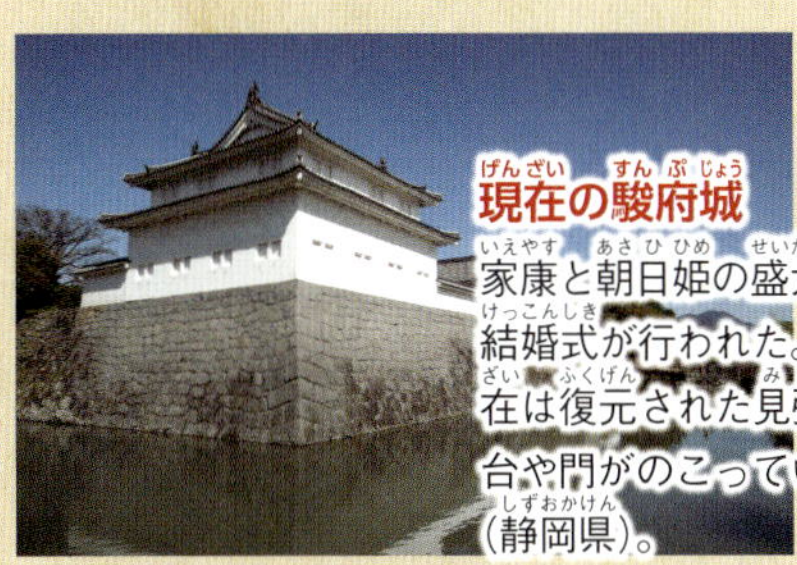

現在《げんざい》の駿府城《すんぷじょう》
家康《いえやす》と朝日姫《あさひひめ》の盛大《せいだい》な結婚式《けっこんしき》が行われた。現在《げんざい》は復元《ふくげん》された見張《みは》り台や門がのこっている(静岡県《しずおかけん》)。

出身地《しゅっしんち》	尾張《おわり》(現在《げんざい》の愛知県《あいちけん》)
生年月日《せいねんがっぴ》	1543年(誕生日《たんじょうび》は不明《ふめい》)
死亡年月日《しぼうねんがっぴ》	1590年1月14日
享年《きょうねん》	48歳《さい》(病死)

前田利家《まえだとしいえ》

家康《いえやす》とともに五大老《ごたいろう》となった秀吉《ひでよし》の家臣《かしん》

前田利家《まえだとしいえ》は、若《わか》い頃《ころ》から織田信長《おだのぶなが》に仕えており、ともに信長《のぶなが》に仕える秀吉《ひでよし》とは友人であった。信長《のぶなが》の死後、秀吉《ひでよし》の家臣《かしん》となり、秀吉《ひでよし》の天下統一《てんかとういつ》に貢献《こうけん》した。秀吉《ひでよし》から信頼《しんらい》されており、加賀《かが》(現在《げんざい》の石川県《いしかわけん》)の領地《りょうち》を与《あた》えられ、五大老《ごたいろう》にも任命《にんめい》された。家康《いえやす》とともに、秀吉《ひでよし》の遺言《ゆいごん》をたくされ、豊臣家《とよとみけ》を守ろうとするが、秀吉《ひでよし》が死んだ翌年《よくとし》に病死した。

利家《としいえ》の像《ぞう》
槍《やり》の名手である利家《としいえ》は、金箔《きんぱく》をはった細長い兜《かぶと》をかぶって戦《たたか》ったという。

出身地《しゅっしんち》	尾張《おわり》(現在《げんざい》の愛知県《あいちけん》)
生年月日《せいねんがっぴ》	1538年(誕生日《たんじょうび》は不明《ふめい》)
死亡年月日《しぼうねんがっぴ》	1599年3月3日
享年《きょうねん》	62歳《さい》(病死)

肖像《しょうぞう》

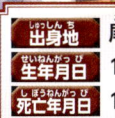

上杉景勝《うえすぎかげかつ》

家康《いえやす》に対抗《たいこう》しようとした五大老《ごたいろう》

上杉景勝《うえすぎかげかつ》は、越後《えちご》（現在《げんざい》の新潟県《にいがたけん》）の戦国大名《せんごくだいみょう》で、秀吉《ひでよし》の五大老《ごたいろう》のひとり。景勝《かげかつ》は、有力な戦国武将《せんごくぶしょう》・上杉《うえすぎ》謙信《けんしん》の後継《あとつ》ぎで、謙信《けんしん》の死後は、秀吉《ひでよし》の家臣《かしん》となり、会津《あいづ》（現在《げんざい》の福島県《ふくしまけん》）の領地《りょうち》をまかされた。

秀吉《ひでよし》の死後、石田三成《いしだみつなり》とともに家康《いえやす》と対立した。景勝《かげかつ》は側近《そっきん》である直江兼続《なおえかねつぐ》に命じ、会津《あいづ》に神指城《こうざしじょう》を築《きず》き、家康《いえやす》に対抗《たいこう》した。

景勝《かげかつ》と直江兼続《なおえかねつぐ》の像《ぞう》

景勝《かげかつ》の側近《そっきん》・直江兼続《なおえかねつぐ》は、武芸《ぶげい》にも学問にも優《すぐ》れた武将《ぶしょう》で、景勝《かげかつ》を生涯《しょうがい》にわたり支《ささ》え続《つづ》けた（山形県《やまがたけん》）。

出身地《しゅっしんち》	越後《えちご》（現在《げんざい》の新潟県《にいがたけん》）
生年月日《せいねんがっぴ》	1555年11月27日
死亡年月日《しぼうねんがっぴ》	1623年3月20日
享年《きょうねん》	69歳《さい》（病死）

肖像《しょうぞう》

小早川秀秋《こばやかわひであき》

関ケ原《せきがはら》の戦《たたか》いで西軍《せいぐん》を裏切《うらぎ》り家康《いえやす》に協力《きょうりょく》

小早川秀秋《こばやかわひであき》は、豊臣秀吉《とよとみひでよし》の甥《おい》にあたる。五大老《ごたいろう》のひとり・小早川隆景《こばやかわたかかげ》が病死したことで小早川家《こばやかわけ》を継《つ》いだ。関ケ原《せきがはら》の戦《たたか》いでは、石田三成《いしだみつなり》が率《ひき》いる西軍《せいぐん》の一員として戦場《せんじょう》にむかったが、戦《たたか》いの最中《さいちゅう》に家康《いえやす》が率《ひき》いる東軍《とうぐん》に寝返《ねがえ》り、西軍《せいぐん》の大谷吉継《おおたによしつぐ》を攻撃《こうげき》した。これが東軍《とうぐん》の勝利《しょうり》を決定づけた。関ケ原《せきがはら》の戦《たたか》いの2年後に21歳《さい》の若《わか》さで病死した。

関ケ原古戦場《せきがはらこせんじょう》

秀秋《ひであき》が西軍《せいぐん》を裏《うら》切《ぎ》ったことが、家康《いえやす》の勝利《しょうり》につながった（岐阜県《ぎふけん》）。

出身地《しゅっしんち》	近江《おうみ》（現在《げんざい》の滋賀県《しがけん》）
生年月日《せいねんがっぴ》	1582年（誕生日《たんじょうび》は不明《ふめい》）
死亡年月日《しぼうねんがっぴ》	1602年10月18日
享年《きょうねん》	21歳《さい》（病死）

肖像《しょうぞう》

石田三成《いしだみつなり》

秀吉《ひでよし》の遺志《いし》を守るため関ケ原《せきがはら》で家康《いえやす》と対決

出身地《しゅっしんち》	近江《おうみ》（現在《げんざい》の滋賀県《しがけん》）
生年月日《せいねんがっぴ》	1560年（誕生日《たんじょうび》は不明《ふめい》）
死亡年月日《しぼうねんがっぴ》	1600年10月1日
享年《きょうねん》	41歳《さい》（刑死《けいし》）

肖像《しょうぞう》

石田三成《いしだみつなり》は豊臣秀吉《とよとみひでよし》の忠実《ちゅうじつ》な家臣《かしん》。もともとは寺で奉公《ほうこう》していた。15歳《さい》の頃《ころ》、その寺に秀吉《ひでよし》がお茶を飲むために立ち寄《よ》ったさいに、機転《きてん》のきく性格《せいかく》を見出されて仕えはじめたという。秀吉《ひでよし》が天下《てんか》を統一《とういつ》してからは、五奉行《ごぶぎょう》のひとりとして秀吉《ひでよし》の政治《せいじ》をたすけた。きまじめで融通《ゆうずう》のきかない性格《せいかく》だったため多くの武将《ぶしょう》からはきらわれていたが、秀吉《ひでよし》からは深く信頼《しんらい》されていた。

秀吉《ひでよし》の死後、豊臣家《とよとみけ》を守ろうとして、天下取《てんかと》りに乗り出す家康《いえやす》と対立するようになった。家康《いえやす》と三成《みつなり》の対立は全国の大名をまきこむことになり、家康《いえやす》が率《ひき》いる東軍《とうぐん》と三成《みつなり》が率《ひき》いる西軍《せいぐん》に分かれた。両軍《りょうぐん》は関ケ原《せきがはら》で衝突《しょうとつ》するも、戦《たたか》いがはじまると西軍《せいぐん》は裏切《うらぎ》り者が続出《ぞくしゅつ》し、わずか1日で決着がついた。戦《たたか》いにやぶれた三成《みつなり》は、徳川軍《とくがわぐん》にとらえられ、処刑《しょけい》された。

石田三成《いしだみつなり》の兜《かぶと》

乱《みだ》れた髪《かみ》のような動物の毛で全体が覆《おお》われており、金色の長いかざりが左右に突《つ》き出していた。

佐和山《さわやま》

三成《みつなり》は、家康《いえやす》の会津出兵《あいづしゅっぺい》を知り、佐和山《さわやま》から挙兵《きょへい》した（滋賀県《しがけん》）。

戦国《せんごく》
おもしろコラム

戦《せん》国《ごく》時代の食事

戦《せん》国《ごく》時代の人びとは食事も工夫《くふう》していた。

三《さん》献《こん》の儀《ぎ》

戦国《せんごく》時代、武士《ぶし》は出陣《しゅつじん》のときに打ちあわび、勝《か》ち栗《ぐり》、昆布《こんぶ》の三品を食べながら、酒を三回ずつ飲みほすという儀式《ぎしき》を行っていた。

武《ぶ》将《しょう》の食事

魚、鳥肉、野菜《やさい》などの焼《や》き物《もの》や汁物《しるもの》、雑炊《ぞうすい》や漬《つ》けものがそろえられていた。

豆《まめ》味《み》噌《そ》

戦国《せんごく》時代はまだしょうゆがなく、味噌《みそ》が調味料《ちょうみりょう》に使われた。武将《ぶしょう》たちの体づくりに必要《ひつよう》なタンパク質《しつ》をとることができた。

米

それまで蒸《む》して食べていたが、炊《た》くようになった。

芋《いも》がら縄《なわ》

芋《いも》のくきを味噌《みそ》で煮《に》て縄《なわ》のようにしたもの。戦《いくさ》に参加《さんか》した武士《ぶし》が荷物をしばるのに使用するが、ちぎって鍋《なべ》の中に入れると味噌汁《みそしる》ができる携帯食《けいたいしょく》でもあった。

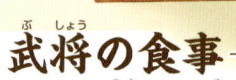

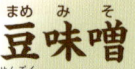

4章 太平の世へ

伏見城《ふしみじょう》
（京都府《きょうとふ》）

徳川家康《とくがわいえやす》を征夷大将軍《せいいたいしょうぐん》に任《にん》ずる
つつしんでお受けいたします

1603年家康《いえやす》は朝廷《ちょうてい》から武士《ぶし》の頂点《ちょうてん》である征夷大将軍《せいいたいしょうぐん》に任《にん》ぜられた。
これにより、家康《いえやす》を初代将軍《しょだいしょうぐん》とする江戸幕府《えどばくふ》が誕生《たんじょう》した。

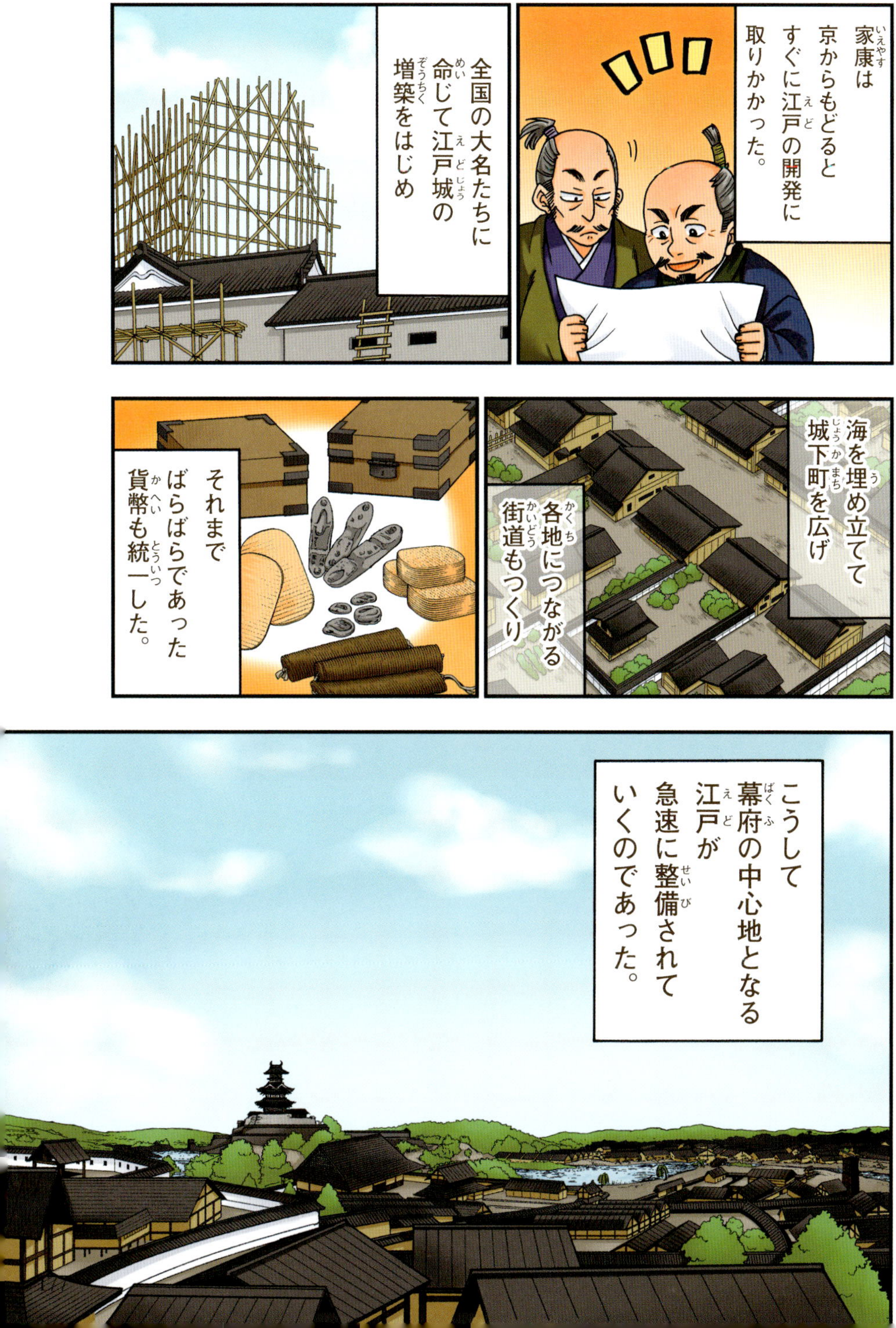
家康《いえやす》は
京からもどると
すぐに江戸《えど》の開発に
取りかかった。
全国の大名たちに
命《めい》じて江戸城《えどじょう》の
増築《ぞうちく》をはじめ
海を埋《う》め立てて
城下町《じょうかまち》を広げ
各地《かくち》につながる
街道《かいどう》もつくり
それまで
ばらばらであった
貨幣《かへい》も統一《とういつ》した。
こうして
幕府《ばくふ》の中心地となる
江戸《えど》が
急速に整備《せいび》されて
いくのであった。

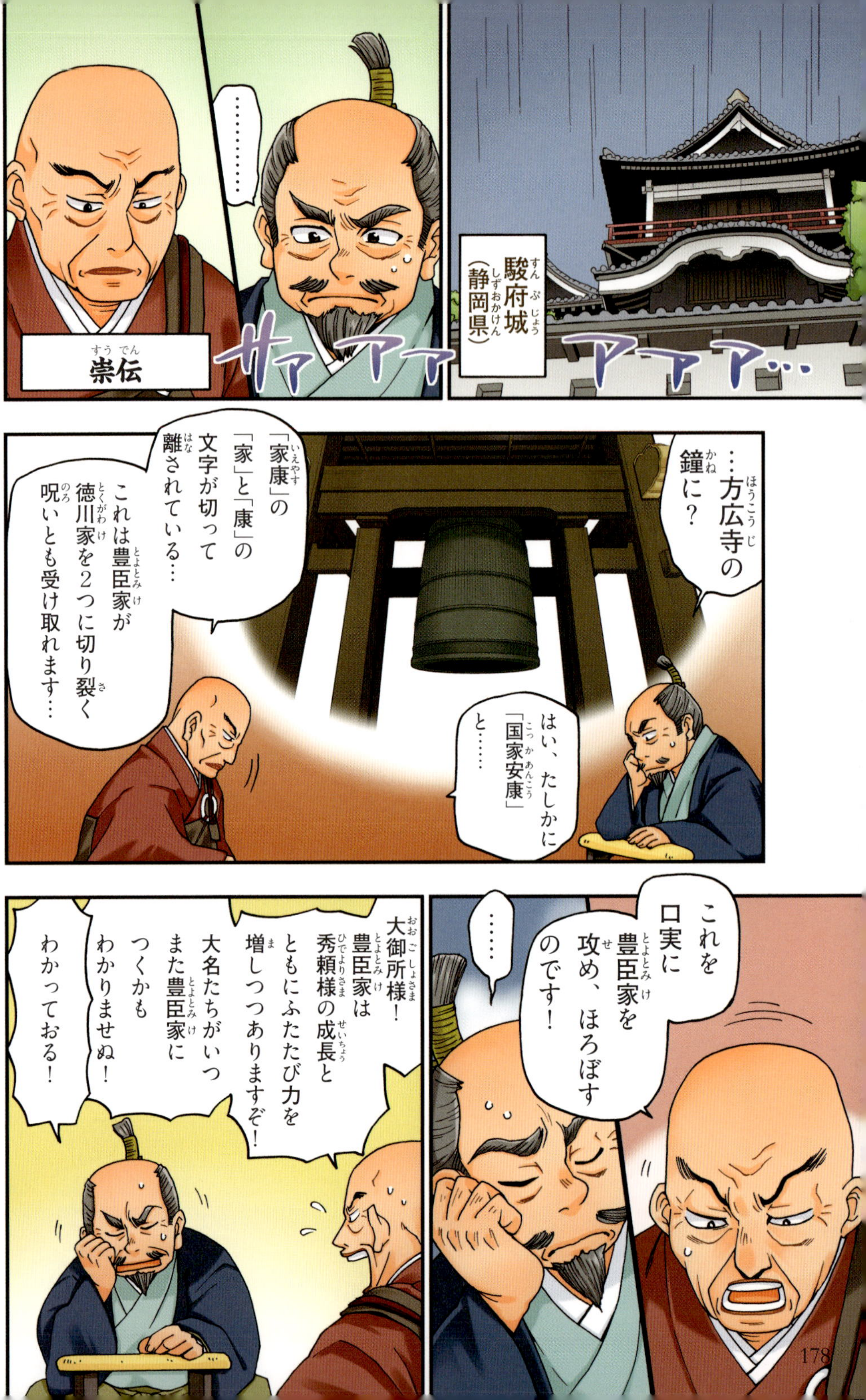
駿府城《すんぷじょう》（静岡県《しずおかけん》）
サァアァアァアァ‥
……
崇伝《すうでん》
…方広寺《ほうこうじ》の鐘《かね》に？
はい、たしかに「国家安康《こっかあんこう》」と……
「家康《いえやす》」の「家」と「康」の文字が切って離《はな》されている…
これは豊臣家《とよとみけ》が徳川家《とくがわけ》を2つに切り裂《さ》く呪《のろ》いとも受け取れます…
これを口実に豊臣家《とよとみけ》を攻《せ》め、ほろぼすのです！
……
大御所様《おおごしょさま》！豊臣家《とよとみけ》は秀頼様《ひでよりさま》の成長《せいちょう》とともにふたたび力を増《ま》しつつありますぞ！
大名たちがいつまた豊臣家《とよとみけ》につくかもわかりませぬ！
わかっておる！

……
なんと…
秀頼殿《ひでよりどの》か!?
はい!
お久《ひさ》しぶりです
家康殿《いえやすどの》!
秀吉《ひでよし》が淀殿《よどどの》との間にのこした後継《あとつ》ぎ・秀頼《ひでより》はこのとき22歳《さい》になっていた。
ふたたび力をもちはじめた豊臣家《とよとみけ》の存在《そんざい》は家康《いえやす》の天下《てんか》に暗雲をもたらした。
豊臣秀頼《とよとみひでより》
たがいに歩める道はないものかといろいろ手は打ってみたものの…
わしにももう時間がない…
サァアア…
よし崇伝《すうでん》
豊臣方《とよとみがた》に知らせを出すのだ
ははっ

大坂城《おおさかじょう》
なんじゃと…!? 豊臣《とよとみ》が徳川《とくがわ》を呪《のろ》うなどと そんなことが あろうものか！
言いがかりじゃ！
淀殿《よどどの》
家康《いえやす》め… 太閤殿下《たいこうでんか》の恩《おん》も忘《わす》れ ついに豊臣家《とよとみけ》をも つぶすつもりか…
見ておれ… 豊臣《とよとみ》の力が 健在《けんざい》であることを 知らしめて やろうぞ！
駿府城《すんぷじょう》
豊臣方《とよとみがた》は全国から 浪人《ろうにん》を集め、 戦《いくさ》の準備《じゅんび》をして いるとのこと！
そうか…
こうなれば 仕方ない…
すぐに 全国の大名に 命じるのだ 大坂城《おおさかじょう》を 攻《せ》める！
はっ

1614年
家康《いえやす》は20万の大軍《たいぐん》で大坂城《おおさかじょう》を包囲《ほうい》した。
対して豊臣《とよとみ》の陣《じん》
こりゃまた徳川《とくがわ》は大軍《たいぐん》だ…
ポン
うへぇ
幸村様《ゆきむらさま》!
案《あん》ずるな この大坂城《おおさかじょう》は絶対《ぜったい》に落ちぬ
真田幸村《さなだゆきむら》(信繁《のぶしげ》)
はやく豊臣方《とよとみがた》を楽にしてやるのだ…

わあああああ
来たな 徳川軍《とくがわぐん》め
われらの意地を見せてやろう!
撃《う》てーーっ!!!
チャッ
大坂城《おおさかじょう》の固《かた》い守りに徳川軍《とくがわぐん》は苦戦《くせん》した。
ドドドドド
うわっ!
城《しろ》に近づけない
大坂城《おおさかじょう》の唯一《ゆいいつ》の弱点であった南側《みなみがわ》にも真田《さなだ》幸村《ゆきむら》が小さな砦《とりで》「真田丸《さなだまる》」を築《きず》いたことで徳川軍《とくがわぐん》はなかなか攻《せ》め落とせずにいた。

茶臼山《ちゃうすやま》 家康《いえやす》の陣《じん》
さすがは秀吉様《ひでよしさま》の大坂城《おおさかじょう》…
このまま攻《せ》め続《つづ》けても無駄《むだ》に兵《へい》を失《うしな》うだけだな
せめてあの堀《ほり》さえなければ…
大坂城《おおさかじょう》もただの城《しろ》なのですが
!!!
それだ正純《まさずみ》!
は!?
堀《ほり》…外堀《そとぼり》だ!!!
本多《ほんだ》正信《まさのぶ》の息子 本多《ほんだ》正純《まさずみ》
開戦《かいせん》から約《やく》1か月半 家康《いえやす》は和議《わぎ》を申しこんだ。
豊臣方《とよとみがた》もこれを受け入れ秀頼《ひでより》の領地《りょうち》はそのままとすることを条件《じょうけん》に
大坂城《おおさかじょう》の外堀《そとぼり》を埋《う》めることが決められた。

しかし
家康《いえやす》は外堀《そとぼり》だけでなく内堀《うちぼり》まで埋《う》めてしまう。
豊臣《とよとみ》が二度と反抗《はんこう》できぬよう
力は根こそぎうばうのじゃ
なんじゃと…
約束《やくそく》がちがうではないか!!!
どこまで豊臣《とよとみ》をばかにするのじゃ……!
……母上
もう一度戦《たたか》いましょう
豊臣家《とよとみけ》の威信《いしん》にかけて
秀頼《ひでより》…
ウゥ…

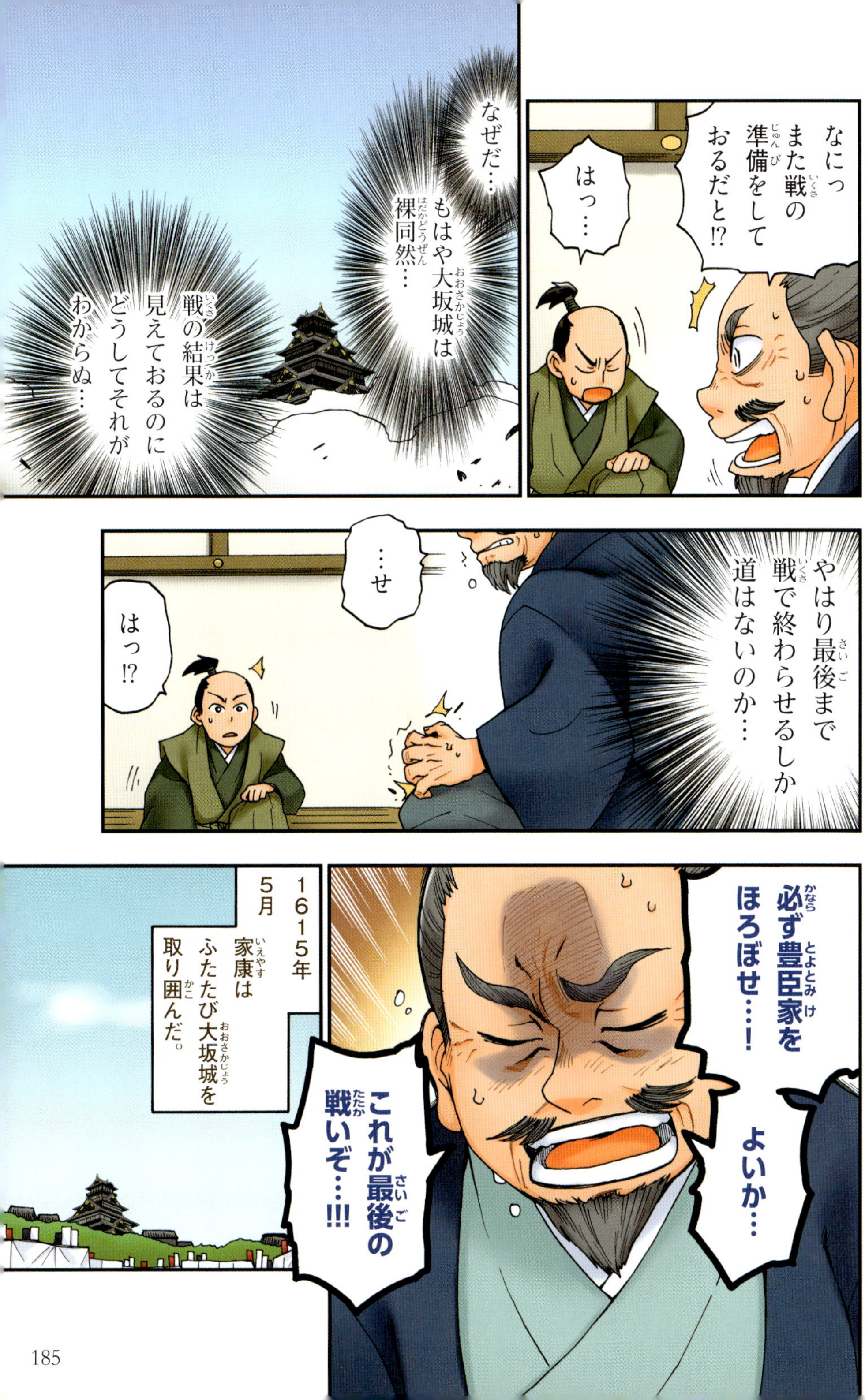
なにっ また戦《いくさ》の準備《じゅんび》をしておるだと!?
はっ…
なぜだ…
もはや大坂城《おおさかじょう》は裸同然《はだかどうぜん》…
戦《いくさ》の結果《けっか》は見えておるのにどうしてそれがわからぬ…
やはり最後《さいご》まで戦《いくさ》で終わらせるしか道はないのか…
…せ
はっ!?
必《かなら》ず豊臣家《とよとみけ》をほろぼせ…!
よいか…
これが最後《さいご》の戦《たたか》いぞ…!!!
1615年5月
家康《いえやす》はふたたび大坂城《おおさかじょう》を取り囲《かこ》んだ。

城《しろ》の堀《ほり》を
埋《う》められた
豊臣軍《とよとみぐん》は
今度は城《しろ》を出て
戦《たたか》うしかなかった。
徳川軍《とくがわぐん》・約《やく》15万
豊臣軍《とよとみぐん》・約《やく》5万
両軍《りょうぐん》が激突《げきとつ》した。
真田幸村《さなだゆきむら》による
家康《いえやす》の本陣《ほんじん》をめがけた
捨《す》て身の突撃《とつげき》に
苦しめられもしたが
徳川軍《とくがわぐん》は大坂城内《おおさかじょうない》にまで
攻《せ》めこみ豊臣家《とよとみけ》を
追いつめた。
大御所様《おおごしょさま》！
ここは危《あぶ》ない
のでおもどり
ください

いや…
最後《さいご》まで自分《じぶん》の目《め》で見届《みとど》けておきたいのだ
秀吉様《ひでよしさま》…許《ゆる》してくだされ…
これで戦乱《せんらん》の世は終わる……
1615年5月8日豊臣秀頼《とよとみひでより》は母・淀殿《よどどの》とともに自害《じがい》
豊臣家《とよとみけ》は滅亡《めつぼう》した。

伏見城《ふしみじょう》
江戸幕府《えどばくふ》2代将軍《しょうぐん》徳川秀忠《とくがわひでただ》により武家諸法度《ぶけしょはっと》が発布《はっぷ》された。
これによって幕府《ばくふ》の力は絶対的《ぜったいてき》なものとなり戦乱《せんらん》の世がついに終結《しゅうけつ》した。
わははは…
これいくら？
らっしゃい らっしゃい
こそっ
…大御所様《おおごしょさま》

正信《まさのぶ》ではないか！
いらっしゃっていると聞きましてな
駿府《すんぷ》にもどる前に見ておこうと思うてのう…
江戸《えど》もだいぶ栄《さか》えてまいりましたね
うむ
その昔、まだ荒《あ》れ地だった江戸《えど》を皆《みな》で訪《おとず》れたのが懐《なつ》かしいのう…
長かった…ここまで…
しかしやっと太平の世を築《きず》くことができた…
これであの世へ行っても家康《いえやす》は皆《みな》に顔向けができよう
殿《との》…

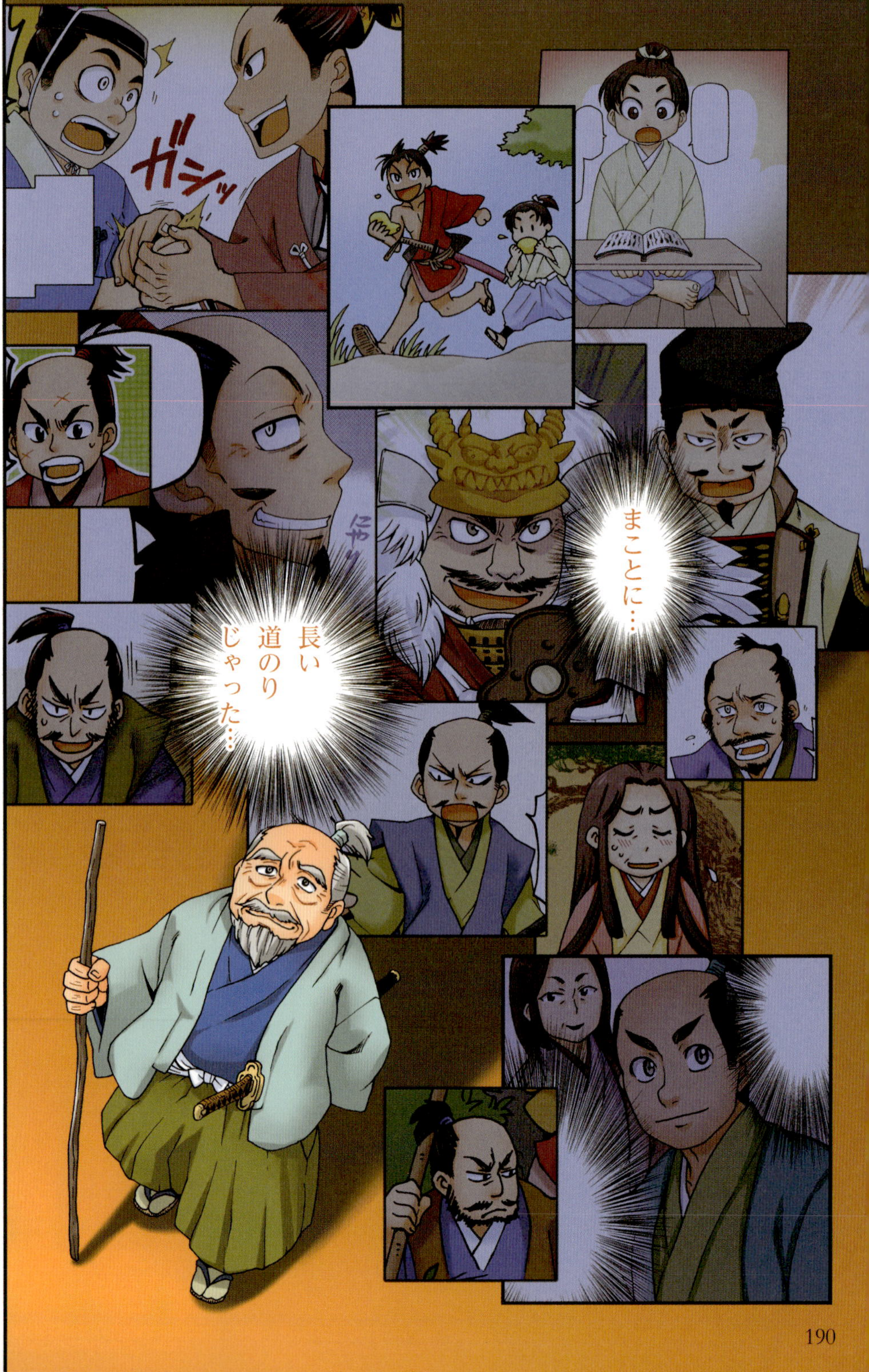
ガシッ
にやり
まことに…
長い道のりじゃった…

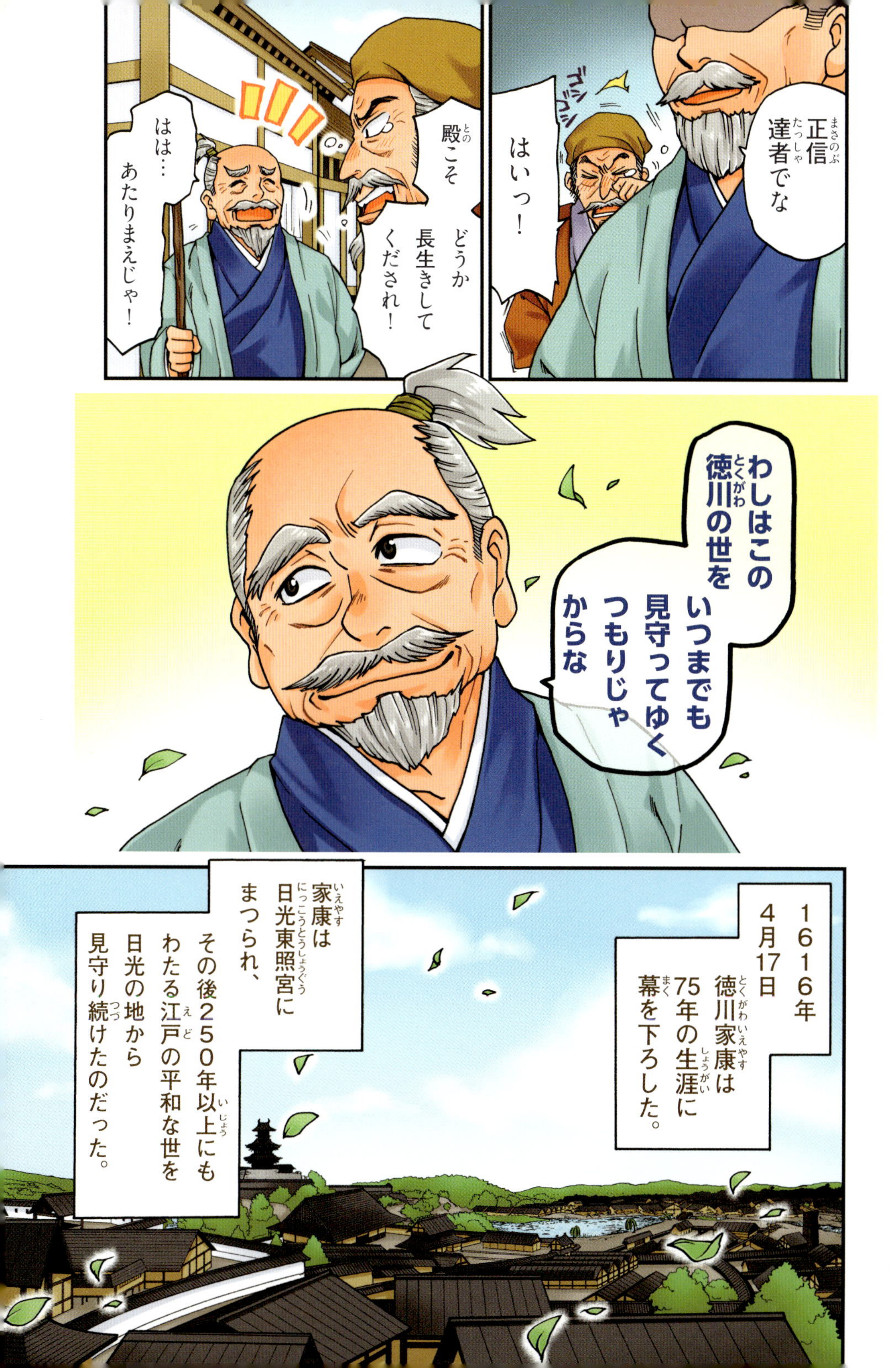
正信《まさのぶ》
達者《たっしゃ》でな
ゴシゴシ
はいっ!
殿《との》こそ どうか 長生きして くだされ!
はは… あたりまえじゃ!
わしはこの 徳川《とくがわ》の世を いつまでも 見守ってゆく つもりじゃ からな
1616年 4月17日 徳川家康《とくがわいえやす》は 75年の生涯《しょうがい》に 幕《まく》を下ろした。
家康《いえやす》は 日光東照宮《にっこうとうしょうぐう》に まつられ、 その後250年以上《いじょう》にも わたる江戸《えど》の平和な世を 日光の地から 見守り続《つづ》けたのだった。

1602年
61歳《さい》

二《に》条《じょう》城《じょう》を建《た》てる

二条城《にじょうじょう》をながめる家康《いえやす》
きれいに整備《せいび》された庭園から、完成《かんせい》した二条城《にじょうじょう》のながめを楽しんだという。

諸大名《しょだいみょう》に命じ京都《きょうと》の拠点《きょてん》を築《きず》き上げる

家康《いえやす》が関《せき》ケ原《がはら》の戦《たたか》いで勝利《しょうり》をおさめたことで、だれもが家康《いえやす》を天下人《てんかびと》（天下《てんか》を統一《とういつ》した人）とみとめるようになった。それに応《こた》えるように、家康《いえやす》は、全国をおさめるしくみづくりをはじめた。

家康《いえやす》は、朝廷《ちょうてい》とも密接《みっせつ》な関係《かんけい》を築《きず》く必要《ひつよう》があると考え、京都《きょうと》での拠点《きょてん》として、二条城《にじょうじょう》を建《た》てることを決めた。大坂城《おおさかじょう》を拠点《きょてん》とする豊臣家《とよとみけ》に対抗《たいこう》するためともいわれている。家康《いえやす》は、各地《かくち》の大名に二条城《にじょうじょう》の築城《ちくじょう》を手伝《てつだ》うように命令《めいれい》を出した。

１６０２年、二条城《にじょうじょう》の工事がはじまった。二条城《にじょうじょう》は、京都《きょうと》のほぼ中央を通る二条通《にじょうどおり》にある堀川《ほりかわ》に建《た》てることにした。天皇《てんのう》がくらす御所《ごしょ》へ徒歩《とほ》で行ける距離《きょり》であった。家康《いえやす》はそこに住んでいた人び

二条城《にじょうじょう》の二《に》の丸御殿《まるごてん》

豪華《ごうか》な装飾《そうしょく》がほどこされた建物《たてもの》。朝廷《ちょうてい》からの使いと面会するときなどに使われた(京都府《きょうとふ》)。

二条城《にじょうじょう》が描《えが》かれた屏風絵《びょうぶえ》

二条城《にじょうじょう》は、本丸御殿《ほんまるごてん》と二《に》の丸御殿《まるごてん》の大きな２つの建物《たてもの》を中心に建《た》てられていた。

京都《きょうと》の拠点《きょてん》 二条城《にじょうじょう》を築城《ちくじょう》!

とを立ち退《の》かせ、各地《かくち》の大名たちに工事を担当《たんとう》させた。

翌年《よくとし》、二条城《にじょうじょう》が完成《かんせい》した。当《とう》初《しょ》は城《しろ》というよりも、大きな屋敷《やしき》のようにつくられており、朝廷《ちょうてい》からは「二条亭《にじょうてい》」と呼《よ》ばれた。二条《にじょう》城《じょう》を築城《ちくじょう》した家康《いえやす》は、朝廷《ちょうてい》との結《むす》び付《つ》きを強めるようになった。

なるほどエピソード 秀忠《ひでただ》が娘《むすめ》のために自ら工事した二条城《にじょうじょう》

秀忠《ひでただ》の娘《むすめ》・和子《まさこ》が後水尾天皇《ごみずのおてんのう》と結婚《けっこん》することになり、二条城《にじょうじょう》から御所《ごしょ》へむかうことになった。秀《ひで》忠《ただ》は、娘《むすめ》のために二条城《にじょうじょう》をもっと立派《りっぱ》にしたいと考え、自ら設計《せっけい》を行い、城《しろ》を修築《しゅうちく》したという。

1603年
62歳《さい》

征《せい》夷《い》大《たい》将《しょう》軍《ぐん》となる

武《ぶ》士《し》の頂《ちょう》点《てん》 征《せい》夷《い》大《たい》将《しょう》軍《ぐん》に任《にん》命《めい》される!

征夷大将軍《せいいたいしょうぐん》に任命《にんめい》され江戸幕府《えどばくふ》を開く

1603年、伏見城《ふしみじょう》(京都府《きょうとふ》)に滞在《たいざい》していた家康《いえやす》のもとに、朝廷《ちょうてい》からの使者が訪《おとず》れた。使者は家康《いえやす》を征夷大将軍《せいいたいしょうぐん》に任命《にんめい》すると伝《つた》えた。征夷大将軍《せいいたいしょうぐん》とは、武士《ぶし》を統率《とうそつ》する者に与《あた》えられる役職《やくしょく》である。家康《いえやす》は名目上、全国の大名を支配《しはい》下《か》におくことになったのだ。

家康《いえやす》は後陽成天皇《ごようぜいてんのう》と面会し、将軍《しょうぐん》に任命《にんめい》してくれたことに対してお礼を述《の》べた。このとき家康《いえやす》は、完成《かんせい》したばかりの二条城《にじょうじょう》から、牛車《ぎっしゃ》に乗って盛大《せいだい》に御所《ごしょ》へむかったという。

征夷大将軍《せいいたいしょうぐん》に任命《にんめい》された家康《いえやす》は、自分の拠点《きょてん》である江戸《えど》(現在《げんざい》の東京都《とうきょうと》)に幕府《ばくふ》を開いた。まず、幕府《ばくふ》のしくみを整えると、重要《じゅうよう》な役職《やくしょく》には、家康《いえやす》が信頼《しんらい》する家臣《かしん》を任命《にんめい》した。また、全国各地《かくち》の

江戸幕府《えどばくふ》のしくみ

征夷大将軍《せいいたいしょうぐん》

- （青）各地《かくち》の譜代大名《ふだいだいみょう》から選《えら》ばれる
- （茶）徳川家《とくがわけ》の家臣《かしん》から選《えら》ばれる

大老《たいろう》
幕府《ばくふ》で非常事態《ひじょうじたい》が起こったときに、対処《たいしょ》する役職《やくしょく》。

老中《ろうじゅう》
将軍《しょうぐん》に代わって政治《せいじ》を取りしきる役職《やくしょく》。

大目付《おおめつけ》
各地《かくち》の大名《だいみょう》を取りしまる。

側用人《そばようにん》
将軍《しょうぐん》の側《そば》に直接《ちょくせつ》仕え、将軍《しょうぐん》の命令《めいれい》を伝《つた》える役職《やくしょく》。

若年寄《わかどしより》
幕府《ばくふ》の役人を取りしまり、老中《ろうじゅう》をたすける。

町奉行《まちぶぎょう》
江戸《えど》の町の警察《けいさつ》の仕事や裁判《さいばん》などを行う。

寺社奉行《じしゃぶぎょう》
寺や神社などを管理《かんり》する。

勘定奉行《かんじょうぶぎょう》
幕府《ばくふ》の領地《りょうち》から、税《ぜい》を集め、財政《ざいせい》を担当《たんとう》する。

ビジュアル資料《しりょう》

将軍《しょうぐん》へのあいさつ

各地《かくち》の大名は、将軍《しょうぐん》である徳川家《とくがわけ》に忠誠《ちゅうせい》をちかい、あいさつに訪《おとず》れるようになった。

御所《ごしょ》にむかう家康《いえやす》

天皇《てんのう》に征夷大将軍《せいいたいしょうぐん》に任命《にんめい》されたお礼を伝《つた》えるため、二条城《にじょうじょう》から牛車《ぎっしゃ》に乗って御所《ごしょ》へむかった。

大名の領地《りょうち》を「藩《はん》」と呼《よ》び、支配下《しはいか》においた上でおさめさせた。こうして、のちに250年以上続《いじょうつづ》く江戸幕府《えどばくふ》の政治組織《せいじそしき》の基礎《きそ》ができあがった。

ウソ！ホント!?

家康《いえやす》は江戸城《えどじょう》で過《す》ごさなかった？

家康《いえやす》は、将軍《しょうぐん》に任命《にんめい》されてから、本拠地《ほんきょち》である江戸城《えどじょう》ではなく、京都《きょうと》の二条城《にじょうじょう》や伏見城《ふしみじょう》で過《す》ごすことが多くなった。未《いま》だ権力《けんりょく》をもっている大坂城《おおさかじょう》の豊臣家《とよとみけ》を監視《かんし》するためであったとも考えられている。

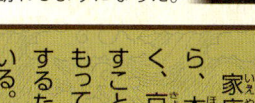

1606年

65歳《さい》

江《え》戸《ど》城《じょう》の大《だい》増《ぞう》築《ちく》をはじめる

巨《きょ》大《だい》な天《てん》守《しゅ》が
家《いえ》康《やす》の権《けん》力《りょく》を示《しめ》す!

工事にたずさわる藤堂高虎《とうどうたかとら》

家康《いえやす》は、城《しろ》づくりの名人と呼《よ》ばれる高《たか》虎《とら》に工事の指揮《しき》をとるようにたのんだ。

将軍職《しょうぐんしょく》を秀忠《ひでただ》にゆずり江《え》戸《ど》城《じょう》を増《ぞう》築《ちく》する

征夷大将軍《せいいたいしょうぐん》に任命《にんめい》された家康《いえやす》は、江《え》戸《ど》城《じょう》や江《え》戸《ど》の城下町《じょうかまち》を整《せい》備《び》した。また、東海道《とうかいどう》や中山道《なかせんどう》などの主要《しゅよう》な道路も整備《せいび》させ、幕府《ばくふ》がおかれた江戸《えど》を中心とする国づくりが進められた。

1605年、家康《いえやす》はわずか2年で征夷大将軍《せいいたいしょうぐん》を子の秀忠《ひでただ》にゆずった。将軍《しょうぐん》という役職《やくしょく》は、代々《だいだい》徳《とく》川《がわ》家《け》が継《つ》ぐものだと全国の大名に知らしめるためだった。家康《いえやす》は、将軍職《しょうぐんしょく》をゆずった後も、大御所《おおごしょ》と呼《よ》ばれ、実権《じっけん》をにぎり続《つづ》けた。

江《え》戸《ど》城《じょう》の城下町《じょうかまち》がほぼ完成《かんせい》すると、家康《いえやす》は、全国の大名に江戸《えど》城《じょう》の大増築《だいぞうちく》を命じた。すぐに工事がはじめられ、藤堂高虎《とうどうたかとら》の指揮《しき》

江戸城《えどじょう》の敷地内《しきちない》の様子

清水門《しみずもん》
平川門《ひらかわもん》
大手濠《おおてぼり》
北桔橋門《きたはねばしもん》
千鳥ヶ淵《ちどりがふち》
二の丸《にのまる》
天守《てんしゅ》
約2km
本丸《ほんまる》
三の丸《さんのまる》
大手門《おおてもん》
半蔵門《はんぞうもん》
西の丸《にしのまる》
蛤濠《はまぐりぼり》
伏見櫓《ふしみやぐら》
坂下門《さかしたもん》
桜田門《さくらだもん》
約1.5km

藤堂高虎《とうどうたかとら》(1556〜1630)

浅井長政《あざいながまさ》や豊臣秀吉《とよとみひでよし》の家《か》臣《しん》であったが、家康《いえやす》と仲良《なかよ》くなり、仕えるようになった。城《しろ》づくりの名人と呼《よ》ばれ、江戸城《えどじょう》や二条城《にじょうじょう》などの修築《しゅうちく》にたずさわった。

のもと、新しい江戸《えど》城《じょう》がつくられていった。完成《かんせい》した江戸《えど》城《じょう》の天守《てんしゅ》は、秀吉《ひでよし》がつくった大坂《おおさか》城《じょう》の天守《てんしゅ》の2倍の広さをもっていた。これは、家康《いえやす》が秀吉《ひでよし》よりも大きな権力《けんりょく》をもったことを示《しめ》すためだったといわれている。

ウソ!ホント!?

江戸《えど》城《じょう》の整備《せいび》には風水が用いられた?

城《しろ》の建物《たてもの》の配置《はいち》には家康《いえやす》の参謀《さんぼう》である天海《てんかい》が助言した。天海《てんかい》は風水の考えで運気が悪いといわれる場所に寺をおいた。また、城《しろ》を中心に堀《ほり》をめぐらせ悪い気が来ないようにしたといわれている。

家康の城

江《え》戸《ど》城《じょう》

城《しろ》の位置《いち》

東京都《とうきょうと》
江戸城《えどじょう》

1603年に征夷大将軍《せいいたいしょうぐん》に任命《にんめい》された家康《いえやす》は、江戸幕府《えどばくふ》の拠点《きょてん》として江《え》戸城《どじょう》を整備《せいび》した。その後、城《しろ》の増築《ぞうちく》を重ねた結果《けっか》、日本最大《さいだい》の城《しろ》となった。

質素《しっそ》な江戸城《えどじょう》を大増築《だいぞうちく》し、日本一の城郭《じょうかく》に！

もともと江戸城《えどじょう》は、扇谷上杉氏《おうぎがやつうえすぎし》の家臣《かしん》太田道灌《おおたどうかん》が築《きず》いたものであった。征夷大将軍《せいいたいしょうぐん》に任命《にんめい》された家康《いえやす》は、江戸城《えどじょう》を本拠地《ほんきょち》にしようと考え入城《にゅうじょう》した。そして、本丸《ほんまる》・二《に》の丸《まる》・西《にし》の丸《まる》・吹上《ふきあげ》・北《きた》の丸《まる》などを大幅《おおはば》に増築《ぞうちく》し、最終的《さいしゅうてき》には太《おお》田道灌《たどうかん》の頃《ころ》の江戸城《えどじょう》のおよそ40倍の広さになったという。

なるほどエピソード

火事で焼失《しょうしつ》した天守《てんしゅ》は再建《さいけん》されなかった!!

江戸城《えどじょう》の天守《てんしゅ》は、将軍《しょうぐん》の力を示《しめ》すために将《しょう》軍《ぐん》がかわるごとに改築《かいちく》された。しかし4代将《しょう》軍《ぐん》・徳川家綱《とくがわいえつな》のときに天守《てんしゅ》が焼《しょう》失《しつ》し、その後は、再建《さいけん》されなかった。城下町《じょうかまち》の復興《ふっこう》を優先《ゆうせん》したからだといわれている。

現在《げんざい》も天守《てんしゅ》の石垣《いしがき》の跡《あと》がのこっている（東京都《とうきょうと》）。

富士山《ふじさん》
この頃《ころ》、周りに高い建物がなく、江戸城《えどじょう》から富士山《ふじさん》がよく見えた。

現在《げんざい》の江戸城《えどじょう》の様子

現在《げんざい》、江戸城《えどじょう》の敷地《しきち》の一部は皇居《こうきょ》となっている。

大天守《だいてんしゅ》
当時は、大小の天守《てんしゅ》が立ちならんでいたといわれている。
小天守《しょうてんしゅ》
内堀《うちぼり》
各地《かくち》から船で物資《ぶっし》が運びこまれた。

知っておどろき!
家康《いえやす》!

家康《いえやす》が進めた江戸《えど》の城下町《じょうかまち》づくり!

武家地《ぶけち》
城《しろ》の警護《けいご》もかねて、江戸《えど》城《じょう》の周《まわ》りには、武家屋敷《ぶけやしき》が立ちならんでいた。

千鳥ヶ淵《ちどりがふち》
飲み水にする水をせき止める目的《もくてき》でつくられた。現在《げんざい》は桜《さくら》の名所となっている。

日本橋《にほんばし》
町人屋敷《ちょうにんやしき》が立ちならび、商人や職人《しょくにん》が生活していた。五街道《ごかいどう》(➡P202)の起点でもあった。

町人地《ちょうにんち》
海に近く、交通の便《べん》がよい場所には、町人《ちょうにん》の屋敷《やしき》がならんでいた。

江戸城《えどじょう》を中心にした大都市計画が行われる

征夷大将軍《せいいたいしょうぐん》となった家康《いえやす》は、江《え》戸《ど》城周辺《じょうしゅうへん》の地形から改造《かいぞう》する大《だい》規《き》模《ぼ》な町づくりを行った。まず、山を切りくずし、その土で江《え》戸《ど》城《じょう》の後ろに広がっていた入《い》り江《え》を埋《う》め立てて、広い土地をつくった。その土地に、江《え》戸《ど》城《じょう》の周《まわ》りを囲《かこ》むように、大名や徳川《とくがわ》家《け》の家臣《かしん》たちが住む武家屋敷《ぶけやしき》を建《た》てた。また、海《うみ》沿《ぞ》いには船着き場から江《え》戸《ど》城《じょう》の堀《ほり》へつながる水路を整備《せいび》した。全国から集めた木材《もくざい》や大石を船で運ばせた。

これらの工事は、全国の大名たちに命じて行わせた。大名たちに財力《ざいりょく》を使わせるとともに、幕府《ばくふ》へ

増上寺《ぞうじょうじ》
家康《いえやす》が信仰《しんこう》する浄土宗《じょうどしゅう》の寺だったことから、将軍《しょうぐん》代々《だいだい》の墓《はか》が建《た》てられた。
外堀《そとぼり》
敵《てき》から城《しろ》を守るだけでなく、船で物資《ぶっし》を運ぶためにも利用《りよう》された。
日比谷《ひびや》
かつては入《い》り江《え》であったが、城下町《じょうかまち》を広げるために埋《う》め立てられた。
新橋《しんばし》
東海道《とうかいどう》
江戸湊《えどみなと》
各地《かくち》から船で物資《ぶっし》が運びこまれた。

の忠誠心《ちゅうせいしん》を示《しめ》させる目的《もくてき》もあった。こうして整備《せいび》された江戸《えど》の町は、のちに世界有数の人口をほこる大都市へと成長《せいちょう》した。

ウソ！ホント!?

駿府城《すんぷじょう》の城下町《じょうかまち》のほうが先に完成《かんせい》した？

将軍職《しょうぐんしょく》を秀忠《ひでただ》にゆずった家康《いえやす》は江戸《えど》から駿府《すんぷ》へ隠居《いんきょ》した。そのため、駿府城《すんぷじょう》の城下町《じょうかまち》も同時に整備《せいび》が進められた。家康《いえやす》のいる城《しろ》の城下町《じょうかまち》とあって、江戸《えど》の城下町《じょうかまち》よりも駿府城《すんぷじょう》の城下町《じょうかまち》のほうが先に工事が進められたという。

家《いえ》康《やす》がつくった江《え》戸《ど》時代の制《せい》度《ど》

交通の整備《せいび》

五街道《ごかいどう》をつくる

江戸《えど》の日本橋《にほんばし》をスタート地点に東海道《とうかいどう》・中山《なかせん》道《どう》・甲州街道《こうしゅうかいどう》・日光街道《にっこうかいどう》・奥州街道《おうしゅうかいどう》を整備《せいび》し、人と物の流れをスムーズにした。現在《げんざい》でも、道路の一部としてのこっているところがある。

数《かず》かずの制度《せいど》をつくった時代の先駆者《せんくしゃ》

家康《いえやす》は、貨幣制度《かへいせいど》、教育制度《きょういくせいど》、交通整備《せいび》など、現代《げんだい》の日本の制度《せいど》の基礎《きそ》を築《きず》き上げた。

江戸幕府《えどばくふ》の初代征夷大将軍《しょだいせいいたいしょうぐん》として政治《せいじ》の実権《じっけん》をにぎり、経済面《けいざいめん》では、それまで場所によってバラバラだったお金のつくり方を統一《とういつ》し、商業発展《はってん》の基礎《きそ》を築《きず》き上げた。また、五街道《ごかいどう》をつくり、交通を整備《せいび》することで、全国の物資《ぶっし》の流通や人の移動《いどう》が速くなるようにし、人びとの生活を便利《べんり》なものにした。社会面では、教育の重要性《じゅうようせい》にいち早く注目し、学問所をつくった。

家康《いえやす》は、政治《せいじ》、経済《けいざい》、社会において大きな改革《かいかく》をなしとげた。

貨幣《かへい》制度《せいど》の整備《せいび》

貨幣《かへい》を統一《とういつ》する

貨幣《かへい》をつくる金座《きんざ》・銀座《ぎんざ》を設立《せつりつ》し、金貨《きんか》・銀貨《ぎんか》・銭貨《せんか》を発行した。

慶長大判《けいちょうおおばん》

現在《げんざい》のお金で、およそ100万円。１枚《まい》10両に相当した。

慶長小判《けいちょうこばん》

現在《げんざい》のお金で、１枚《まい》およそ10万円。１枚《まい》で１両と数えた。

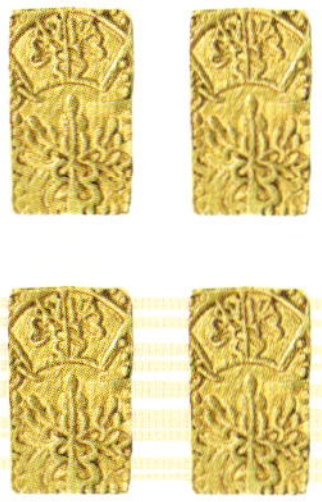

慶長一分金《けいちょういちぶきん》

小判《こばん》のおよそ４分の１の価値《かち》。

教育の整備《せいび》

江戸《えど》に学問所をつくる

家康《いえやす》は学問を重んじていたため、子どもたちへの教育に力を入れた。やがて、大名や農民《のうみん》が家康《いえやす》の取り組みを手本にするようになり、各地《かくち》で学問所がつくられるようになった。

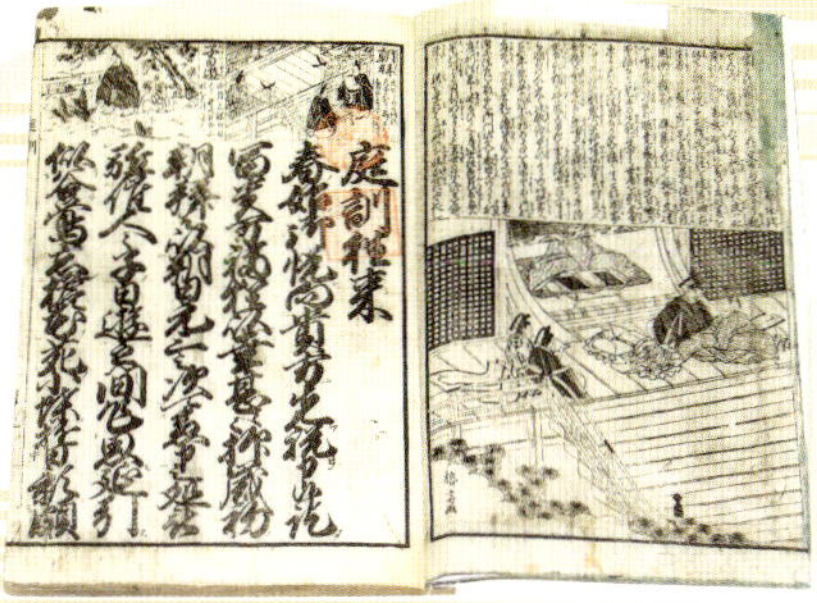

江戸《えど》時代の教科書

漢字の書き取りや読み取りをするため、手紙のやりとりをまとめた本や和歌集が使われていた。

江戸《えど》時代の学問所の様子

家康《いえやす》がつくった学問所から広がり、読み・書き・そろばんなどを教えた。

超《ちょう》ビジュアル！家《いえ》康《やす》新聞

第8号

発行所：江《え》戸《ど》新聞社

家康《いえやす》は外国が好《す》きだった!?

見知らぬ世界に家康《いえやす》は興味津々《きょうみしんしん》！

当時の貿易《ぼうえき》で使われた朱印船《しゅいんせん》の模型《もけい》

貿易《ぼうえき》には積極的《せっきょくてき》！

家康《いえやす》は、貿易《ぼうえき》の利益《りえき》を求《もと》めて、東南アジアやスペイン・ポルトガルなどと貿易《ぼうえき》を積極的《せっきょくてき》に行った。家康《いえやす》が日本初《にほんはつ》の西洋式の大型船《おおがたせん》をつくったことで、多くの日本人が海外で商売をした。

外国人を家臣《かしん》にした!?

1600年、豊後《ぶんご》（現在《げんざい》の大分県《おおいたけん》）にオランダ船リーフデ号が漂着《ひょうちゃく》した。家《いえ》康《やす》はリーフデ号に乗っていたウィリアム・アダムズとヤン・ヨーステンを幕府《ばくふ》の外交顧問《こもん》としてやとい、ふたりから世界の状況《じょうきょう》や西洋の学問などを教わった。

アダムズ氏《し》に 独占《どくせん》インタビュー

質問《しつもん》 なぜ家康《いえやす》の家臣《かしん》になったのですか？

家康様《いえやすさま》は、新しい技術《ぎじゅつ》に非常《ひじょう》に興味《きょうみ》があり、特《とく》に大砲《たいほう》が気に入られたようです。わたしたちのもつ知《ち》識《しき》が役立つのであれば、家《いえ》康様《やすさま》にお仕えしようと思いました。家康様《いえやすさま》は、わたしのために、三浦按針《みうらあんじん》という名前もつけてくれました。

ウィリアム・アダムズ氏《し》

キリスト教を恐《おそ》れていた!?

家康《いえやす》は、貿易《ぼうえき》は積極的《せっきょくてき》に行ったが、キリスト教が広まることは良《よ》しとしなかった。1612年には幕府《ばくふ》の直轄地《ちょっかつち》、翌年《よくとし》には全国で、キリスト教を禁止《きんし》している。家康《いえやす》は、キリスト教信者《しんじゃ》の一揆《いっき》や、スペインやポルトガルの侵略《しんりゃく》を恐《おそ》れていたといわれている。

朝鮮《ちょうせん》と仲《なか》直《なお》りした!?

秀吉《ひでよし》が2度にわたって朝鮮《ちょうせん》に出兵《しゅっぺい》して以来《いらい》、朝鮮《ちょうせん》との国交は途《と》絶《だ》えていた。そこで、家康《いえやす》は対馬藩《つしまはん》の宗氏《そうし》を通じて、朝鮮《ちょうせん》に国交の回復《かいふく》を働《はたら》きかけた。宗氏《そうし》の活躍《かつやく》もあり、朝鮮国王《ちょうせんこくおう》の使いと会見することができ、江戸《えど》時代には、12回にわたって朝鮮《ちょうせん》からの使者が江戸《えど》を訪《おとず》れたという。

家康《いえやす》は新しいもの好《ず》き!?

家康《いえやす》はさまざまな外国の品物を集めていた。
これが時計というものか!!
墨《すみ》がなくても字が書ける!!
便利《べんり》じゃ!
これが眼鏡《めがね》!
知らなんだのう…。
興味《きょうみ》がつきない家康《いえやす》だった…。

家康《いえやす》は江戸《えど》幕府《ばくふ》の貿易《ぼうえき》の基礎《きそ》をつくった!

当時、外国との貿易《ぼうえき》の中心は長崎《ながさき》であった。家康《いえやす》は貿易《ぼうえき》の利益《りえき》を独占《どくせん》するために、長崎《ながさき》を幕府《ばくふ》の支配下《しはいか》においた。家康《いえやす》の死後《しご》、幕府《ばくふ》は外国との貿易《ぼうえき》を制限《せいげん》する鎖国《さこく》を行ったが、長崎《ながさき》では引き続《つづ》き、貿易《ぼうえき》が活発に行われた。

1614年
73歳《さい》
徳川軍《とくがわぐん》
真田丸《さなだまる》
徳川軍《とくがわぐん》
合戦分析《かっせんぶんせき》データ
豊臣軍《とよとみぐん》
戦力《せんりょく》
作戦《さくせん》
運《うん》
徳川軍《とくがわぐん》

大《おお》坂《さか》冬《ふゆ》の陣《じん》

大坂城《おおさかじょう》に立てこもる豊臣軍《とよとみぐん》を大軍《たいぐん》で包囲《ほうい》！

分　戦力《せんりょく》　約《やく》20万人

徳川家康《とくがわいえやす》

徳川軍《とくがわぐん》

VS

豊臣軍《とよとみぐん》

豊臣秀頼《とよとみひでより》

分　戦力《せんりょく》　約《やく》10万人

方広寺《ほうこうじ》の鐘《かね》を理由に豊臣軍《とよとみぐん》を攻《せ》める

1611年、家康《いえやす》は二条城《にじょうじょう》で豊《とよ》臣秀吉《とみひでよし》の子・秀頼《ひでより》と面会した。秀《ひで》吉《よし》が死んだ当時は、まだ6歳《さい》であった秀頼《ひでより》は19歳《さい》になり、立派《りっぱ》な青年へと成長《せいちょう》していた。家康《いえやす》は、秀頼《ひでより》が率《ひき》いる豊臣家《とよとみけ》がふたたび天《てん》下《か》を目指すことを不安《ふあん》に思った。

そのようななか、豊臣家《とよとみけ》が方広《ほうこう》寺《じ》（京都府《きょうとふ》）の大仏《だいぶつ》の開眼供養《かいげんくよう》（完《かん》成《せい》したときの儀式《ぎしき》）を行うことになった。家康《いえやす》は、この儀式《ぎしき》の延期《えんき》を命じた。方広寺《ほうこうじ》の鐘《かね》に、「国家《こっか》安康《あんこう》」「君臣豊楽《くんしんほうらく》」という文字が刻《きざ》まれており、「豊」と「臣」の字が隣《とな》

大坂冬《おおさかふゆ》の陣《じん》の布陣《ふじん》図《ず》

備前島《びぜんじま》
大坂城《おおさかじょう》
内堀《うちぼり》
豊臣軍《とよとみぐん》
約《やく》10万人
外堀《そとぼり》
真田幸村《さなだゆきむら》
真田丸《さなだまる》
伊達政宗《だてまさむね》
井伊直孝《いいなおたか》
前田利常《まえだとしつね》
徳川秀忠《とくがわひでただ》
徳川軍《とくがわぐん》
約《やく》20万人
徳川家康《とくがわいえやす》

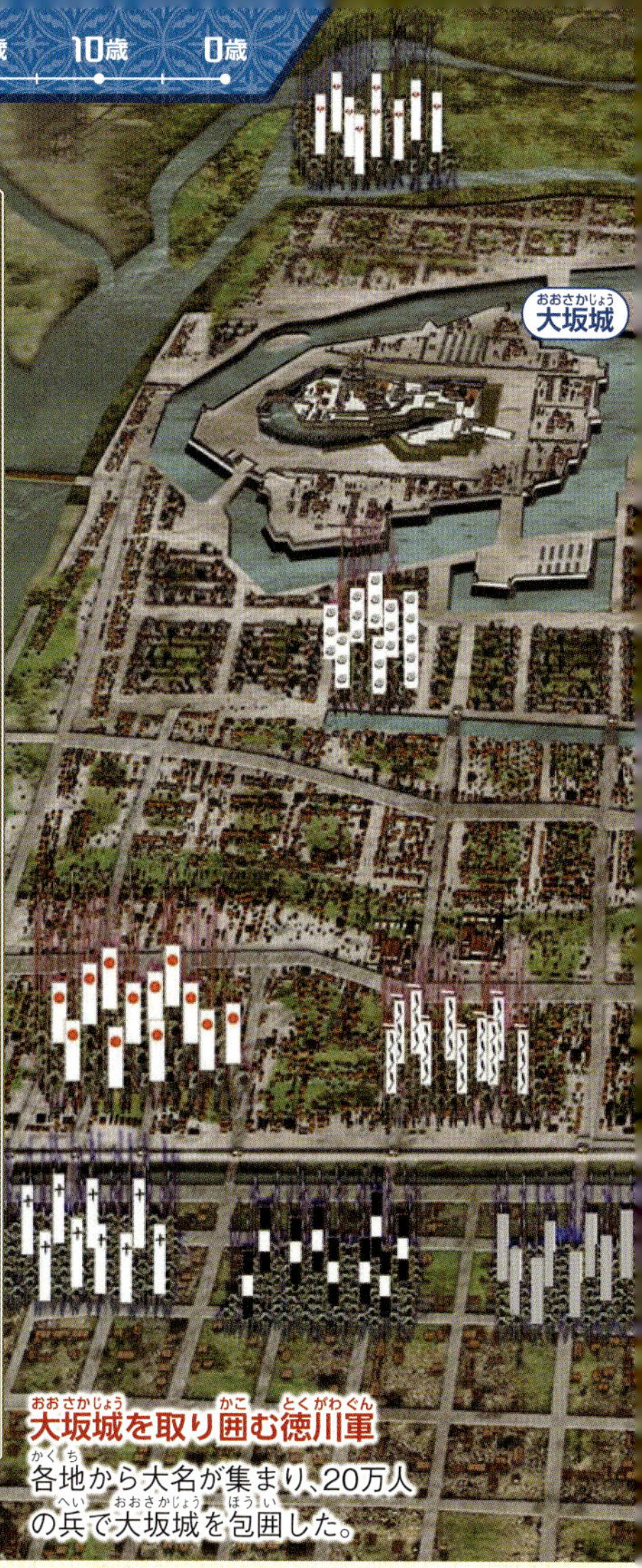
大坂城《おおさかじょう》

大坂城《おおさかじょう》を取り囲《かこ》む徳川軍《とくがわぐん》
各地《かくち》から大名が集まり、20万人の兵《へい》で大坂城《おおさかじょう》を包囲《ほうい》した。

り合っているのに、「家」と「康」の字が分断《ぶんだん》され、家康《いえやす》に呪《のろ》いをかけようとしているという理由であった。家康《いえやす》はこれをきっかけに豊臣《とよとみ》家《け》をほろぼそうと考えた。豊臣家《とよとみけ》は誤解《ごかい》をとこうと家臣《かしん》を派遣《はけん》したが、聞き入れられなかった。

家康《いえやす》は、各地《かくち》の大名に豊臣家《とよとみけ》をほろぼすように命じ、約《やく》20万人の大軍《たいぐん》で大坂城《おおさかじょう》を取り囲《かこ》んだ。対する豊臣軍《とよとみぐん》の中には、家康《いえやす》を何度も苦しめた真田昌幸《さなだまさゆき》の子・幸村《ゆきむら》の姿《すがた》もあった。

発見《はっけん》! 方広寺《ほうこうじ》の鐘《かね》
豊臣家《とよとみけ》がつくった寺院。鐘《かね》に「国家安康《こっかあんこう》」「君臣豊楽《くんしんほうらく》」の字が刻《きざ》まれていた（京都府《きょうとふ》）。

真田丸《さなだまる》からの攻撃《こうげき》に苦戦《くせん》する!

守《まも》りの固《かた》い大坂城《おおさかじょう》に大砲《たいほう》で攻撃《こうげき》する

大軍《たいぐん》で大坂城《おおさかじょう》を取り囲《かこ》んだ家康《いえやす》であったが、城《しろ》の守りが固《かた》く、すぐには攻撃《こうげき》できなかった。

また、南側《みなみがわ》には真田幸村《さなだゆきむら》が「真田《さなだ》丸《まる》」と呼《よ》ばれる小さな城《しろ》を築《きず》いて守りを固《かた》めていた。幸村《ゆきむら》は、徳川軍《とくがわぐん》が攻《せ》めてくると、十分に引き付《つ》けたあとに、真田丸《さなだまる》から鉄砲《てっぽう》で攻撃《こうげき》する作戦《さくせん》に出た。これにより、徳《とく》川軍《がわぐん》は大きな被害《ひがい》を受けた。

このままでは決着がつかないと考えた家康《いえやす》は、大砲《たいほう》を用意し、大坂城《おおさかじょう》にむけて撃《う》ちはじめた。昼も夜も続《つづ》く大砲《たいほう》での攻撃《こうげき》に、大坂城内《おおさかじょうない》では徳《とく》川軍《がわぐん》と仲直《なかなお》りしようという意見が出た。提案《ていあん》したのは、豊臣家《とよとみけ》の実権《じっけん》をにぎる秀頼《ひでより》の母・淀殿《よどどの》であった。大《たい》砲《ほう》での攻撃《こうげき》がこわくなった淀殿《よどどの》は、周囲《しゅうい》の反対を押《お》し切り、家康《いえやす》と仲直《なかなお》りすることを決めた。

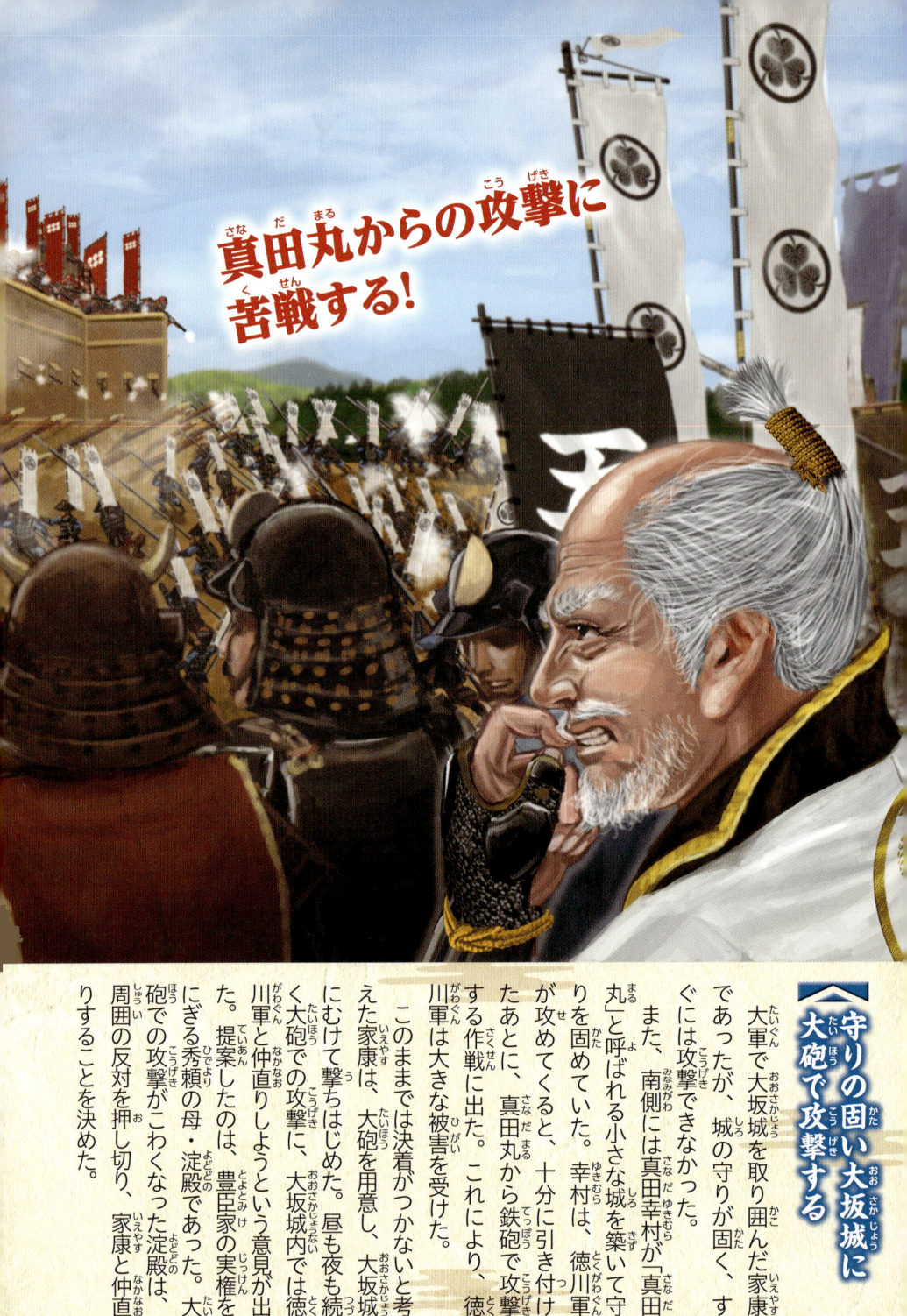

大坂冬《おおさかふゆ》の陣《じん》の流れ

1 方広寺鐘銘事件《ほうこうじしょうめいじけん》

方広寺《ほうこうじ》の鐘《かね》の文字を理由に、豊臣家《とよとみけ》が徳川家《とくがわけ》をほろぼそうとしているとして、全国の大名に豊臣家《とよとみけ》を攻《せ》めるように命じた。

2 真田幸村《さなだゆきむら》に苦戦《くせん》する

徳川軍《とくがわぐん》は大坂城《おおさかじょう》を取り囲《かこ》んだが、城《しろ》の守りが固《かた》く苦戦《くせん》した。真田幸村《さなだゆきむら》が築《きず》いた真田丸《さなだまる》からの攻撃《こうげき》にも、大きな被害《ひがい》を受けた。

3 大砲《たいほう》で大坂城《おおさかじょう》を攻撃《こうげき》する

徳川軍《とくがわぐん》は、大砲《たいほう》を用意し、城《しろ》を一日中攻撃《こうげき》した。豊臣軍《とよとみぐん》はこれにおびえ、家康《いえやす》と仲直《なかなお》りすることを決めた。

真田丸《さなだまる》

豊臣軍《とよとみぐん》の真田幸村《さなだゆきむら》は大坂城《おおさかじょう》の南に小さな城《しろ》を築《きず》き、徳川軍《とくがわぐん》をむかえうった。

1615年 74歳《さい》

大《おお》坂《さか》夏《なつ》の陣《じん》

真《さな》田《だ》幸《ゆき》村《むら》の突《とつ》撃《げき》を防《ふせ》ぎ豊《とよ》臣《とみ》家《け》との戦《たたか》いに決着！

突撃《とつげき》する真田軍《さなだぐん》
家康《いえやす》がいる本陣《ほんじん》をめがけて決死の覚悟《かくご》で攻撃《こうげき》した。
真田幸村《さなだゆきむら》
徳川家康本陣《とくがわいえやすほんじん》

合戦分析《かっせんぶんせき》データ

豊《とよ》臣《とみ》軍《ぐん》		徳《とく》川《がわ》軍《ぐん》
	戦力《せんりょく》	
	作戦《さくせん》	
	運《うん》	

合戦《かっせん》場所

大阪府《おおさかふ》
大坂城《おおさかじょう》

大《おお》坂《さか》城《じょう》の堀《ほり》を埋《う》めて大《おお》坂《さか》の陣《じん》に決着

家康《いえやす》は、豊《とよ》臣《とみ》家《け》と大《おお》坂《さか》城《じょう》の外《そと》堀《ぼり》を埋《う》めるという約《やく》束《そく》をして仲《なか》直《なお》りした。しかし家《いえ》康《やす》は、外《そと》堀《ぼり》だけでなく内《うち》堀《ぼり》も埋《う》めてしまったのである。翌《よく》年《とし》、内《うち》堀《ぼり》がなくなり、攻《せ》めやすくなった大《おお》坂《さか》城《じょう》を、家《いえ》康《やす》はふたたび約《やく》15万人の大《たい》軍《ぐん》で取り囲《かこ》んだ。

豊《とよ》臣《とみ》軍《ぐん》は、堀《ほり》を埋《う》められ本《ほん》丸《まる》だけとなってしまったため、城《しろ》から出て戦《たたか》うしか方《ほう》法《ほう》がなかった。兵《へい》力《りょく》は約《やく》5万人。「兵《へい》の数が少ない豊《とよ》臣《とみ》軍《ぐん》が勝つには家《いえ》康《やす》本人を倒《たお》すしかない」。そう考えた豊《とよ》臣《とみ》軍《ぐん》

勝 戦力《せんりょく》 約《やく》15万人

徳《とく》川《がわ》家《いえ》康《やす》

徳《とく》川《がわ》軍《ぐん》

VS

豊《とよ》臣《とみ》軍《ぐん》

豊《とよ》臣《とみ》秀《ひで》頼《より》

負 戦力《せんりょく》 約《やく》5万人

大坂夏の陣《じん》の流れ

1 大坂城《おおさかじょう》の堀《ほり》を埋《う》める

徳川軍《とくがわぐん》は、大坂冬《おおさかふゆ》の陣《じん》で仲直《なかなお》りしたときの約束《やくそく》を理由に、大坂城《おおさかじょう》の堀《ほり》を埋《う》めていった。

2 徳川軍《とくがわぐん》が攻撃《こうげき》をしかける

徳川軍《とくがわぐん》は、堀《ほり》がなくなった大坂城《おおさかじょう》をふたたび取り囲《かこ》み、攻撃《こうげき》をはじめた。城《しろ》に立てこもる豊臣軍《とよとみぐん》は追いつめられた。

3 秀頼《ひでより》が大坂城《おおさかじょう》で自害《じがい》する

徳川軍《とくがわぐん》が城内《じょうない》にまで攻《せ》めこみ、追いつめられた秀頼《ひでより》と淀殿《よどどの》は、大坂城内《おおさかじょうない》で自害《じがい》した。

の真田幸村《さなだゆきむら》は、家康《いえやす》の本陣《ほんじん》をめがけて捨《す》て身の突撃《とつげき》をくり返した。この攻撃《こうげき》は家康《いえやす》をこわがらせたが、家康《いえやす》には届《とど》かなかった。

徳川軍《とくがわぐん》は大坂城《おおさかじょう》に乱入《らんにゅう》した。追いつめられた豊臣秀頼《とよとみひでより》と淀殿《よどどの》は、大阪城内《おおさかじょうない》で自害《じがい》した。これにより、豊臣家《とよとみけ》は滅亡《めつぼう》し、家康《いえやす》は徳川家《とくがわけ》の天下《てんか》を確実《かくじつ》なものにした。

家康《いえやす》を支《ささ》えた家臣《かしん》団《だん》！

家康《いえやす》のもとには、優《すぐ》れた家臣《かしん》たちが集まった。家康《いえやす》は家臣《かしん》をうまく使い、天下《てんか》を取った。

武力面《ぶりょくめん》

本多忠勝《ほんだただかつ》 （➡P105）

酒井忠次《さかいただつぐ》 （➡P104）

井伊直政《いいなおまさ》 （➡P104）

榊原康政《さかきばらやすまさ》 （➡P100）

徳川四天王《とくがわしてんのう》

側近《そっきん》として家康《いえやす》を支《ささ》えた武将《ぶしょう》の中でも、特《とく》に戦《いくさ》で活躍《かつやく》した４人の武《ぶ》将《しょう》は徳川四天王《とくがわしてんのう》と呼《よ》ばれた。

適材適所《てきざいてきしょ》！家康《いえやす》の人材活用術《じんざいかつようじゅつ》

家康《いえやす》は人の長所や短所を見極《みきわ》めることが上手であった。家臣《かしん》ひとりひとりの能力《のうりょく》を見出《みいだ》し、その能力《のうりょく》に適《てき》した仕事を与《あた》えていた。また、武田《たけだ》家《け》や今川《いまがわ》家《け》など、滅亡《めつぼう》した戦国大名《せんごくだいみょう》の家臣《かしん》も多く採用《さいよう》するなど、家柄《いえがら》や出身にかかわりなく、その人の性格《せいかく》や能力《のうりょく》しだいで出世させた。

江戸幕府《えどばくふ》を開いた後も、さまざまな分野で家康《いえやす》を支《ささ》える家臣《かしん》がいた。戦《たたか》いなどの武力面《ぶりょくめん》で

家康《いえやす》の宝《たから》

あるとき秀吉《ひでよし》は大名を集め、自分の宝《たから》を自慢《じまん》した。
すごいじゃろ
家康殿《いえやすどの》の宝《たから》は何じゃ？
そうですな…。
わたしのために命を投げだしてくれる家臣《かしん》たちがいます。
これがわたしの宝《たから》ですな。
むむむ…
秀吉《ひでよし》は黙《だま》るしかなかったという…。

政治面《せいじめん》

戦《たたか》いの際《さい》は作戦《さくせん》を立て、戦《たたか》いがないときは町づくりなどの政治《せいじ》を行った。

本多正信《ほんだまさのぶ》

（➡P100）

相談面

家康《いえやす》がさまざまな政策《せいさく》をうち立てるときに、知恵《ちえ》を借《か》りた。

崇伝《すうでん》

（➡P225）

天海《てんかい》

（➡P225）

情報収集《じょうほうしゅうしゅう》

戦《たたか》いを有利《ゆうり》に進めるために、敵国《てきこく》の情報《じょうほう》収集《しゅうしゅう》などを行った。

服部半蔵《はっとりはんぞう》

（➡P105）

は、古くから合戦《かっせん》で活躍《かつやく》してきた4人の武将《ぶしょう》が徳川四天王《とくがわしてんのう》と呼《よ》ばれた。また、崇伝《すうでん》や天海《てんかい》などの僧侶《そうりょ》が相談役として、家康《いえやす》の政策《せいさく》をたすけた。

家康《いえやす》は自分を支《ささ》える家臣《かしん》をとても大切にしていた。

なるほどエピソード

武田家《たけだけ》から引き継《つ》いだ「赤備《あかぞな》え」

武田家《たけだけ》に「赤備《あかぞな》え」と呼《よ》ばれる赤《あか》い甲冑《かっちゅう》を着た武装集団《ぶそうしゅうだん》がいた。武田家《たけだけ》がほろびると、家康《いえやす》が「赤備《あかぞな》え」を井伊直政《いいなおまさ》の配下にした。家康《いえやす》の采配《さいはい》もあり、「赤備《あかぞな》え」を率《ひき》いた直政《なおまさ》は、戦《いくさ》で活躍《かつやく》し、「井伊《いい》の赤鬼《あかおに》」と呼《よ》ばれて恐《おそ》れられた。

超《ちょう》ビジュアル！
家《いえ》康《やす》新聞
第9号
発行所：
江戸《えど》新聞社

家康《いえやす》最後《さいご》の戦《たたか》い 大坂《おおさか》の陣《じん》裏話《うらばなし》

家康《いえやす》の勝利《しょうり》の裏側《うらがわ》では何が起こっていたのか!?

真田幸村《さなだゆきむら》

豊臣軍《とよとみぐん》は浪人《ろうにん》の寄《よ》せ集めだった!?

大坂《おおさか》の陣《じん》で豊臣家《とよとみけ》に味方したのは主君をもたない浪《ろう》人《にん》ばかりだった。大名の統《とう》率《そつ》がとれた徳川家《とくがわけ》に対し、豊臣家《とよとみけ》は、浪人《ろうにん》をまとめる人材《じんざい》も不足《ふそく》していた。

大坂城《おおさかじょう》攻《ぜ》めのアイデアは秀吉《ひでよし》からもらった!?

大坂城《おおさかじょう》は大きな堀《ほり》がはりめぐらされ、難攻不落《なんこうふらく》の城《しろ》だった。秀吉《ひでよし》本人から「大《おお》坂城《さかじょう》は正攻法《せいこうほう》では、何年かかっても落ちない」と聞いていた家康《いえやす》は、一度仲直《なかなお》りして外堀《そとぼり》と内堀《うちぼり》を埋《う》める作《さく》戦《せん》を思いついたという。

家康《いえやす》は鎧《よろい》が着られないほど太っていた!?

大坂夏《おおさかなつ》の陣《じん》にのぞんだ家《いえ》康《やす》の服装《ふくそう》は、茶色の羽織《はおり》に浅黄《あさぎ》の帷子《かたびら》など、軽装《けいそう》であった。実は、家康《いえやす》は鎧《よろい》が窮屈《きゅうくつ》なほど太っていて、わらじのひもも自分で結《むす》べないほどだったという。

宿敵《しゅくてき》は真田幸村《さなだゆきむら》!?

豊臣軍《とよとみぐん》の真田幸村《さなだゆきむら》は、大《おお》坂冬《さかふゆ》の陣《じん》では真田丸《さなだまる》を築《きず》いて応戦《おうせん》し、大坂夏《おおさかなつ》の陣《じん》では家康《いえやす》を目指して突撃《とつげき》し、本《ほん》陣《じん》までせまった。恐《おそ》れた家《いえ》康《やす》が自ら命を絶《た》つことを決意したほど、幸村《ゆきむら》の攻撃《こうげき》はすさまじかったという。そんな幸村《ゆきむら》の戦《たたか》いぶりは、「真田《さなだ》、日本一の兵《つわもの》」と賞賛《しょうさん》された。

悲しき運命をもつ千姫《せんひめ》!?

徳川秀忠《とくがわひでただ》の娘《むすめ》の千姫《せんひめ》は、豊臣秀頼《とよとみひでより》と結婚《けっこん》していたため、大坂《おおさか》の陣《じん》では、実の親と敵対《てきたい》した。大坂夏《おおさかなつ》の陣《じん》では、千姫《せんひめ》は家康《いえやす》のもとにかけつけ、秀頼《ひでより》と淀殿《よどどの》の助命をたのんだが、かなわなかった。大坂《おおさか》の陣《じん》の後、千《せん》姫《ひめ》は桑名《くわな》藩《はん》(現在《げんざい》の三重県《みえけん》)の本多忠刻《ほんだただとき》と再婚《さいこん》し、のちに出家したという。

勝負《しょうぶ》を決めた家康《いえやす》の大砲《たいほう》

家康《いえやす》がそろえた最新《さいしん》の大砲《たいほう》
その数300!
その威力《いりょく》で淀殿《よどどの》をふるえあがらせたが――
さすがの大坂城《おおさかじょう》でもだめかもしれぬ…!
実は大坂城《おおさかじょう》に届《とど》いた弾《たま》はたった2発であった。
全然《ぜんぜん》届《とど》かない…。
そのうちの1発が淀殿《よどどの》の居間《いま》に命中。
和議《わぎ》を結《むす》ぶしかない…。
戦《いくさ》の命運を分けた。

徹底的《てっていてき》に豊臣家《とよとみけ》をほろぼした!?

家康《いえやす》は、まだ8歳《さい》であった秀頼《ひでより》の幼《おさな》い息子までも殺《ころ》している。後継《あとつ》ぎをのこさせないことで、豊臣家《とよとみけ》を完《かん》全《ぜん》にほろぼし、徳川《とくがわ》の治世《ちせい》を安定させようとしたといわれている。

1615年
74歳《さい》

武家諸法度《ぶけしょはっと》で全国の大名を支配下《しはいか》におく！

武家諸法度《ぶけしょはっと》を定める

武家諸法度《ぶけしょはっと》を読み上げる崇伝《すうでん》
武家諸法度《ぶけしょはっと》は、江戸幕府《えどばくふ》の２代将軍《しょうぐん》・秀忠《ひでただ》の名で全国の大名に発布《はっぷ》された。

関連《かんれん》地図

大名が守るきまりとして武家諸法度《ぶけしょはっと》を作成《さくせい》

将軍職《しょうぐんしょく》を子の秀忠《ひでただ》にゆずった家康《いえやす》は、大御所《おおごしょ》として江戸幕府《えどばくふ》の政治《せいじ》を動かしていた。家康《いえやす》は、幕府《ばくふ》による政治《せいじ》がいつまでも続《つづ》くように、全国の大名を従《したが》えるための法律《ほうりつ》をつくることにした。この法律《ほうりつ》は武家諸法度《ぶけしょはっと》と呼《よ》ばれた。

家康《いえやす》は、相談役であった崇伝《すうでん》など優秀《ゆうしゅう》な家臣《かしん》に命じて武家諸法度《ぶけしょはっと》を作成《さくせい》させた。武家諸法度《ぶけしょはっと》は13条《じょう》からなり、第1条《じょう》には「大名は学問と武道《ぶどう》にひたすらはげむこと」と説《と》いていたが、ほかの条文《じょうぶん》は、大名の居城《きょじょう》や婚姻《こんいん》についてのきまりなど、大名の行動を規制《きせい》するものばかりであった。

武家諸法度《ぶけしょはっと》が完成《かんせい》すると、大名たちを伏見城《ふしみじょう》に集めた。崇伝《すうでん》がその場で読み聞かせて発布《はっぷ》し、従《したが》うことを大名たちにちかわせた。

武家諸法度《ぶけしょはっと》のおもな内容《ないよう》

一 学問と武道《ぶどう》にひたすらはげむこと。

一 城《しろ》を修理《しゅうり》する場合は、必《かなら》ず幕府《ばくふ》に申請《しんせい》すること。新しい城《しろ》をつくることは禁止《きんし》する。

一 幕府《ばくふ》の許可《きょか》なしに、結婚《けっこん》してはいけない。

崇伝《すうでん》(1569～1633)

金地院《こんちいん》(京都府《きょうとふ》)の僧侶《そうりょ》。家康《いえやす》の相談役として、武《ぶ》家諸法度《けしょはっと》など幕府《ばくふ》のさまざまな法律《ほうりつ》をつくった。(➡P225)

家康《いえやす》は、さらに朝廷《ちょうてい》のきまりとして禁中並公家諸法度《きんちゅうならびにくげしょはっと》を制定《せいてい》し、天皇《てんのう》や公家衆《くげしゅう》に対しても従《したが》うように命じた。家康《いえやす》は、これらの法律《ほうりつ》を定めて、江戸幕府《えどばくふ》の体制《たいせい》を確立《かくりつ》したのであった。

なるほどエピソード

将軍《しょうぐん》に会いに行く風潮《ふうちょう》が制度《せいど》となった

関ケ原《せきがはら》の戦《たたか》いの後、家康《いえやす》に忠誠《ちゅうせい》をちかおうと江戸《えど》を訪《おとず》れる大名が多くいた。家康《いえやす》は江戸《えど》を訪《おとず》れる大名に屋敷《やしき》などを与《あた》えて、大名の妻《つま》や子どもを江戸《えど》に住まわせた。この風潮《ふうちょう》は、のちに家康《いえやす》の孫《まご》・徳川家光《とくがわいえみつ》が、「参勤交代《さんきんこうたい》」として武《ぶ》家諸法度《けしょはっと》に制度《せいど》として定めた。

1616年

75歳《さい》

家康《いえやす》が亡《な》くなる

江戸《えど》時代を切り開いた激動《げきどう》の人生に幕《まく》を下ろす！

鷹狩《たかが》りの最中《さいちゅう》に体の異変《いへん》を感じる家康《いえやす》

鷹狩《たかが》りに出かけた日の夜に発病した腹痛《ふくつう》が治《なお》らず、駿府城《すんぷじょう》で息を引き取った。

病気で生涯《しょうがい》を終え、神としてまつられる

豊臣家《とよとみけ》をほろぼし、武家諸法度《ぶけしょはっと》などの法令《ほうれい》を整備《せいび》して、江戸幕府《えどばくふ》の基礎固《きそがた》めは完了《かんりょう》しつつあった。

そのようななか、家康《いえやす》が突然《とつぜん》病に倒《たお》れた。正月早々《しょうがつそうそう》、鷹狩《たかが》りに出かけた日の夜、急に腹痛《ふくつう》をうったえたのだ。一時は元気を取りもどし駿府城《すんぷじょう》（静岡県《しずおかけん》）へ帰るが、病状《びょうじょう》はなかなか良くならず、次第に悪化していった。

4月に入り、死期が近いことを悟《さと》った家康《いえやす》は、崇伝《すうでん》や天海《てんかい》など、信頼《しんらい》する家臣《かしん》を枕元《まくらもと》に呼《よ》び、遺言《ゆいごん》を伝《つた》えた。自分の葬式《そうしき》の段取《だんど》りについてであった（⬇P220）。その直後、家康《いえやす》は亡《な》くなった。75歳《さい》であった。健康《けんこう》に気をつかっていたこともあり、当時の武将《ぶしょう》のなかでは、かなりの長生きであった。家康《いえやす》の葬式《そうしき》は崇伝《すうでん》が中心となっ

て行われ、家康《いえやす》の遺言通《ゆいごんどお》り、久能山《くのうざん》(静岡県《しずおかけん》)に墓《はか》がつくられた。250年以上《いじょう》続《つづ》く江戸《えど》時代の礎《いしずえ》を築《きず》いた家康《いえやす》の人生は、こうして幕《まく》を閉《と》じた。

家康《いえやす》の神廟《しんびょう》

家康《いえやす》の遺言通《ゆいごんどお》り、久能山《くのうざん》に墓《はか》がつくられた。崇伝《すうでん》は、この地に家《いえ》康《やす》を神としてまつる久能山東照宮《くのうざんとうしょうぐう》を建《た》てた(静岡県《しずおかけん》)。

遺言《ゆいごん》を伝《つた》える家康《いえやす》

死ぬ間際《まぎわ》、愛刀《あいとう》の剣先《けんさき》を、なおも不穏《ふおん》な動きをする西国《さいごく》にむけておくように言いのこしたという。

ウソ!ホント!?

鯛《たい》の天ぷらを食べて死んだ!?

家康《いえやす》は、鷹《たか》狩りに出かけた帰りに鯛《たい》の天ぷらを食べた。当時、天ぷらはめずらしい食べ物であったため、家康《いえやす》はよろこんで食べたという。しかしその夜、家康《いえやす》は突然《とつぜん》腹痛《ふくつう》におそわれた。家康《いえやす》の死は、その腹痛《ふくつう》が原因《げんいん》であったという説《せつ》もある。

神様になった家康《いえやす》

日光東照宮《にっこうとうしょうぐう》

家康《いえやす》がまつられている日光東照宮《にっこうとうしょうぐう》。現在《げんざい》も年間180万人ほどの参拝客《さんぱいきゃく》が訪《おとず》れている（栃木県《とちぎけん》）。

家康《いえやす》は死後、日光東照宮《にっこうとうしょうぐう》に神様としてまつられた

家康《いえやす》は、亡《な》くなる数日前、天《てん》海《かい》、崇伝《すうでん》などを枕元《まくらもと》に呼《よ》び寄《よ》せ、次のように言いのこした。「自分が死んだら、自分の体は駿河《するが》（現在《げんざい》の静岡県《しずおかけん》）の久能山《くのうざん》に埋《う》めること。葬式《そうしき》は江戸《えど》（現在《げんざい》の東京都《とうきょうと》）の増上寺《ぞうじょうじ》で行うこと。位牌《いはい》は三河《みかわ》（現在《げんざい》の愛知県《あいちけん》）の大樹寺《だいじゅじ》に納《おさ》めること。葬式《そうしき》から1年が過《す》ぎたら、下野《しもつけ》（現在《げんざい》の栃木県《とちぎけん》）の日光山《にっこうさん》に小さなお堂《どう》を建《た》て仏教《ぶっきょう》を広めること。そうすれば、わたしは関東《かんとう》地方の守り神となろう」。家康《いえやす》の死後、この遺言《ゆいごん》通《どお》りに葬式《そうしき》が行われた。また、天海《てんかい》のはたらきで「東照大権現《とうしょうだいごんげん》」という名前が後《ご》水《みずの》尾《お》天皇《てんのう》から家康《いえやす》におくられた。

こうして、家康《いえやす》は、死後も平

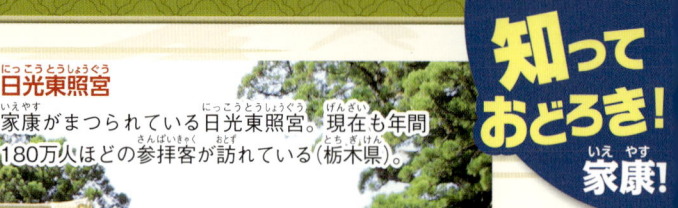

今に残《のこ》る家康《いえやす》の遺品《いひん》

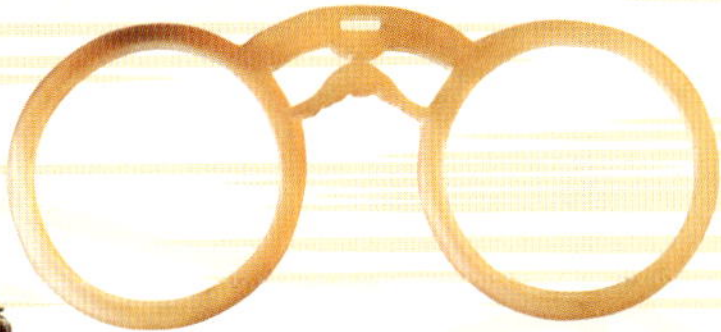

家康《いえやす》が愛用《あいよう》した眼鏡《めがね》

手でもって使う眼鏡《めがね》。家康《いえやす》は日本で初《はじ》めて眼鏡《めがね》を使ったという説《せつ》もある。

家康《いえやす》がスペインから贈《おく》られた洋時計

遭難《そうなん》したスペイン船をたすけたことから、スペインの国王が感謝《かんしゃ》し、家康《いえやす》におくった。

関連《かんれん》地図

和な世が続《つづ》くように、神としてまつられた。日光《にっこう》の地から、江《え》戸《ど》の町や徳川《とくがわ》家《け》の子孫《しそん》たちを見守り続《つづ》けた。

なるほどエピソード

偉大《いだい》な祖父《そふ》・家康《いえやす》を敬愛《けいあい》した家光《いえみつ》

日光東照宮《にっこうとうしょうぐう》を現在《げんざい》のように豪《ごう》華《か》に改築《かいちく》したのは3代将軍《しょうぐん》・家《いえ》光《みつ》である。1年以上《いじょう》の年月をかけた改築《かいちく》には、現在《げんざい》のお金で200億円《おくえん》以上《いじょう》がかけられたともいわれている。祖父《そふ》を敬愛《けいあい》した家光《いえみつ》は、死後も祖父《そふ》の側《そば》にいたいと、東照宮《とうしょうぐう》の近くに自分の墓《はか》をつくるよう遺言《ゆいごん》をのこした。

家康《いえやす》の孫《まご》・家光《いえみつ》

家康《いえやす》にほろぼされた豊臣家《とよとみけ》の後継《あとつ》ぎ

豊臣秀頼《とよとみひでより》

豊臣秀頼《とよとみひでより》は、豊臣秀吉《とよとみひでよし》と淀殿《よどどの》の間に生まれた豊臣家《とよとみけ》の後継《あとつ》ぎである。6歳《さい》のときに、父・秀吉《ひでよし》が亡《な》くなり、豊臣家《とよとみけ》を継《つ》いだ。秀吉《ひでよし》は死の直前、家康《いえやす》ら五大老《ごたいろう》に秀頼《ひでより》を守るよう約束《やくそく》させたが、家康《いえやす》が江戸《えど》に幕府《ばくふ》を開くと、政治《せいじ》の実権《じっけん》は豊臣家《とよとみけ》から徳《とく》川家《がわけ》に移《うつ》った。家康《いえやす》の孫娘《まごむすめ》・千姫《せんひめ》と結婚《けっこん》したが、大坂冬《おおさかふゆ》の陣《じん》・夏《なつ》の陣《じん》で家康《いえやす》に攻《せ》めこまれ、自害《じがい》した。

秀頼自刃《ひでよりじじん》の地

大坂夏《おおさかなつ》の陣《じん》で追いこまれた秀頼《ひでより》は、大坂城内《おおさかじょうない》で母・淀殿《よどどの》と自害《じがい》した。

出身《しゅっしん》地《ち》	大坂《おおさか》（現在《げんざい》の大阪府《おおさかふ》）
生年月日《せいねんがっぴ》	1593年8月3日
死亡年月日《しぼうねんがっぴ》	1615年5月8日
享年《きょうねん》	23歳《さい》（自害《じがい》）

肖像《しょうぞう》

秀吉《ひでよし》亡《な》き後、豊臣家《とよとみけ》の権力《けんりょく》をにぎった秀頼《ひでより》の母

淀殿《よどどの》

淀殿《よどどの》は、近江《おうみ》（現在《げんざい》の滋賀県《しがけん》）の戦《せん》国武将《ごくぶしょう》・浅井長政《あざいながまさ》と織田信長《おだのぶなが》の妹・お市《いち》の方《かた》との間に生まれた。豊臣秀《とよとみひで》吉《よし》の側室《そくしつ》となり、秀頼《ひでより》を生んだ。とても美人だったといわれている。秀《ひで》吉《よし》の死後は、秀頼《ひでより》の後見人として、豊臣家《とよとみけ》の中でも高い地位《ちい》を得《え》るようになった。しかし、大坂夏《おおさかなつ》の陣《じん》で家《いえ》康《やす》に攻《せ》められ、秀頼《ひでより》とともに大坂城《おおさかじょう》内《ない》で自害《じがい》した。

浅井長政《あざいながまさ》とお市《いち》の方《かた》

淀殿《よどどの》は、浅井長政《あざいながまさ》とお市《いち》の方《かた》の間に生まれた三姉妹の長女であった。

出身《しゅっしん》地《ち》	近江《おうみ》（現在《げんざい》の滋賀県《しがけん》）
生年月日《せいねんがっぴ》	1569年頃《ごろ》
死亡年月日《しぼうねんがっぴ》	1615年5月8日
享年《きょうねん》	49歳《さい》?（自害《じがい》）

肖像《しょうぞう》

家康《いえやす》の後を継《つ》いだ江戸《えど》幕府《ばくふ》の2代将軍《しょうぐん》

徳川秀忠《とくがわひでただ》

出身地《しゅっしんち》	遠江《とおとうみ》（現在《げんざい》の静岡県《しずおかけん》）
生年月日《せいねんがっぴ》	1579年4月7日
死亡年月日《しぼうねんがっぴ》	1632年1月24日
享年《きょうねん》	54歳《さい》（病死）

肖像《しょうぞう》

徳川秀忠《とくがわひでただ》は家康《いえやす》の三男として生まれた。幼《おさな》い頃《ころ》から家康《いえやす》の教えをよく守り、おだやかな人柄《ひとがら》で家臣《かしん》からしたわれていた。17歳《さい》のとき、淀殿《よどどの》の妹である江《ごう》と結婚《けっこん》する。

関ケ原《せきがはら》の戦《たたか》いでは、家康《いえやす》とはちがう中山道《なかせんどう》を通って戦場《せんじょう》に向かったため、真田氏《さなだし》に足止めされ、戦《たたか》いに遅《おく》れてしまった。家康《いえやす》は激怒《げきど》するが、榊原《さかきばら》康政《やすまさ》など多くの家臣《かしん》が秀忠《ひでただ》をかばったため、許《ゆる》されたという。

27歳《さい》のとき、家康《いえやす》から征夷大将軍《せいいたいしょうぐん》をゆずられ、2代将軍《しょうぐん》に就任《しゅうにん》した。実権《じっけん》は大御所《おおごしょ》となった家康《いえやす》にあったが、家康《いえやす》とともに、武家諸法度《ぶけしょはっと》や禁中《きんちゅう》並《ならびに》公家諸法度《くげしょはっと》などを制定《せいてい》した。

家康《いえやす》の死後、娘《むすめ》の和子《まさこ》を後水尾天皇《ごみずのおてんのう》と結婚《けっこん》させ、朝廷《ちょうてい》との結《むす》び付《つ》きを強めた。子の家光《いえみつ》に将軍職《しょうぐんしょく》をゆずったあとも、大御所《おおごしょ》として家光《いえみつ》の政治《せいじ》を支《ささ》えた。

関ケ原《せきがはら》の戦《たたか》いに遅《おく》れた秀忠《ひでただ》

家康《いえやす》は、戦《たたか》いに遅《おく》れたことに激怒《げきど》し、しばらく秀忠《ひでただ》と口をきかなかったという。

江《ごう》（1573〜1626）

秀忠《ひでただ》の正室。浅井三姉妹《あざいさんしまい》の三女であった。3代将軍《しょうぐん》となる家光《いえみつ》や秀頼《ひでより》の正室・千姫《せんひめ》を生んだ。

何度も家康《いえやす》を苦しめた日本一の兵《つわもの》

真田幸村《さなだゆきむら》

真田《さなだ》幸村《ゆきむら》は、上田城《うえだじょう》(長野県《ながのけん》)の城《じょう》主《しゅ》・真田《さなだ》昌幸《まさゆき》の息子。父が豊臣秀吉《とよとみひでよし》の家臣《かしん》になったため、子どもの頃《ころ》は、大《おお》坂城《さかじょう》で過《す》ごしたという。関ケ原《せきがはら》の戦《たたか》いでは、石田三成《いしだみつなり》が率《ひき》いる西軍《せいぐん》に味方し、秀忠《ひでただ》が率《ひき》いる徳川軍《とくがわぐん》を上田城《うえだじょう》で撃《げき》退《たい》した。戦《たたか》いの後、家康《いえやす》によって、父・昌幸《まさゆき》とともに九度山《くどやま》(和歌山県《わかやまけん》)へ隠居《いんきょ》するように命じられた。

家康《いえやす》が豊臣家《とよとみけ》を攻《せ》めることを知ると、九度山《くどやま》をぬけ出し、大坂城《おおさかじょう》にかけつけた。大坂冬《おおさかふゆ》の陣《じん》では、大坂城《おおさかじょう》の南《みなみ》側《がわ》に土を盛《も》り上げて「真田丸《さなだまる》」と呼《よ》ばれる城《しろ》をつくり、家康軍《いえやすぐん》に大きな被害《ひがい》を与《あた》えた。大坂夏《おおさかなつ》の陣《じん》では、家康《いえやす》めがけて捨《す》て身の突撃《とつげき》をくり返したが、家康《いえやす》の大軍《たいぐん》にはかなわず、戦場《せんじょう》で討《う》ち死にした。

出身地《しゅっしんち》	信濃《しなの》(現在《げんざい》の長野県《ながのけん》)
生年月日《せいねんがっぴ》	1567年(誕生日《たんじょうび》は不明《ふめい》)
死亡年月日《しぼうねんがっぴ》	1615年5月7日
享年《きょうねん》	49歳《さい》(戦死《せんし》)

肖像《しょうぞう》

家康《いえやす》を追い詰《つ》める幸村《ゆきむら》

父・昌幸《まさゆき》とともに何度も家康《いえやす》を苦しめた幸村《ゆきむら》は、家康《いえやす》が最《もっと》も恐《おそ》れた人物であったといわれている。

真田丸跡《さなだまるあと》

大坂城《おおさかじょう》の南側《みなみがわ》に土を盛《も》り上げて「真田《さなだ》丸《まる》」と呼《よ》ばれる小さな城《しろ》をつくり、徳《とく》川軍《がわぐん》に対抗《たいこう》した。

家康《いえやす》の参謀《さんぼう》となった「黒衣《こくい》の宰相《さいしょう》」

天海《てんかい》

天海《てんかい》は天台宗《てんだいしゅう》の僧《そう》で、家康《いえやす》の側近《そっきん》。11歳《さい》で僧《そう》となり、比叡山《ひえいざん》などで修行《しゅぎょう》を積《つ》んだ。家康《いえやす》の参謀《さんぼう》として、おもに朝廷《ちょうてい》との交渉《こうしょう》を担当《たんとう》した。また、江戸《えど》城《じょう》の改修《かいしゅう》や城下町《じょうかまち》の整備《せいび》にもたずさわったといわれている。

家康《いえやす》の死後も将軍《しょうぐん》となった秀忠《ひでただ》・家光《いえみつ》の相談役として徳川家《とくがわけ》のために尽《つ》くし、108歳《さい》まで生きたといわれている。

天海《てんかい》の像《ぞう》

天海《てんかい》の若《わか》い頃《ころ》については不明《ふめい》なことが多く、実は織田《おだ》信長《のぶなが》を討《う》った明智《あけち》光秀《みつひで》が生き延《の》びた姿《すがた》だったという説《せつ》もある。

出身地《しゅっしんち》	陸奥《むつ》(現在《げんざい》の福島県《ふくしまけん》)
生年月日《せいねんがっぴ》	1536年?
死亡年月日《しぼうねんがっぴ》	1643年10月2日
享年《きょうねん》	108歳《さい》?(病死)

肖像《しょうぞう》

家康《いえやす》とともに武家諸法度《ぶけしょはっと》を作成《さくせい》

崇伝《すうでん》

崇伝《すうでん》は臨済宗《りんざいしゅう》の僧《そう》で、家康《いえやす》の側近《そっきん》。37歳《さい》のとき、京都《きょうと》の南禅寺《なんぜんじ》の住職《じゅうしょく》となり、金地院《こんちいん》という建物《たてもの》に住んだ。

家康《いえやす》の相談役として、外交文書の作成《さくせい》などを手がけるようになった。やがて政治《せいじ》の面でも活躍《かつやく》するようになり、「武家諸法度《ぶけしょはっと》」などをつくる際《さい》に中心的《ちゅうしんてき》な役割《やくわり》を果《は》たした。

金地院《こんちいん》

臨済宗《りんざいしゅう》の南禅寺《なんぜんじ》に建てられた塔頭《たっちゅう》(京都府《きょうとふ》)。

出身地《しゅっしんち》	京都《きょうと》(現在《げんざい》の京都府《きょうとふ》)
生年月日《せいねんがっぴ》	1569年(誕生日《たんじょうび》は不明《ふめい》)
死亡年月日《しぼうねんがっぴ》	1633年1月20日
享年《きょうねん》	65歳《さい》(病死)

肖像《しょうぞう》

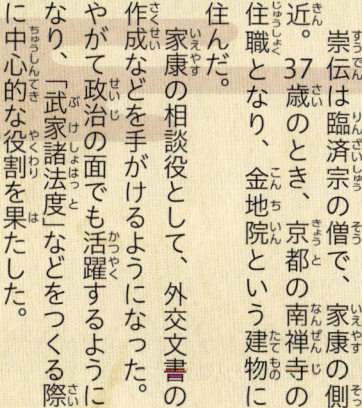

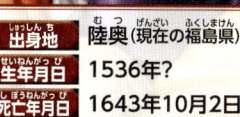

戦《せん》国《ごく》時代の国《こく》名《めい》マップ

奈良《なら》時代から明治《めいじ》時代のはじめ頃《ごろ》まで、日本の地方は、現在《げんざい》とはちがう名前「国名《こくめい》」で呼《よ》ばれていた。国と国の境《さかい》も、現在《げんざい》の都《と》道府県《どうふけん》との境《さかい》とは少しちがっていた。

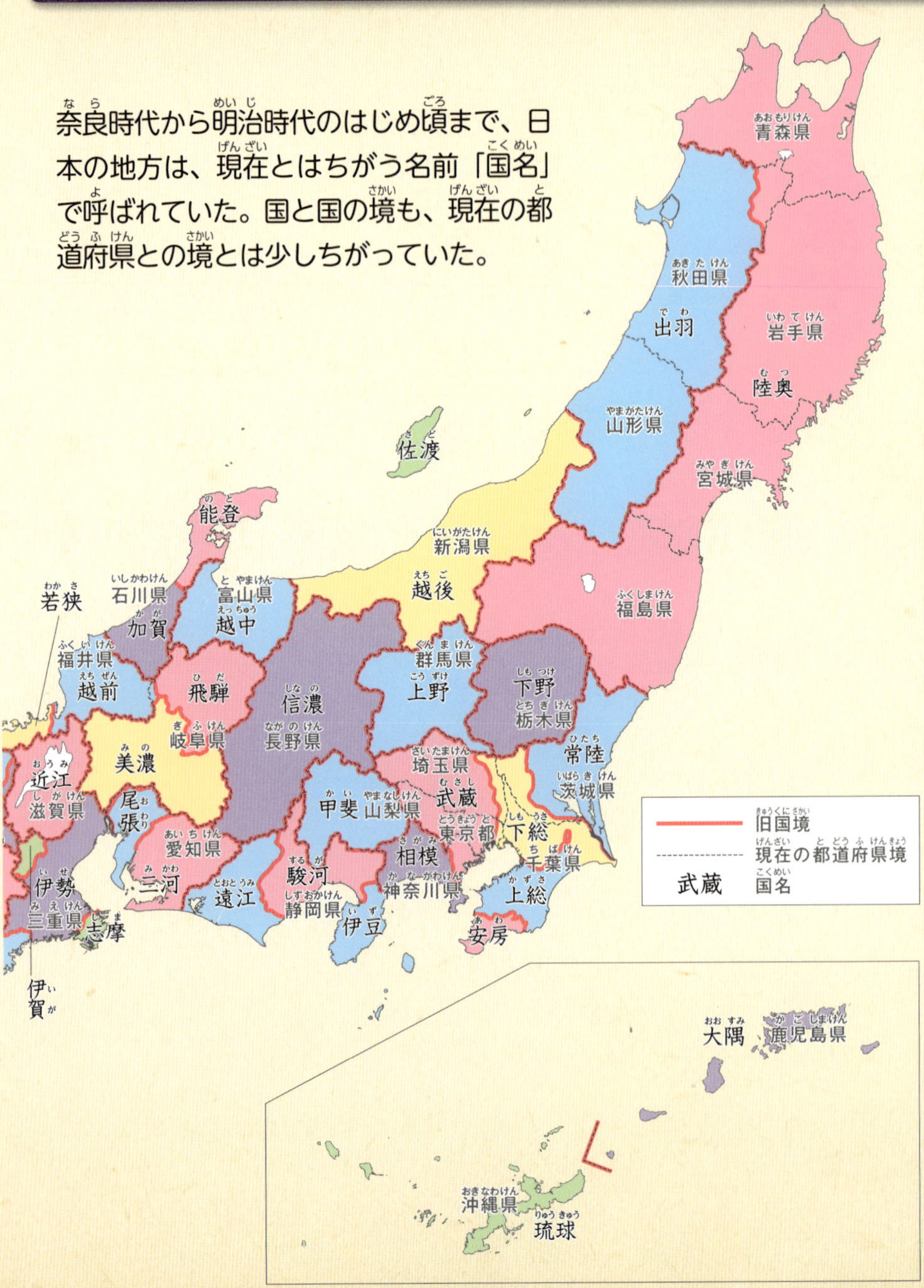

青森県《あおもりけん》
秋田県《あきたけん》
出羽《でわ》
岩手県《いわてけん》
陸奥《むつ》
山形県《やまがたけん》
佐渡《さど》
宮城県《みやぎけん》
能登《のと》
新潟県《にいがたけん》
越後《えちご》
福島県《ふくしまけん》
若狭《わかさ》
石川県《いしかわけん》
富山県《とやまけん》
加賀《かが》
越中《えっちゅう》
福井県《ふくいけん》
群馬県《ぐんまけん》
越前《えちぜん》
飛騨《ひだ》
信濃《しなの》
上野《こうずけ》
下野《しもつけ》
岐阜県《ぎふけん》
長野県《ながのけん》
栃木県《とちぎけん》
美濃《みの》
埼玉県《さいたまけん》
常陸《ひたち》
近江《おうみ》
武蔵《むさし》
茨城県《いばらきけん》
滋賀県《しがけん》
尾《お》張《わり》
甲斐《かい》 山梨県《やまなしけん》
東京都《とうきょうと》
下総《しもうさ》
愛知県《あいちけん》
相模《さがみ》
千葉県《ちばけん》
伊勢《いせ》
三河《みかわ》
駿河《するが》
遠江《とおとうみ》
神奈川県《かながわけん》
上総《かずさ》
三重県《みえけん》
静岡県《しずおかけん》
志摩《しま》
伊豆《いず》
安房《あわ》
伊《い》賀《が》
旧国境《きゅうくにさかい》
現在《げんざい》の都《と》道《どう》府《ふ》県《けん》境《きょう》
武蔵
国名《こくめい》
大隅《おおすみ》
鹿児島県《かごしまけん》
沖縄県《おきなわけん》
琉球《りゅうきゅう》

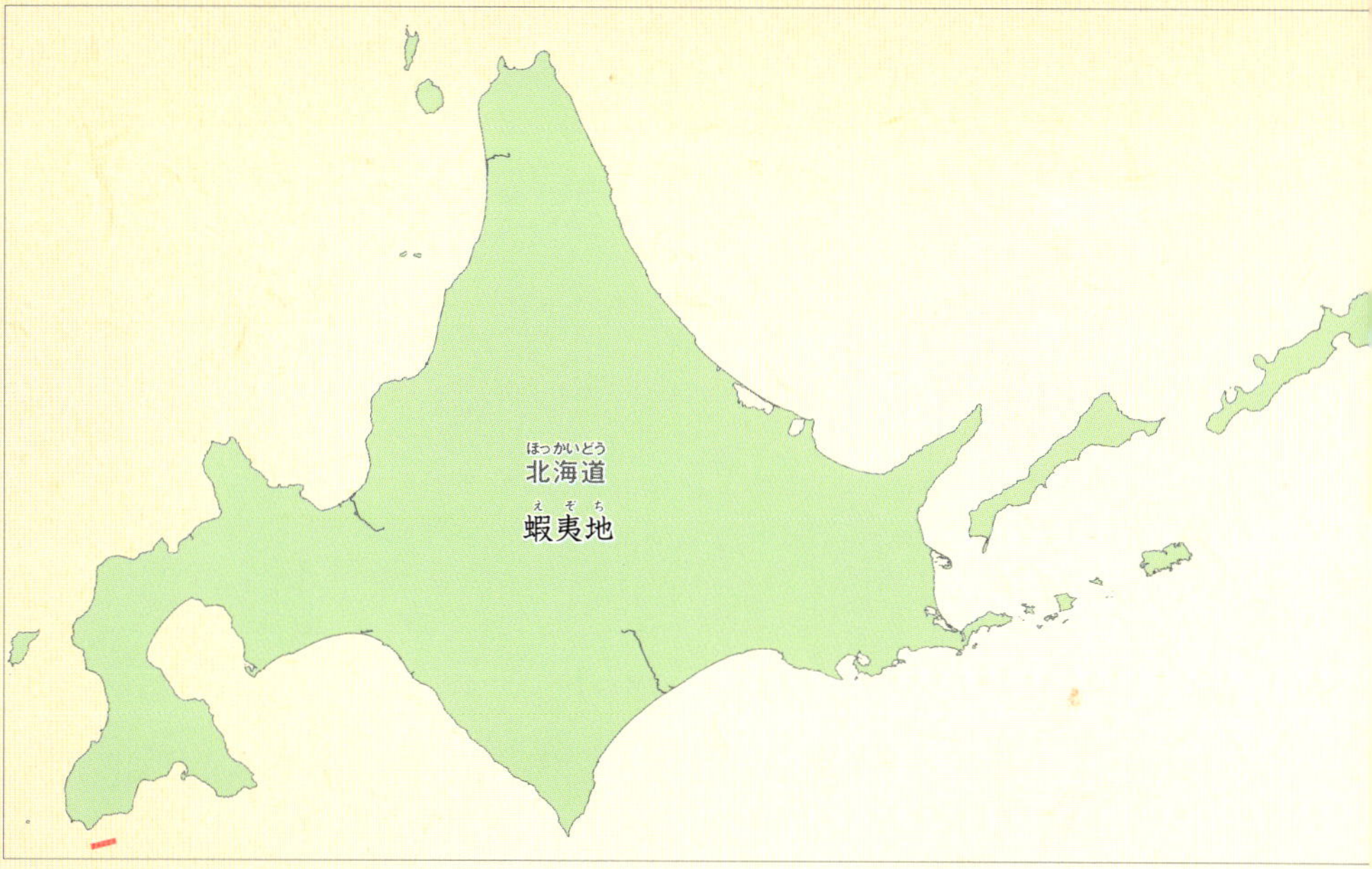
北海道《ほっかいどう》
蝦夷地《えぞち》

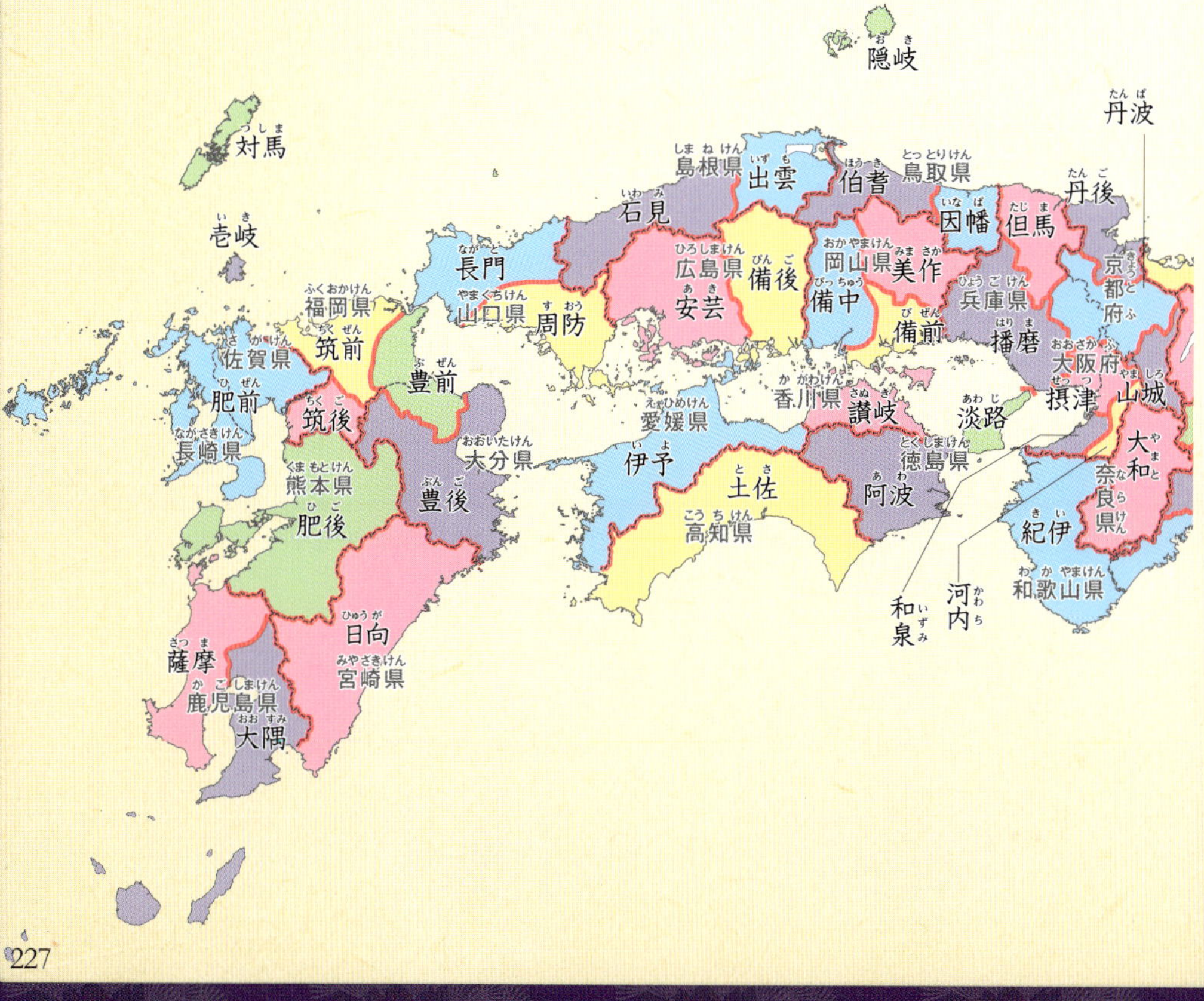
隠岐《おき》
丹波《たんば》
対馬《つしま》
島根県《しまねけん》
出雲《いずも》
伯耆《ほうき》
鳥取県《とっとりけん》
丹後《たんご》
石見《いわみ》
因幡《いなば》
但馬《たじま》
壱岐《いき》
長門《ながと》
広島県《ひろしまけん》
備後《びんご》
岡山県《おかやまけん》
美作《みまさか》
京都府《きょうとふ》
福岡県《ふくおかけん》
山口県《やまぐちけん》
周防《すおう》
安芸《あき》
備中《びっちゅう》
備前《びぜん》
兵庫県《ひょうごけん》
播磨《はりま》
筑前《ちくぜん》
佐賀県《さがけん》
大阪府《おおさかふ》
山城《やましろ》
豊前《ぶぜん》
肥前《ひぜん》
香川県《かがわけん》
讃岐《さぬき》
淡路《あわじ》
摂津《せっつ》
筑後《ちくご》
愛媛県《えひめけん》
大和《やまと》
長崎県《ながさきけん》
大分県《おおいたけん》
徳島県《とくしまけん》
熊本県《くまもとけん》
伊予《いよ》
土佐《とさ》
阿波《あわ》
奈良県《ならけん》
豊後《ぶんご》
肥後《ひご》
高知県《こうちけん》
紀伊《きい》
河内《かわち》
和歌山県《わかやまけん》
和泉《いずみ》
日向《ひゅうが》
薩摩《さつま》
宮崎県《みやざきけん》
鹿児島県《かごしまけん》
大隅《おおすみ》

徳《とく》川《がわ》家《いえ》康《やす》関《かん》連《れん》年表

※赤字はこの本で大きく取り上げているできごとです。

時代	西暦《せいれき》（年）	できごと
室町《むろまち》時代（戦国《せんごく》時代）	1542	1歳《さい》
	12月	**家康《いえやす》（竹千代《たけちよ》）が誕生《たんじょう》する**（⬇P34）
	1543	2歳《さい》
	8月	種子島《たねがしま》に鉄砲《てっぽう》が伝《つた》わる
	1544	3歳《さい》
	9月	母・お大《だい》と父・広忠《ひろただ》が離婚《りこん》する
	1547	6歳《さい》
	10月	**織田家《おだけ》の人質《ひとじち》となる**（⬇P36）
	1549	8歳《さい》
	3月	家康《いえやす》が松平家《まつだいらけ》の家督《かとく》を継《つ》ぐ
	8月	ザビエルが日本にキリスト教を伝《つた》える
	11月	**今川家《いまがわけ》の人質《ひとじち》となる**（⬇P38）
	1551	10歳《さい》
	3月	信秀《のぶひで》が死に、織田信長《おだのぶなが》が家督《かとく》を継《つ》ぐ
	1555	14歳《さい》

時代	西暦（年）	できごと
室町《むろまち》時代（戦国《せんごく》時代）	9月	**三河一向一揆《みかわいっこういっき》**（⬇P72）
	1564	23歳《さい》
	2月	三河一向一揆《みかわいっこういっき》を平定する
	1565	24歳《さい》
	9月	信長《のぶなが》が美濃《みの》を統一《とういつ》する
	1566	25歳《さい》
	12月	徳川家康《とくがわいえやす》に改名《かいめい》する
	1567	26歳《さい》
	5月	徳姫《とくひめ》（信長《のぶなが》の長女）と松平信康《まつだいらのぶやす》（家康《いえやす》の長男）が結婚《けっこん》する
	1568	27歳《さい》
	10月	足利義昭《あしかがよしあき》が室町幕府《むろまちばくふ》の将軍《しょうぐん》になる
	1569	28歳《さい》
	5月	**掛川城《かけがわじょう》の戦《たたか》い**（⬇P74）
	1570	29歳《さい》
	4月	金ケ崎《かねがさき》の戦《たたか》い
	6月	**姉川《あねがわ》の戦《たたか》い**（⬇P78）
	9月	石山合戦《いしやまかっせん》がはじまる

※年表の内容《ないよう》には別《べつ》の説《せつ》があるものもあります。

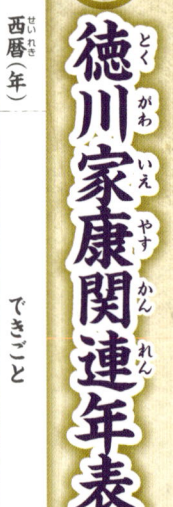

室町《むろまち》時代（戦国《せんごく》時代）

- 3月 元服《げんぷく》し、松平元信《まつだいらもとのぶ》を名乗る
- **1556** 15歳《さい》
- 5月 今川義元《いまがわよしもと》の許可《きょか》を得《え》て、父の墓参《はかまい》りをする
- **1557** 16歳《さい》
- 1月 築山殿《つきやまどの》と結婚《けっこん》する
- ?月 松平元康《まつだいらもとやす》に改名《かいめい》する
- **1558** 17歳《さい》
- 2月 **寺部城攻《てらべじょうぜ》め** (⬇P44)
- **1559** 18歳《さい》
- 3月 長男・信康《のぶやす》が生まれる
- **1560** 19歳《さい》
- 5月 **桶狭間《おけはざま》の戦《たたか》い** (⬇P46)
- **1561** 20歳《さい》
- ?月 三河平定《みかわへいてい》をはじめる
- **1562** 21歳《さい》
- 1月 **清洲同盟《きよすどうめい》を結《むす》ぶ** (⬇P48)
- **1563** 22歳《さい》
- 7月 松平家康《まつだいらいえやす》に改名《かいめい》する

室町《むろまち》時代（戦国《せんごく》時代）

- 浜松城《はままつじょう》に移《うつ》る
- ?月 上杉謙信《うえすぎけんしん》と同盟《どうめい》を結《むす》ぶ
- **1571** 30歳《さい》
- 2月 武田信玄《たけだしんげん》が遠江《とおとうみ》を攻《せ》める
- 9月 信長《のぶなが》が比叡山《ひえいざん》を焼《や》き討《う》ちにする
- **1572** 31歳《さい》
- 12月 **三方ケ原《みかたがはら》の戦《たたか》い** (⬇P80)
- **1573** 32歳《さい》
- 4月 武田信玄《たけだしんげん》が病死する
- 7月 信長《のぶなが》が室町幕府《むろまちばくふ》をほろぼす
- **1575** 34歳《さい》
- 5月 **長篠《ながしの》の戦《たたか》い** (⬇P88)

安土桃山《あづちももやま》時代

- **1577** 36歳《さい》
- 10月 秀吉《ひでよし》が中国攻《ちゅうごくぜ》めを開始する
- **1579** 38歳《さい》
- 4月 三男・秀忠《ひでただ》が生まれる
- 9月 **築山殿《つきやまどの》と信康《のぶやす》を失《うしな》う** (⬇P90)
- ?月 北条氏《ほうじょうし》と同盟《どうめい》を結《むす》ぶ

安土桃山《あづちももやま》時代

1581		40歳《さい》
	3月	**高天神城《たかてんじんじょう》の戦《たたか》い**（⬇P92）
1582		41歳《さい》
	6月	本能寺《ほんのうじ》の変《へん》
		伊《い》賀《が》越《ご》え（⬇P94）
		山崎《やまざき》の戦《たたか》い
1583		42歳《さい》
	4月	賤《しず》ケ《が》岳《たけ》の戦《たたか》い
1584		43歳《さい》
	4月	**小牧《こまき》・長久手《ながくて》の戦《たたか》い**（⬇P134）
1585		44歳《さい》
	8月	**上田合戦《うえだかっせん》（第一次）**（⬇P136）
1586		45歳《さい》
	5月	**朝日姫《あさひひめ》を妻《つま》にむかえる**（⬇P138）
	10月	**大坂城《おおさかじょう》で秀吉《ひでよし》と会う**（⬇P142）
1590		49歳《さい》
	3月	**小田原城《おだわらじょう》の戦《たたか》い**（⬇P144）
	7月	秀吉《ひでよし》が天下《てんか》を統一《とういつ》する

安土桃山《あづちももやま》時代

1601		60歳《さい》
	1月	伝馬制《てんませい》をはじめる
	5月	伏見《ふしみ》に銀座《ぎんざ》をおく
	10月	東南アジアの国に使者を送る
	?月	木版活字印刷《もくはんかつじいんさつ》をはじめる
1602		61歳《さい》
	5月	**二条城《にじょうじょう》を建《た》てる**（⬇P192）

江戸《えど》時代

1603		62歳《さい》
	2月	**征夷大将軍《せいいたいしょうぐん》となる**（⬇P194）
	3月	江戸《えど》の城下町《じょうかまち》の整備《せいび》をはじめる
1604		63歳《さい》
	2月	五街道《ごかいどう》を整備《せいび》する
	7月	孫《まご》・家光《いえみつ》が生まれる
1605		64歳《さい》
	4月	将軍《しょうぐん》を秀忠《ひでただ》にゆずる
1606		65歳《さい》
	3月	**江戸城《えどじょう》の大増築《だいぞうちく》をはじめる**（⬇P196）
1607		66歳《さい》

安土桃山時代《あづちももやまじだい》

8月 **江《え》戸《ど》城《じょう》に入る**（⬇P146）

1592 51歳《さい》

3月 **文禄《ぶんろく》の役《えき》**（⬇P148）

1597 56歳《さい》

2月 慶長《けいちょう》の役《えき》

1598 57歳《さい》

3月 秀吉《ひでよし》が醍醐《だいご》の花見を開く

8月 **秀吉《ひでよし》から遺言《ゆいごん》をたくされる**（⬇P150）

秀吉《ひでよし》が亡《な》くなる

1600 59歳《さい》

3月 リーフデ号が漂着《ひょうちゃく》する

6月 会津《あいづ》征伐《せいばつ》

7月 伏《ふし》見《み》城《じょう》の戦《たたか》い

田辺《たなべ》城《じょう》の戦《たたか》い

大津《おおつ》城《じょう》の戦《たたか》い

9月 **上《うえ》田《だ》合戦《かっせん》（第二次）**（⬇P158）

関《せき》ケ《が》原《はら》の戦《たたか》い（⬇P160）

江戸時代《えどじだい》

2月 江《え》戸《ど》城《じょう》から駿《すん》府《ぷ》城《じょう》に移《うつ》る

1612 71歳《さい》

3月 キリスト教を禁止《きんし》する

1614 73歳《さい》

7月 方広寺《ほうこうじ》鐘銘《しょうめい》事件《じけん》

10月 **大坂冬《おおさかふゆ》の陣《じん》**（⬇P206）

1615 74歳《さい》

4月 **大坂夏《おおさかなつ》の陣《じん》**（⬇P210）

6月 一国一城令《いっこくいちじょうれい》を出す

7月 **武《ぶ》家《け》諸《しょ》法《はっ》度《と》を定める**（⬇P216）

禁中並《きんちゅうならびに》公家《くげ》諸法度《しょはっと》を制定《せいてい》する

1616 75歳《さい》

4月 **家康《いえやす》が亡《な》くなる**（⬇P218）

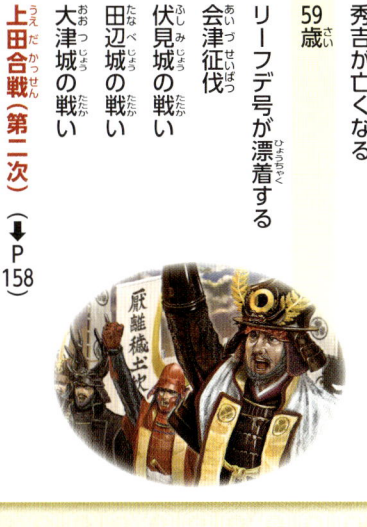

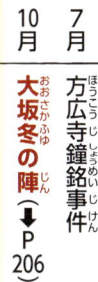

さくいん

※赤字は人名です。

あ

か

さ

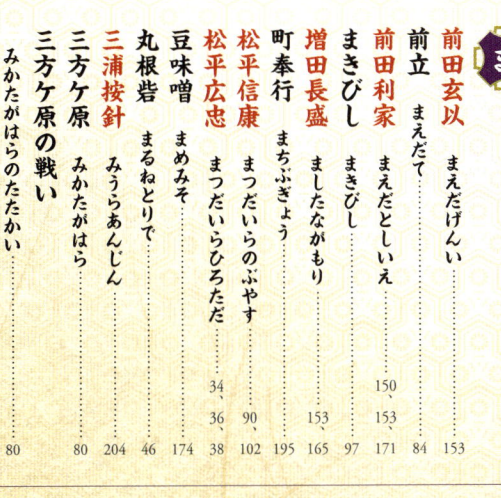

主要参考文献

『徳川家康大全』小和田哲男著（ロングセラーズ）／『詳細図説家康記』小和田哲男著（新人物往来社）／『新解釈 関ヶ原合戦の真実 脚色された天下分け目の戦い』白峰旬著（宮帯出版社）／『徳川家康』笠谷和比古著（ミネルヴァ書房）／『定本徳川家康』本多隆成（吉川弘文館）／『集英社版日本の歴史⑫江戸開幕』藤井譲治著（集英社）／『徳川家康—大戦略と激闘の譜』（学研プラス）／『江戸幕府と国防』松尾晋一著（講談社）／『詳説日本史図録』（山川出版社）／『歴史資料館 日本史のライブラリー』（東京法令出版）／『カラービジュアル版戦国大名勢力変遷地図』外川敦著（日本実業出版社）／『戦国武将ものしり事典』（主婦と生活社）

「大日本名将鑑 徳川家康公」都立中央図書館特別文庫室所蔵

169 織田信雄画像（丹波市教育委員会蔵）／小牧長久手合戦図屏風（長浜城歴史博物館蔵）

170 真田昌幸画像・錦絵真田父子上田篭城図（上田市立博物館蔵）

171 駿府城跡（巽櫓）（静岡観光コンベンション協会）／前田利家画像（東京大学史料編纂所所蔵[模写]）

172 上杉景勝像（米沢市（上杉博物館））／小早川秀秋画像（東京大学史料編纂所所蔵[模写]）

173 石田三成画像（東京大学史料編纂所所蔵[模写]）／佐和山（戦国を歩く／佐和山城コース）（（公社）びわこビジターズビューロー）／石田三成乱髪天衝脇立兜（複製）（関ヶ原町歴史民俗資料館　所蔵）

174 戦国時代の食事（株式会社伊勢安土桃山文化村）／米（国立国会図書館所蔵）

193 二条城（元離宮二条城）／洛中洛外図屏風（岐阜市歴史博物館所蔵）

195 徳川盛世録（都立中央図書館特別文庫室所蔵）

199 皇居外苑（一般社団法人千代田区観光協会）

200 武州豊嶋郡江戸〔庄〕図・日本橋（国立国会図書館所蔵）

201 日比谷・増上寺（国立国会図書館所蔵）／外濠公園・桜（一般社団法人千代田区観光協会）

202 東海道五拾三次　日本橋・朝之景・東海道五拾三次　箱根・湖水図・東海道五拾三次 大尾 京師・三條大橋（国立国会図書館所蔵）

203 文学万代の宝　始の巻・庭訓往来寺子宝（都立中央図書館特別文庫室所蔵）／慶長大判・慶長小判・慶長一分金（日本銀行貨幣博物館）

209 大坂冬の陣図屏風（肉筆模写）右隻5・6扇　真田丸部分（大阪城天守閣蔵）

213 関ヶ原合戦図屏風（岐阜市歴史博物館所蔵）

219 神廟（久能山東照宮）

220 日光東照宮（日光東照宮）

221 重要文化財 目器・重要文化財 洋時計（久能山東照宮博物館所蔵）

222 「伝　淀殿画像」（奈良県立美術館所蔵）／豊臣秀頼公肖像画（養源院所蔵）

223 徳川秀忠画像（東京大学史料編纂所所蔵[模写]）／崇源院（お江の方）肖像画（養源院所蔵）

224 真田幸村画像（上田市立博物館蔵）／家康大仁村難戦之図（上田市真田地域自治センター）

225 天海[慈眼大師]画像・本光国師[以心崇伝]画像（東京大学史料編纂所所蔵[模写]）／金地院（金地院）

写真資料所蔵・提供一覧

3　徳川家康三方ケ原戦役画像（徳川美術館所蔵　©徳川美術館イメージアーカイブ/DNPartcom）／徳川家康画像（東京大学史料編纂所所蔵[模写]）

10　日光東照宮（日光東照宮）／臨済寺（臨済寺）

11　浜松城（浜松観光コンベンションビューロー）／二条城（元離宮二条城）／徳川家康銅像（駿府城跡内）（静岡観光コンベンション協会）／岡崎城（岡崎市）

35　東照公産湯の井戸（岡崎市）

38　幼少期の家康の文字（岡崎市）

39　笠寺観音（笠寺観音）／教導立志基　卅一（都立中央図書館特別文庫室所蔵）

40　万松寺（万松寺）

41　臨済寺（臨済寺）

42　徳川家康銅像（駿府城跡内）（静岡観光コンベンション協会）

52　小豆坂古戦場（岡崎市）

53　今川義元（国立国会図書館所蔵）

55　天下布武の印（国立国会図書館所蔵）

56　囲碁を楽しむ人々・本因坊算砂・将棋を楽しむ人々（国立国会図書館所蔵）／徳川十五代記略　十代将軍家治公鷹狩之図（都立中央図書館特別文庫室所蔵）

77　東海道五拾三次　岡崎・矢矧之橋（国立国会図書館所蔵）／岡崎城（岡崎市）

83　浜松城（浜松観光コンベンションビューロー）

84　貫衆具足（久能山東照宮博物館所蔵）

85　重要文化財 金陀美具足・金扇馬標（久能山東照宮博物館所蔵）／芝辻砲（靖國神社遊就館蔵）

86　徳川家康公銅像（岡崎市）

89　鉄砲（火縄銃 土筒）（松本城管理事務所）

95　本能寺焼討之図（愛知県図書館）

96　萬川集海・手裏剣（取材協力 一般社団法人伊賀上野観光協会）

97　鉤縄・忍者刀・手甲鉤・まきびし・くない（取材協力　一般社団法人伊賀上野観光協会）

100　本多正信画像・榊原康政画像（甲冑）（東京大学史料編纂所所蔵[模写]）／姉川合戦碑付近から姉川上流を望む（北びわこふるさと観光公社）／本證寺（安城市観光協会）

101　武田信玄[晴信]画像[伝]（東京大学史料編纂所所蔵[模写]）／月百姿　きよみかた空にも関のあるならば月をとゝめて三保の松原（都立中央図書館特別文庫室所蔵）

102　二俣城址（浜松観光コンベンションビューロー）

103　武田勝頼画像　付：室北条氏・息信勝画像（東京大学史料編纂所所蔵[模写]）

104　井伊直政画像（東京大学史料編纂所所蔵[模写]）／魁盛護普動葵　酒井左衛門尉忠次（都立中央図書館特別文庫室所蔵）／彦根城（戦国を歩く／彦根城コース）（（公社）びわこビジターズビューロー）

105　本多忠勝画像（武装）（東京大学史料編纂所所蔵[模写]）／槍で戦う本多忠勝（国立国会図書館所蔵）

145　降伏する北条氏（国立国会図書館所蔵）

149　文禄の役（国立国会図書館所蔵）

151　豊臣氏五大老連署状（慶長3年）10月16日付　脇坂中務少輔宛（大阪城天守閣蔵）

159　真田父子犬伏密談図（上田市立博物館蔵）

168　秀吉に中国征伐を命じる信長（国立国会図書館所蔵）／豊臣秀吉画像（東京大学史料編纂所所蔵[模写]）

イラストレーター紹介

福田彰宏

1～4章場面イラスト／徳川家康／織田信秀／太原雪斎／織田信長／本多正信／武田信玄／松平信康／本多忠勝／豊臣秀吉／真田昌幸／前田利家／石田三成／伊達政宗／大谷吉継

pigumo

1～4章解説イラスト／「なるほどエピソード」・「ウソ！ホント!?」

みかめゆきよみ

1～4章家康新聞イラスト

成瀬京司

1～4章CGイラスト

あおひと

今川義元／藤堂高虎

喜久家系

榊原康政／武田勝頼／上杉景勝

田中健一

徳川家光

ナカウトモヒロ

酒井忠次／福島正則

なんばきび

服部半蔵／天海／崇伝／今川氏真／鳥居元忠／最上義光／島津義弘

ホマ蔵

小早川秀秋

宮本サトル

徳川秀忠／宇喜多秀家／小西行長／加藤清正

山口直樹

織田信雄／豊臣秀頼／浅野長政／毛利輝元

Natto-7

井伊直政／真田幸村／浅井長政／北条氏政

tsumo

築山殿／朝日姫／淀殿

マンガ家紹介

高枝景水

マンガ「運命を乗り越えて」／マンガ「信長と歩む日々」／マンガ「天下を取る決意」／マンガ「武士の頂点へ」

桐丸ゆい

1～4章4コママンガ

監修者 **矢部健太郎**（やべ けんたろう）

1972年、東京都生まれ。國學院大學大学院文学研究科日本史学専攻博士課程後期修了、博士（歴史学）。現在、國學院大學文学部教授。専門は日本中世史および室町・戦国・安土桃山時代の政治史。おもな著書に、『豊臣政権の支配秩序と朝廷』（吉川弘文館）、『関ヶ原合戦と石田三成』（吉川弘文館）、『関白秀次の切腹』（KADOKAWA）など。監修に『超ビジュアル！日本の歴史人物大事典』『超ビジュアル！日本の歴史大事典』『超ビジュアル！戦国武将大事典』『超ビジュアル！歴史人物伝 織田信長』『超ビジュアル！歴史人物伝 豊臣秀吉』『超ビジュアル！歴史人物伝 伊達政宗』（すべて西東社）などがある。

CG製作	成瀬京司
マンガ	高枝景水、桐丸ゆい
イラスト	福田彰宏、pigumo、みかめゆきよみ、あおひと、喜久家系、田中健一、ナカウトモヒロ、中西立太、なんばきび、ホマ蔵、宮本サトル、山口直樹、Natto-7、tsumo
デザイン	五十嵐直樹　西口慎太郎（ダイアートプランニング）
地図製作	ジェオ
DTP	ダイアートプランニング、明昌堂
制作協力	松風ナイト、富士高なす、黒沼ぴよこ、幸原ゆゆ、小鳥遊 雪、冨澤 勝　田村静香（アミューズメントメディア総合学院／AMG出版）
校正	エディット、群企画
編集協力	有限会社マイプラン

超《ちょう》ビジュアル！ 歴《れき》史《し》人《じん》物《ぶつ》伝《でん》 徳《とく》川《がわ》家《いえ》康《やす》

2017年12月15日発行　第1版
2018年 2月20日発行　第1版　第2刷

監修者	矢部健太郎
発行者	若松和紀
発行所	株式会社 西東社

〒113-0034　東京都文京区湯島2-3-13
http://www.seitosha.co.jp/
営業　03-5800-3120
編集　03-5800-3121〔お問い合わせ用〕
※本書に記載のない内容のご質問や著者等の連絡先につきましては、お答えできかねます。

ISBN 978-4-7916-2589-5